# 旧東欧世界の民族誌

### 欧州統合時代に生きるトランシルヴァニア牧畜民

## 杉本　敦

東北大学出版会

An Ethnography of Transylvanian Sheep Herders in
Postsocialism and Beyond

Atsushi Sugimoto

Tohoku University Press, Sendai
ISBN978-4-86163-298-3

本書は「第 11 回東北大学出版会若手研究者出版助成」（2014 年）の
制度によって刊行されたものです。

În Memoria lui Ioan Florescu
pentru ataşamentul şi curajul lui.

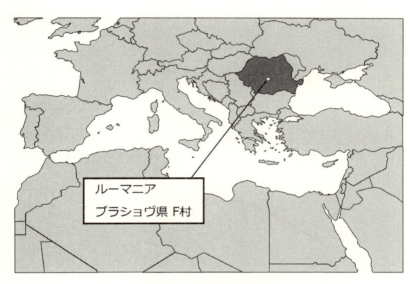

図1：ルーマニアおよび調査地

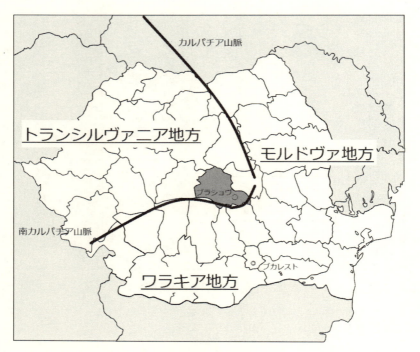

**図２：ルーマニア地図**

# はじめに

## ルーマニア人はカワイソウ？

　私が初めてルーマニアを訪れたのはもう15年も前のことである。大学院進学後、文化人類学の対象として東欧を選んだ私は、指導教官の勧めに従い、旅に出た。数週間をかけて東欧の国々を見て回り、今後の研究のあたりを付けようとしたのだ。最後の国ルーマニアを出た後、ウィーン国際空港で日本への乗継便を待っていると、アーミールックの女性が声をかけてきた。片言の日本語だった。彼女はルーマニア人で、同じ便で日本に行くと言う。私たちはカフェに入り、雑談をしながら時間をつぶすことにした。

　聞くところによると、彼女は一年前から京都でホステスをしており、今回は一時的な里帰りだった。社会主義体制の崩壊後、貧困などを理由に東欧や旧ソ連出身の女性が西欧に働きに出るようになった。EUの東方拡大以前は、日本へも多くの東欧女性が来ており、彼女もそうした一人だったわけである。このような女性の移動には、詐欺や甘言によって連れてこられ強制的に性的産業などに従事させられるというトラフィッキング（人身取引）を背景とするものがある。彼女がそうしたケースに該当したのかは分からないが、日本はそうした女性の受け入れ先となっており、国際社会で問題視されている。

　次第に打ち解けて話も弾みだした頃、ふと「ルーマニア人のこと、カワイソウと思ってるでしょ」と問いかけられた。彼女の言葉に私は戸惑った。民主革命後の政治経済の混乱、高い失業率、ストリート・チルドレンやエイズ患者の増加といった知識はあらかじめ持っていたし、旅先で見かけた光景では、老朽化したインフラ、廃墟となった社会主義時代の工場、道端に座り込んで物乞いをする老人、野犬の群れなどが印象に残っていた。だが、それらを「カワイソウ」と表現してよいものか判

v

断がつかなかったのである。また、彼女の境遇に同情したが、そう感じること自体が傲慢な気もした。返す言葉が見つからない私に対し、彼女は「答えなくていい。日本人がそう思ってるの知ってるから」と言った。それまでの人懐こさと対照的な冷たい口調に、初めての一人旅を終えた達成感など吹き飛んでしまった。

その日から長い月日が経ち、もはや彼女の顔を思い出すこともできない。だが、別れ際に不意に交わされたチークキスの柔らかな感触と共に、彼女の言葉が胸に残った。彼女の言った「カワイソウ」とはどんな意味だったのだろうか。何がルーマニア人を「カワイソウ」な存在にしているのだろうか。どうすれば「カワイソウ」ではなくなるのだろうか。答えを見つけないままルーマニアを放り出す、そんなことはできなくなってしまった。

## 人類学の対象としての東欧

その後、人類学について深く学ぶにつれ、彼女の問いかけが人類学の根本に関わる問題であることが分かってきた。旧植民地の諸民族、特に文字資料を持たない「未開人」の研究から始まったこの学問は、その成立当初から、調査者と非調査者との間の階層的不平等という問題を抱えてきた。すなわち、ヨーロッパの人類学者が、その政治経済力を背景に、非ヨーロッパ社会を他者として一方的に研究してきたという問題である。さらに、他者を語り理解するための分析概念や専門用語の多くがヨーロッパ的な構想に拠っており、そのことが不平等を規定し、強化してきた（Parman 1998: 2）。こうした政治経済的、学術的に不平等な関係は、後にオリエンタリズムとして激しく批判された。

階層的不平等の問題は、日本人人類学者にとっても無縁ではない。世界経済における日本の優位性が、調査地での人間関係に影響を及ぼしてしまうからである。人類学者個人の経済力に関わりなく、ただ日本人であることを理由に高額の謝金や贈り物を要求される、というのも珍しい

話ではない。また、日本の人類学がヨーロッパやアメリカの学問的伝統の影響下にあり、そのスタンスを人類学者が体内化していることも看過できない（森 2004: 1-4）。つまり、地理的には非ヨーロッパに位置する日本および日本人人類学者が、人類学という学問的文脈においてはヨーロッパの側にカテゴライズされるのである。

したがって、ヨーロッパと非ヨーロッパの区分は、地理的なものではなく、認識上のものということになる。そして、ルーマニアを含めた東欧は、我々の属する「ヨーロッパ世界」にとって、まぎれもない「他者」であった。第二次大戦の戦後処理の過程で、ソ連が隣接地域を軍事力で囲い込むと、社会主義圏、いわゆる「第二世界」が形成された。冷戦の進展に伴い、東欧はソ連の衛星国として、資本主義体制をとる「第一世界」と分断されていったのである。東欧が、地理的・文化的というより政治的なカテゴリーとされるのも、こうした歴史の故である。

この時代、日本も含めた西側世界にとって、「鉄のカーテン」の向こう側は政治的・軍事的・経済的、そして文化的に異なる「社会主義という他者」となった。他者は人類学の伝統的な研究対象であったが、ソ連の指導体制と一線を画したユーゴスラヴィアや一時期のルーマニアを例外として、政治的な事情から社会主義圏でのフィールドワークはほとんど不可能に近かった。

その後、1989 年に相次いだ東欧諸国の民主革命、その後の中央アジア諸国の独立とソ連の崩壊、すなわち冷戦の終結を経て、こうした状況も大きく変わった。旧西側の人類学者によるフィールドワークが開始され、民族誌的研究が蓄積されると、「ポスト社会主義人類学」と呼ばれる学問領域が生まれた。その名が示す通り、東欧・ロシア・中央アジア・シベリア・モンゴルなどの旧社会主義国を対象とするが、研究蓄積は一様でない。シベリアやモンゴルと比べ、東欧を専門とする人類学者は圧倒的に少なく、研究テーマも限られているのである。その理由は、体制転換に伴う旧東欧諸国の政治的立場の変化にあるだろう。

冷戦の終結は第一世界と第二世界の対立構造を瓦解させ、先進国や発

展途上国といった概念でそれ以降の世界は分類されるようになった。その中で、シベリアやモンゴルなどが「発展途上国」に再分類されたのに対し、東欧諸国は「先進国」、少なくともその「同胞」となった。ソ連から「解放」された東欧は、民主主義化・市場経済化・民営化・脱集団化を経て西欧世界の仲間入りを果たすべく援助すべき対象となったのである。政治的な意味合いの強かった東欧という呼び名は過去のものとなり、「旧東欧」、あるいは「中央および東ヨーロッパ」といった言葉が定着した。つまり、かつての東欧は、ヨーロッパの人類学者にとって「我々」の一部となり、人類学の対象として分かりやすい「他者」ではなくなったのである。また、その「他者性」は社会主義という歴史経験に拠っているため、脱集団化や民営化のプロセス、記憶や語りなど、研究テーマも限られる傾向にあった。こうした事情から、社会主義体制の崩壊から四半世紀を経た現在に至っても、歴史的・文化的な広がりを持った「東欧の人類学」は成立していない。

## ヨーロッパへの回帰

旧東欧諸国は、社会主義体制の崩壊はヨーロッパへの「回帰」あるいは「帰還」と捉え、NATO と EU への加盟を重要な国家目標とした。こうした地域にとってのポスト社会主義は、脱社会主義的状況を指すのみならず、西欧的社会への移行期をも意味したわけである。

ポスト社会主義人類学は民主革命後の変化の多様性を指摘したが、EU加盟という目標、特に経済・政治・法の三分野にわたる加盟条件を示したコペンハーゲン基準によって、旧東欧諸国の行き先はある程度収斂することになった。ただし、EU 加盟交渉において西欧諸国は慎重な姿勢を崩さず、ポーランド・チェコ・スロヴァキア・スロヴェニア・ハンガリーの中欧諸国が、バルト三国、キプロス、マルタと共に EU 加盟を果たしたのは 2004 年のことだった。

ルーマニアにおいても、EU 加盟に向けた準備は着々と進められてい

た。1990年代前半に域内関税と数量制限の撤廃、特恵関税を柱とした貿易協定が次々と締結されると、ソ連に代わってEU、特にドイツとイタリアが重要な貿易相手となった。1997年以降に国営企業の民営化が本格化したことに加え、2000年にEUへ加盟交渉が開始されると外国企業からの直接投資が増え、経済成長を後押しした。2004年のEU拡大に加わることはできなかったが、ビザの免除などの権利が加盟に向けて前倒しされ、NATOへの加盟も認められた。

そして、2007年1月、ルーマニアはブルガリアと共にEU加盟を果たした。その頃、私はルーマニアの首都ブカレストで暮らしていた。長期のフィールドワークに向け、大学で語学の習得に励んでいたのである。日付が変わると街の至る所から花火が上がり、歓声が沸き起こり、ルーマニアの国旗と共に欧州旗が掲げられた。TVでは「年越しライヴ」を中継していた。パフォーマンスしていたのは、大ヒット曲 "The Final Countdown" で知られるスウェーデンのヘヴィメタルバンド EUROPE だった。特に、運命論者で迷信深いとされるルーマニア人に向けて、「僕は迷信深くなんてないのさ」と歌う "Superstitious" は、新たな時代の到来を象徴しているように思われた。

旧東欧諸国のヨーロッパ回帰、具体的にはEU加盟は自由と豊かさへの道と考えられてきたが、現実はそう容易ではなかった。ギリシャの財政問題に端を発した欧州債務危機とユーロ経済の停滞の中で、遅々として改革の進まない旧東欧は、西欧先進国にとって「お荷物」になり始めている（羽場 2016: 127）。新加盟国側から見れば、加盟交渉における西欧の厳しい態度や、加盟後に生じた農業や労働移民をめぐる保護主義への不満に加え、統合による自らの「二級国家化」を認識する中で、EUへの不信とナショナリズムが高まりつつある（羽場 2016: 80-128）。

ルーマニアに目を向けてみると、一足先にEU加盟を果たした中欧諸国よりも困難な立場にあるといえる。その経済発展や開発水準は十分とみなされず、世界銀行は周辺のバルカン諸国と共にルーマニアを開発途上国としてリストアップしている。また、安価な労働力の流入を警戒し

てか、域内の自由な移動を保障するシェンゲン協定の正式発効も延期されたままになっている。政府は、主要産業である農業において EU 基準を満たすべく改革を進めているが、共通農業政策（CAP）の補助金の分配についても、既得権益を持つフランスやスペインとの綱引きという問題を抱えている。

　EU 加盟は旧東欧諸国が目指したヨーロッパ回帰の一つの帰結であり、それをもって社会主義からの移行期の終わり、ポスト社会主義期の終わりと見ることもできる。しかし、先述のように、EU 加盟にのみによってヨーロッパの一員になりえたわけではなく、西欧先進国との格差の中で「旧東欧」として再周縁化されつつある。実際、ルーマニアを含めた一部の国は統一通貨ユーロやシェンゲン協定の境界線の外に置かれたままであるし、経済水準や社会的特権の格差が心理的な境界を生み出してもいる。


## 本書のねらい

　現在も続くポスト社会主義的状況が、このような格差や「後進性」の要因の一つとなっているのは確かであろう。しかし、本書の目的は、ポスト社会主義的状況を改善すべき問題と断じるのではなく、地域社会の中で重要な役割を果たしていることを明らかにすることにある。具体的には、ルーマニア・トランシルヴァニア地方の山村をフィールドに、「伝統的」な生産様式と生活様式、家族組織が社会主義システムの崩壊と資本主義の浸透に伴いどのように変化しながら継承されていくのかを詳細な民族誌として描き出すつもりである。

　トランシルヴァニア地方の南端をなす南カルパチア山麓は、資源の乏しさと機械化の困難を理由に農業集団化を見送られ、社会主義的な流通システムの中で「伝統的」なヒツジ移牧が維持されてきた地域である。自給自足的な家族経営と昔ながらの生産様式は改善すべき「後進性」とされるが、本書の中で「循環経済」と呼ぶ論理に従って経営される牧畜

は、地域の自然環境や家畜の生態に適した合理性と文化的な価値を有しているのである。

　冒頭のエピソードに照らし合わせれば、不潔な環境で金銭的収入の少ない肉体労働に従事するトランシルヴァニアの牧畜民は「カワイソウなルーマニア人」ということになるのかもしれない。実際に、調査地となった山村でも若年層の農業離れが進み、牧畜民の高齢化が進んでいる。しかし、本書ではその価値を明らかにすることで、ルーマニアで進められつつある西欧型農業への転換に対し、「伝統的」な生業システムを継承したオルタナティブな農業の可能性を問うつもりである。これは、経済発展と開発水準に基づいた「カワイソウ」の枠組み自体を問い直すということでもある。

　本書はローカルな社会に生きる人々との密接な関わりの中で得られた知見に基づいているが、文化人類学や地域研究の枠にとどまらない貢献ができるとも考えている。例えば、冷戦の終結から四半世紀を経て、欧州債務危機や相次ぐテロ、移民の流入と排斥、各地で高まるナショナリズムなど、新たな分裂の危機にあるヨーロッパを周縁から問い直す一助となると共に、日本の農政と農村振興への貢献も可能であろう。後継者不足と高齢化に悩む牧畜民がどのような経営戦略を採用し、どのように村落社会を維持しようとしているかは、同様の問題を抱え、TPP の成り行き次第で「EU 基準」の受け入れを強いられる可能性のある今日の日本に対し、有益な比較資料となるはずである。

# 目　　次

第1章　序論 ……………………………………………… I

第1節　問題の設定 ……………………………………… I

第2節　本研究の背景 ……………………………………… 4

   1. ポスト社会主義の人類学　4

   2. ヨーロッパ家族研究　8

第3節　本書の視座 ……………………………………… I4

   1. 本書の目的と特色　I4

   2. 調査の概要　I7

   3. 本書の構成　I8

   4. 用語の定義と現地語の表記　20


第2章　山村の社会主義 ……………………………… 23

第1節　調査地の概要 …………………………………… 23

   1. ブラショヴ県　23

   2. F村、M谷　24

第2節　F村における社会主義 ………………………… 3I

   1. 社会主義体制下の牧畜業　32

   2. ゴスポダリエの生存戦略　37

   3. 社会主義体制崩壊後のF村　4I


第3章　ゴスポダリエの資源構成 …………………… 47

第1節　F村におけるゴスポダリエ …………………… 47

第2節　ゴスポダリエの構成 …………………………… 50

   1. ゴスポダリエの境界　50

   2. 家屋　54

   3. 菜園・畑　72

xiii

## 第4章　草刈りと土地の利用 ……………………………… 75

### 第1節　牧草の質と量 ………………………………… 75

1. 干し草の種類と質　75
2. 干し草の収穫量と数え方　79

### 第2節　干し草仕事の現在 …………………………… 81

1. 牧草地の維持　81
2. ゴスポダリエにおける草刈り　87


## 第5章　ゴスポダリエの家畜飼養 …………………… 97

### 第1節　季節移牧とヒツジ …………………………… 97

1. 個体識別　97
2. ヒツジの育成　104

### 第2節　ゴスポダリエにおけるウシ ………………… 115

1. 個体識別　115
2. ウシの育成　118

### 第3節　ブタ飼養の衰退 ……………………………… 123

### 第4節　畜産物の利用と暦 …………………………… 125


## 第6章　ゴスポダリエ経営の論理と実際 …………… 131

### 第1節　ゴスポダリエにおける循環経済 ……………… 131

### 第2節　ゴスポダリエ経営における土地の意味 ……… 137

1. 土地の歴史性　138
2. 土地の管理と評価　139

### 第3節　ゴスポダリエ経営の実際 …………………… 143

1. ゴスポダリエにおける労働力の低下　143
2. ゴスポダリエにおける労働量と生産物　148
3. ゴスポダリエの「余剰」生産　155

### 第4節　家畜飼養の変化……………………………… 158

1. 畜群完全委託の増加　158

2.　ヒツジからウシへ　165


第7章　ゴスポダリエの周辺を生きる人々 　……………………　169

　第1節　家畜飼養の放棄 　………………………………………　169

　　　1.　高齢者による家畜飼養の放棄　169

　　　2.　若年者による家畜飼養の放棄　174

　第2節　近代的な生活空間 　……………………………………　178

　　　1.　住居　178

　　　2.　「中庭」　200

　　　3.　斜面　210

　第3節　観光業への投資 　………………………………………　213

　　　1.　観光地化の影響　213

　　　2.　土地の売却　218

　　　3.　ペンションの経営　223


第8章　ゴスポダリエからファミリエへ 　………………………　229

　第1節　農村家族の変容 　………………………………………　229

　　　1.　生活単位の変容　229

　　　2.　ファミリエの範囲と機能　233

　第2節　相続と扶養をめぐる問題 　……………………………　260

　　　1.　ゴスポダリエの途絶と相続慣行　260

　　　2.　ゴスポダリエの継承財の行方　267

　　　3.　養老をめぐる問題　281


第9章　結論 　………………………………………………………　287

　第1節　現代農村における伝統的牧畜 　………………………　287

　第2節　ルーマニア農村家族の変容 　…………………………　291

　第3節　未集団化山村におけるポスト社会主義的状況 　……　294

あとがき………………………………………………………… 299

引用文献………………………………………………………… 301

# 第1章　序論

## 第1節　問題の設定

　ルーマニア、特にその農村がメディアに取り上げられる際、「牧歌的」「フォークロアの宝庫」といった表現が用いられることがある。美しい自然と並び外国人向けの観光などでも盛んに宣伝されるイメージであり、政府観光局や旅行会社はそれを強く押し出している。中でも昔ながらの習慣や民俗が多く残る場所として紹介されるのが、北部のマラムレシュ地方である。エッセイスト・写真家のみやこうせいは、40年以上に渡ってマラムレシュに通い続け、稠密なエッセイを何冊も書き綴っている（みや 1988, 1990, 2003）。彼が一貫して描くのは、美しい自然、色鮮やかな民族衣装を着た人々、伝統的な村の生活である。1988年に刊行された『羊と樅の木の歌』の帯に記された「生きている中世」という言葉は、彼のスタンス[1]を如実に表したものと言えよう。また、政府観光局のホームページ[2]では、同地の人々が時代の波に流されずに昔のままの生活をしているといった説明がなされたりもする。ルーマニア農村が、こうして「本質化」され、異国の読者や旅行者によって消費される。

　それだけではない。社会学者のヴォイクによると、ルーマニア人にとっても一般的な農村イメージといえば、日に焼けた人々、道路の埃、ニワトリとヒツジ、牧草地に向かうウシの鈴の音、錆びた古いバスなどであり、さらに「素朴だが温かい人々が、互いに協力し合って生きている」「行き交う人々がみな知り合い」といった濃厚な人間関係の存在がこれに付随する（Voicu 2007:15）。近年、ルーマニアでは農村部への観

---

1　彼の一連の著作においては、同じ写真が時間を特定することなく繰り返し用いられ、同じエピソードが常に現在進行形で語られる。こうしてルーマニア農村が本質化されるわけだが、確かな筆力で生き生きと描かれたその風景は抗いがたい魅力を持っているのも確かである。

2　ルーマニア政府観光局の URL は http://www.romaniatabi.jp/ である。

光がブームになっており、こうした本質主義的語りに誘われた大勢の都会人が週末ごとに訪れる。

　人類学もまた「本質化」と無縁ではなかった。その成果である民族誌には、「ある地域のみを扱い、相対的に見て非歴史的であり、植民地的政治経済という大規模なシステム自体を考慮しない傾向」（マーカス＆フィッシャー 1989:163）という問題があった。その反省から、ウルフやミンツ、ワースレイらの研究を嚆矢とする人類学的なポリティカル・エコノミー研究は、人類学が従来研究対象としてきた「部族」や「村落」を閉じた世界として静態的に捉えるのではなく、そこに生きる人々が外部の政治経済的影響に対処してローカルな文化を維持または変容させる場として動態的に捉えることを強調した（ワースレイ 1981; Wolf 1982; ミンツ 1988）。

　ルーマニアの農村社会もまた変化とは無縁ではない。第二次世界大戦後に成立した社会主義政権は、農業集団化や管理計画経済によって農村のシステムを大きく変えていった。自給自足的な生活を営んできた農民は集団農場や国営農場で働く労働者となり、都市の工場に通勤する人々も増加した。そして、1989年の一連の民主革命はさらなる変化を引き起こすこととなった。民営化の過程で、かつての社会主義諸国は国営農場や集団農場の解体を進めていった。どのような形で再編成するかは国によって異なったが、ルーマニアでは元の土地所有者への「返還」を基本方針とした。

　その結果、民主革命後のルーマニアにおいては、農業生産の大半が個人農の手に委ねられることとなった。1998年のセンサスでは、個人農は420万戸におよび、全農地の70%を占めていた。経営規模の平均は2.5haだが、地域差、個人差が大きい。都市から農村へと帰還する人々が増え、農業就業者の割合も1990年の29%から2000年の41%へと大きく増加した。重工業化を推進したチャウシェスク政権時代と異なり、農業国としての性格を強めたわけである。1990年代のルーマニアは、ハイパーインフレーション、高い失業率といった経済的な問題にとどまらず、ストリー

ト・チルドレンやエイズ患者、さらには野犬の増加といった問題を抱えていた。その中で、自給自足的な農業が人々の生活を支えたのである。

社会主義時代から現在も変わらず、ルーマニアは中・東欧を代表する農業国である。しかし、このことは必ずしも肯定的に語られるばかりではない。例えば、近隣の旧社会主義国と比べて高い農業就業率から[3]、ルーマニアの後進性、すなわち社会主義から資本主義への移行の遅さを指摘するような議論がある（Voicu 2007）。そして、市場での販売ルートが確立されていないが故に家族経営農の生産物の多くが自家消費に留まっていることに加え（Voicu 2005）、農業機械や化学肥料などによる農業の近代化が進んでいないことが問題とされてきた（田中 2007）。

また、農業従事者にとっても、農業は代替的な生活手段に過ぎないという側面もある。農業人口の増加は都市における雇用の減少、土地や家賃高騰が原因とされ、2000 年の世論調査では回答者の 89% が「働き先がないので農業を続けざるを得ない」と答えている（小林・佐々木 2007:189-190）。そして、このような考えを持つ人々は、経済状況の好転と共に農業から離れていったと考えられる。

1990 年代を通じてルーマニアの政治経済状態は安定したものとは言い難かったが、2000 年以降は好転し始めた。安価な労働力や EU 加盟への期待感を背景に、外国資本の直接投資が増加し、様々な工業部門の工場が建設され、国内に新たな雇用が生まれている。都市部には外資系のハイパーマーケットの出店が相次ぎ、金銭さえあれば必要な食料をいつでも購入できるようになった。その結果、農村に暮らしながらも農業に従事せずに生計を立てる人々が増えつつある。

こうした状況を踏まえて、本研究が取り組むのは、現代農村社会における農業の経済的意義と社会的・文化的価値の問い直しである。先に述べたように、ルーマニアでは、農村の経済状況が大きく変わる中で農業

---

3　2005 年の農業人口率は、チェコ、ハンガリー、エストニア、スロヴァキアで 4〜5%、スロヴェニア 9%、ラトヴィア 12%、リトアニア 14%、クロアチア 17%、ポーランド 19% であるのに対し、ルーマニアは 33% に達する（Voicu 2007:17）。

を完全に放棄する人々が増加している。その一方で、農業を続けること
にこだわる人々もいる。彼らは、どのような理由から農業を続けるか否
かを判断するのだろうか。それは、経済的な理由だけなのだろうか。そ
れとも他に理由があるのだろうか。金銭収入を生み出さない農業に従事
する人々は、本当に窮状にあるのだろうか。農業労働と農産物、また農
産物を生み出す土地は、経済的な価値しか持たないのだろうか。それと
も、それとは異なる価値を持っているのだろうか。農業に従事する人々
だけでなく、それを放棄した村民、あるいは農村を頻繁に訪れるような
都市住民にとって、どのような価値や意味を持っているのだろうか。詳
細な民族誌的記述を通して明らかにしていきたい。

## 第2節　本研究の背景

### 1. ポスト社会主義の人類学

　現代ルーマニアを文化人類学、社会人類学の対象とする際、避けて通
れないのが、「かつて社会主義体制をとっていた国」という歴史である。
ソ連型の社会主義体制という国家のあり方を経験したことから、旧東欧、
モンゴル、旧ソ連の国々を対象とした人類学的研究を、「ポスト社会主
義人類学」と総称してきた。一般に社会主義体制下では、西側の人類学
者による現地調査は厳しく制限されてきたのであり、1990年前後の社会
主義体制の崩壊を経てようやく現地での参与観察や研究の刊行が盛んに
なった。ただし、ルーマニアの場合、チャウシェスク政権下における外
交の独自路線を背景に、1970年代にアメリカの人類学者による調査が行
われてきたという違いがある（Cole 1976a）。

　社会主義政権崩壊後の変化は、一般的には社会主義から民主主義・
資本主義への「移行」（transition）と理解されることが多い。特に政治
学や経済学では、民主化・脱集団化・市場経済・市民社会など様々なト
ピックが扱われているが、人類学者たちはそのほとんどが「進化的」な
視点を基盤にしていると指摘してきた。例えば、バーダールによると、

第1章　序論

旧東欧の変化を解釈する概念として使用される「移行」や「大いなる変換」（great transformation）という言葉は、資本主義の「勝利」という言説と結びついており、独裁的な共産主義・社会主義から自由な民主主義へ、管理・計画経済から市場経済へという進化的な視点が含まれているのである（Berdahl 2000:2-3）。

　バーダール同様、かつての社会主義圏でフィールドワークを行った人類学者の多くは、民主主義・資本主義への移行という理解に対し批判的な立場をとっている。ヴァーディリーは、社会主義のシステムの崩壊によって生じたのは混乱と多様な変化の軌跡であり（Verdery 1991, 1993, 1996; Burawoy & Verdery 1999）、民主主義、資本主義といった明確な到達点への移行を議論することは不可能で、「からの移行」（transition from）という認識をもって議論すべきと主張している（Verdery 1991）。

　多様なのは「移行」の行き着く先だけではない。社会主義時代の東欧で調査を行った人類学者たちは、ソ連型の社会主義が様々な形に改変されて実施されていたことを報告している。例えば、ルーマニアで調査を行ったキデックル、ハンガリーで調査を行ったマデイとホロスは、集団農場の運営が国家の規定通りではなく、従来の社会関係や労働関係に基づいた形でなされたことを報告している（Kideckel 1976, 1993; Maday & Hollos 1983）。逆に、ブルガリアの詩歌を分析したシルバーマンは、社会主義国家が伝統的な儀礼を管理、流用することによって、国家の支配を浸透させていったと論じている（Silverman 1983）。

　このように、社会主義政策の実施においては、地域住民が国家のシステムを都合の良いように再解釈して実行したり、従来の伝統文化を受け皿にして社会主義を浸透させたりという状況が見られた。すなわち、ローカルな社会の事情に応じて多様な形態で社会主義が実施されていたのである（Hann 1993）。したがって、同じ「社会主義からの移行」であっても、実際にはスタート地点となるべき「社会主義」も国や地域によって多様だったということになる。

　また、社会主義化以前においても、中・東欧地域は一枚岩とは言えな

5

い状況にあった。東欧地域研究者の家田は、スラブ・ユーラシア地域が、社会主義時代およびそれ以前においても、宗教、言語、習俗などが多様で、境界も頻繁に変化したモザイク的地域だとして、この地域を政治や経済で割り切ってきたことの問題を指摘している（家田 2008）。そこから家田は、ポスト社会主義研究の新しい呼び名として、「歴史空間としてスラブ諸民族が比較的優勢であった、あるいは現在優勢であるという地域的限定性に基づいて」、スラブ・ユーラシア学を提唱している（家田 2008:15）。

　さらに、旧東欧の現在に目を向けてみても、社会主義体制の崩壊から一定の期間を過ぎ、政治経済的にも新しい時代区分が生まれつつある。ルーマニアに関して言えば、先にも述べたように 2000 年代以降の外国資本の直接投入によって政治経済状況が好転しつつある。そして 2007 年の EU 加盟によって、その政治経済的な基準が国内にもたらされるようになった。もはや脱社会主義的な状況は終わりを告げ、グローバル化を伴ったポスト・ポスト社会主義的な状況に移行しつつあるかのように見える。

　こうした状況の一方で、社会人類学者の高倉は、歴史学や政治学、経済学で言うところの明瞭に分別できる時代区分とは別の枠組みとしてポスト社会主義を認識し、その有効性を主張している（高倉 2008）。彼によるとポスト社会主義人類学では、「伝統・社会主義・現在」という 3 つの歴史的位相を、同時代を理解するための枠組みとして想定している。「現存した社会主義」は一定の時間軸に存在した事実というだけでなく、「個人や集団の記憶・関心・意図に応じて強調されたり再編されたりしながら、常に「現存」しているもの」であり、人間の日常生活に関する微視的観察の上で、伝統・社会主義・現在という 3 つの歴史的位相を同時代性という観点から把握する点にポスト社会主義人類学の有効性がある（高倉 2008:6）。

　伝統・社会主義・現在の 3 つが、フィールドで観察した日常生活の中に混在しているという状況は、筆者自身も常に感じていたことでもある。

第1章　序論

　筆者の調査先となったトランシルヴァニアの山村で見られたヒツジ移牧は、第二次大戦以前と同じ技術とスケジュールで行われていると考えられていた。だが、彼らが暮らす社会主義時代に建てられた家屋はどれも同じ外観と間取りを特徴としていたし、そこに納められた家具や調度品、日常的に用いる道具もまた同一の規格の商品であった。さらに、村内には都会人を相手にする近代的なペンションが建ち並び、住民の多くの家には衛星放送やインターネットが普及し、居ながらにして世界の様々な出来事を知ることができる。まさしく、伝統・社会主義・現代の「3者が同時に存在し、同時に機能し、現時点での文化の中でそれぞれ位置づけを与えられている」のである（佐々木 2008:538）。

　ここで重要なのは、フィールドで観察した事象をそれが生まれた時期に基づいて伝統・社会主義・現代と区別するだけでは、現在の農村社会を人類学的に理解したとは言えないという点である。それは、高倉の言うように、伝統期から存在するものと社会主義時代に導入されたものが、現代を生きる人々によって一部を強調されたり、あるいは弱められたり、様々な改変を加えられた上で現存しているからである。これは同時に、政治制度や経済状況の変化に基づいた時期区分を、人類学者が観察する地域社会にそのまま当てはめることはできないということでもある。ルーマニアの場合、共産党政権が成立する 1947 年以前を「伝統期」、それが崩壊する 1989 年までを「社会主義期」、それ以降を「ポスト社会主義期」、さらには 2007 年の EU 加盟後を「ポスト・ポスト社会主義期」と便宜的に分けることは可能である。だが、そうした区分が地域住民の認識と必ずしも一致するとは限らない。

　そのため本書では、ポスト社会主義という言葉を単なる時期区分としてではなく、かつて社会主義という政治的、経済的、かつ文化的システムを経験した現代社会を理解するための分析概念として用いる。この現代社会は、グローバル化の中で絶えず変化に晒されている。そのような状況の中で、伝統と社会主義、そして現在という歴史的位相がどのように立ち現れてくるのかを具体的に記述し、分析し、解釈することを試み

7

るつもりである。EU 加盟を経た後も、「旧東欧」として再周緑化されつ
つある世界を捉える手段としても有効だと考えている。

## 2. ヨーロッパ家族研究

　本書では、ポスト社会主義人類学というアプローチから現代ルーマニ
ア農村の理解を目指す。議論の中心をなすのが、従来の農村社会の核で
あった「ゴスポダリエ」（*gospodărie*）である。このゴスポダリエは、社
会主義化以前から社会主義政権時代、そして現在に至るまで、村内外の
変化に応じてその意味や役割を維持、あるいは変化させながら存在し続
けてきた。

　ルーマニアの人類学者スタフルは、「伝統的な」ゴスポダリエを、家
屋・納屋・菜園・農具・家畜などからなる物理的な資源の複合体である
と同時に、建物としての家そのものであり、家族をも意味する、と定義
している（Stahl 1979:236）。この家族は、労働・居住を共有する集団と
して機能した。一連の財産を管理する男性を「ゴスポダル」（*gospodar*）、
その妻を「ゴスポディナ」（*gospodină*）と呼ぶ。ゴスポダリエは自給自
足を前提とし、そこで暮らす人々によって自立的に経営される農業経営
体であった。

　ゴスポダリエの意味する範囲は広いのだが、社会主義時代にルーマニ
アを調査した人類学者たちは「世帯」（household）の訳語を与え、その
経済的な機能に注目した（Cole 1976b; Kideckel 1993; Kligman 1988）。彼
らの民族誌的記述からはゴスポダリエの社会的側面、すなわち家族とし
ての特徴も汲み取ることができるが、それは従来の家族史研究における
認識と異なっている。まず、このことを確認してみよう。

### （a）ヨーロッパ家族の類型

　ヨーロッパ家族の類型論として現在も大きな影響力を持つのが、ヘイ
ナルによる「ヨーロッパ型婚姻形態」と（Hajnal 1965）、ラスレットに
よる「西洋家族」の議論である（Laslett 1977）。

　ヨーロッパ型婚姻形態の要点は以下のようにまとめられる。ロシアの

レニングラード（現在のサンクトペテルブルク）とアドリア海の最奥部に位置するイタリアのトリエステを結ぶラインの西側では、中世以前から男性の、また特に女性の初婚年齢が高いのが特徴で、生涯を通じて結婚しない人の割合も高い。これに対して、ラインの東側では男女ともに早婚であり、25 歳を過ぎて未婚の者はほとんど存在しない。

　ヘイナルはヨーロッパ型婚姻形態が生み出された背景として出生率と死亡率の低下を挙げ、さらに経済的な事情との関わりで捉えることの重要性を指摘している。人々が、特に男性が独身の間に蓄財し、生計を得るまで結婚を遅らせるという選択をすることによって、晩婚が引き起こされる。これは親の小さな土地財産が単一の相続人にのみ継承されるという直系家族（stem family）の家族形態と関係しており、相続人以外は独立して新しい世帯を形成する必要があった。一方、ラインの東側では、結婚した兄弟が大きな土地財産を共有することによって、非ヨーロッパ型の婚姻形態が支えられていた（Hajnal 1965:130-135）。

　ヘイナルの議論は婚姻形態が土地の相続様式と家族形態を背景としていることを指摘するが、家族形態の地域ごとの特徴に注目したのがラスレットである。彼が言う「西洋家族」は、①両親と子どものみで構成する核家族が優勢、②男女ともに晩婚であり、世代間の年齢差が大きい、③夫婦間の年齢差が小さく、妻の方が年長である割合も高い、④家族には夫婦と血縁関係にない奉公人も含まれるといった特徴を持つ（Laslett 1977）。

　ヘイナルとラスレットの議論はその後の歴史人口学や比較家族史研究で大きな影響力を持ち、核家族や直系家族を基本とする西欧に対して、合同家族（joint family）を中心とする東欧というモデルを生み出した。合同家族は、「兄弟の連帯を基盤とする大家族」（中根 1970）という語が端的に示すように、結婚した後も息子が妻と共に生家に残って父親や兄弟と共同で財産を管理することを特徴とする。かつてのユーゴスラヴィア一帯で見られたザドルガがまさしくこれにあたる。ミッテラウアーは、このザドルガをスラブ諸民族のエスニックな特殊性ではなく、

アルバニア人、ルーマニア人、マジャール人（ハンガリー人）にも類似する構造としている（ミッテラウアー 1994:22-23）。また、ギリシャの山岳地帯においても、同様の合同家族的特徴が見られたことが報告されている（Campbell 1964）。このように、合同家族は東欧に広く見られる地域的特徴として理解されてきたのである。

ザドルガに代表される南東ヨーロッパの合同家族の特徴は以下のようにまとめられる。①2組以上の核家族から構成される。②民主的な合意の下で選出された一人の家長が存在する。③経験豊富な年配の女性が主婦を務め、食事や他の家事を担当する。④合議による民主的な意志決定が行われる。⑤世代から世代へと受け継がれる共有財産を持ち、それを売却、譲渡することはできない。⑥すべての成員が労働に参加する。⑦個人や核家族に個人財産の所有が認められている。⑧家族の分裂に際して、共有財産は新たに形成される単位の間で均等に分割される（Gavazzi 1982）。

### （b）ルーマニアのゴスポダリエ

比較家族史研究において、レニングラードとトリエステを結ぶラインの東側にあるルーマニアは東欧的な特徴を持つ地域として分類されてきた（Hajnal 1965; ミッテラウアー 1994）。だが、1970年代に現地調査を行った人類学者たちが明らかにしたゴスポダリエの伝統的特徴は、東欧的な合同家族とは明確に異なっている。または、ルーマニアのゴスポダリエは、第二次大戦以前の時代においても、一子のみを残留させる直系家族を基本としたと論じられているのである（Beck 1976, 1979; Cole 1976a, 1976b; Randall 1976; Sampson 1984; Kligman 1988; Kideckel 1993）。

ゴスポダリエの子どもたちは年齢順に結婚していき、末子が親のゴスポダリエに残る。ただし、女子ではなく男子が残留することの方が多く、末妹が末弟よりかなり年少の場合や、男子がいない場合にのみ末妹が生家に残った（Kligman 1988:39）。結婚後すぐに独立できない息子は、生家で親と共に暮らしたが、これは新たな住居を確保するまでの応急的な措置であり、そのあいだ他の兄弟は独身の状態を保った。また、自らの

第 1 章　序論

ゴスポダリエを持たない限り、家長である父親に対し従属的な立場をとらざるを得ないことから、独立できるまでは結婚しない場合も多かった（Beck 1979:212-214）。こうした事情もあり、女子に比べ男子の結婚年齢は高くなった。女性が 21 歳になっても独身であれば「オールドミス」として扱われたのに対し（Kligman 1988:42）、男性の結婚は 20 代後半まで遅らされることもあった（Kideckel 1993）。

　ゴスポダリエを出て行く子ども、そしてそこに残る子どもへの財産分与は、女子を含めた均分相続として説明される（Cole 1976b; Randall 1976; Beck 1979; Kligman 1988; Kideckel 1993）。この相続慣行は 19 世紀半ばにオーストリア＝ハンガリー帝国によって定められた相続法に由来するとされるが、実際には財産の均分は徹底されていなかったようである。特に婚出する女子の場合、土地ではなく家畜や家財道具、現金などが持参財として与えられ、男子の場合も、生家に残留する末弟と彼の兄たちとの間に格差が生じていた（Beck 1976; Randall 1976; Kligman 1988）。兄弟たちは結婚すると、相続した土地に新しく家を建て独立するが、生家に残留する末弟は相続した土地（特に良質の土地や居住地に近い土地）の他に父親のゴスポダリエのすべてを受け継いだ。そして末弟は、葬式や供養も含めて、年老いた親の世話をすることが期待された（Beck 1976, 1979; Cole 1976b; Randall 1976; Stahl 1979; Kligman 1988; Kideckel 1993）。

　この相続様式を理解するには、平地の村落社会の景観、すなわち集落の中心に家屋・菜園・畜舎を収めたゴスポダリエが集まり、その周辺に農地が広がるという土地利用のあり方を想起しなければならない。均分相続の対象となったのはこの農地で、その分配に際してキョウダイの間に意図的に差を付けたのである。そして親のゴスポダリエは不分割のまま末弟が継承した。すなわち、家屋敷に当たるゴスポダリエと農地とでは、相続の方法が異なったのである。

　財産を均等に分与するという考え方はルーマニアに限ったことではなく、先に触れたように、南東ヨーロッパの合同家族の分裂に際しても

11

徹底的な均分主義が見られた（Halpern 1967; Gavazzi 1982; グロスミス 1994; モズリー 1994; ヴチニッチ 1994）。ただし、ここでは生家の住居自体もその対象に含まれており、父親の死後に家族が分裂する場合や、既婚の兄弟たちによって構成されていた家族集団が分裂する場合などに、元の住居を仕切ったり、新しく増築したりして、兄弟が別々に居住することもあった。また均分主義を徹底するため、親の家屋を子ども一人で相続する場合、その分だけ土地や家畜などの分け前が減ることとなった（Halpern 1965, 1967）。逆に、ギリシャの山岳地帯のように、親と共に住み続ける末弟に余分の財産が与えられる場合もある。しかし、このような場合でも、余分の財産は親の世話をする見返りに過ぎず、末子相続には当たらないとされる（Campbell 1964:188）。

　家長の指揮の下に家族成員がそれぞれ与えられた仕事をすることから、家長が非常に強い権力を持った拡大家族制度を家父長制と呼ぶことがある。しかし中根によると、合同家族において家長は最高のステータスを与えられ、対外的に家族を代表する立場にあるが、意志決定の過程においては、男子成員の合議を求めることがルールとなっており、全体としてより民主的な運営がなされていた（中根 1970:58）。ギリシャの場合、家長の権限は家族成員の合議、意見一致のプロセスを経て行使され、家長は息子や兄弟に相談せずに貯蓄物や財産を売買することはなかった（Campbell 1964:189-190）。またセルビアのザドルガにおいても、家長は決定を下す前に常に成人男子成員と合議し、家長自体も男子成員の合意で選出され、不適格とされれば解任された（Halpern 1965:141-142）。

　一方、ルーマニアのゴスポダリエでは、家長が強い権限を発揮していたと指摘されている（Beck 1976, 1979; Cole 1976b; Kligman 1988; Kideckel 1993）。生産活動においては家長がすべての決定権を持っており、家族成員は家長の指揮の下で割り当てられた仕事を行っていたというのである。また結婚した息子が、父親のゴスポダリエに居住する場合、息子個人の財産や妻の労働力などに対しても父親の権限が及んだといわれる。

　中根によれば、家長が強い権限を発揮しうるのは合同家族よりもむし

ろ直系家族で、権限は家長という一点に集中し、いずれは特定の息子に
その立場が継承される（中根 1970:104）。家長以外の成人男子は家長に
対して従属的な立場におかれ、家長の継承者以外の息子たちは生家から
去り、他の単位において家長権を確立せねばならなかったのである。

　以上からすると、ルーマニアのゴスポダリエは東欧的な合同家族の特
徴を持つとは言い難い。家族形態について見てみると、一世代一夫婦の
直系家族が基本で、末弟以外の子どもは結婚して生家を出ていく。また、
自身のゴスポダリエを持つために男子の結婚年齢が高くなる傾向にあっ
た。女子を含めた均分相続をルールとするが、実際には男女、後継者と
それ以外の子どもの間で相続財に差を付けていた。特にゴスポダリエは
不分割の世襲財として末弟がそのまま相続し、その代わりに老親を扶養
する義務を負った。ゴスポダリエの家長は、生産活動の場面において強
い権限を持った。これらは、直系家族の特徴に明確に当てはまるもので
ある。

　人類学者が描いてきた「伝統的」ゴスポダリエが、ルーマニア家族の
本質的特徴なのか、あるいは何らかの変化をした後のものを観察した結
果なのか、断じることは難しい。例えば、ヨーロッパ型婚姻形態におい
てヘイナルはラインの両端を指摘するのみで、その途中にどのようなバ
リエーションが存在するかを具体的に示しているわけではない。ヘイナ
ル自身もヨーロッパ型婚姻形態が特定の地域に確固として存在している
わけではなく、地理的な混合が見られると述べているのである（Hajnal
1965）。

　後にラスレット（1992）はヨーロッパ家族の特徴を東西だけでなく、
「西部」・「西央部あるいは中部」・「地中海」・「東部」の４つに類型化して
いるが、そうした地理的区分もあくまでも傾向性を指摘したにすぎない。
特にハンガリーなどは４つの傾向のうちの３つの影響下にあって、それ
らの特徴をすべて有すると述べている（ラスレット 1992:58）。地図上
でレニングラードとトリエステをまっすぐに結ぶと、そのラインはハン
ガリーのすぐ西側を通ることになる。その境界付近においては、様々な

特徴が混合していたことが想像されるということであるし、ハンガリーのすぐ南東に位置するルーマニア、特に第一次世界大戦以前はハンガリー領の一部であったトランシルヴァニア地方においてもそうだったかもしれない。

変化という点に目を向けると、農業技術の発展が家族形態に影響を及ぼしたことが指摘できる。例えばハンガリーでは、農業技術が大きく進歩した20世紀初頭から合同家族形態が減少し始め、既婚の息子のうちの一人が両親と共に生家に留まり、他の兄弟は結婚して独立する形が一般化した（Fel & Hofer 1969:103）。ルーマニア、特にトランシルヴァニアも同時期に同様の変化の過程を経ていたのだとすると、直系家族的なゴスポダリエは20世紀以降に発展したものであるのかもしれない。これまでのルーマニア人類学では、社会主義政権成立以前を「伝統期」としてひとまとめにしてきたが、すでに大きな構造的変動を経ていたことも考えられるのである。

だが、それに関して十分に検討するだけの歴史資料もないことから、本書ではこうした問題には深く立ち入らないこととし、現代的なゴスポダリエの特徴、変化しつつあるその様を描き出すことに重点を置く。これまでの先行研究で明らかにされたゴスポダリエの特徴が、現代の農村において、どのように維持あるいは変化しているのかを具体的に検討していく。


## 第3節　本書の視座

### 1.　本書の目的と特色

前節で、本研究で中心的なアプローチとするポスト社会主義人類学、議論の中心として扱うゴスポダリエおよびその背景となるヨーロッパ家族の類型論を取り上げた。本書の目的は、社会主義政権の崩壊やEU加盟といった政治経済構造の変化と共にグローバル化に晒されたルーマニア農村において、農牧の経営体であるゴスポダリエがどのように経営さ

れているのか、そこにどのような変化が生じているのか、そしてそれが
村民にとってどのような意味を持っているのかを、詳細な民族誌として
描き出すことにある。その際、ゴスポダリエの現状を、伝統、社会主義、
そして現在という3つの歴史的位相という分析枠組みから捉えていく。

　ルーマニアのゴスポダリエは、社会主義政権誕生以前から、社会主義
期、その崩壊期にかけて農村の第一義的な社会単位であり、生活を支
える経済的基盤として重要な役割を果たしていたことが明らかにされて
いる（Cole 1976b; Beck 1979; Kligman 1988; Kideckel 1993）。社会主義時
代、村民の多くが集団農場や国営農場、工場などで賃金労働者となった
が、国家からの食料の配給や店舗の品揃えが不十分だったため、ゴスポ
ダリエでインフォーマルに生産する野菜や畜産物が欠かせなかった。ま
た、親族関係、儀礼親族関係、隣人関係などを介してゴスポダリエ同士
で行う労働力やモノの交換も重要な役割を果たしていた。

　こうしたことが明らかにされる一方、集団としての構造的特徴を左右
するはずの経済的基盤については、これまでほとんど検討されてこな
かった。ゴスポダリエがどのような資源から構成されるのか、それをど
のように利用して生産活動を行うのか、どのような論理に基づいて経営
が行われるのか、そしてこれらが農民にとってどのような意味があるの
かといったことが明らかにされてこなかったのである。

　その理由の一つは、社会主義体制下でのフィールド調査の難しさにあ
る。調査実施の許可が出ていたとはいえ、村落に住み込むことはできな
かったし、住民の側にも外国人との接触を報告する義務があった。その
ような状況下では、調査し発表することのできる内容にかなりの制限が
あったのではないかと思われる。もう一つは農業集団化政策の影響であ
る。農業集団化の過程で、ゴスポダリエの農地の大半は集団農場や国営
農場へ組み込まれ、自給自足的なゴスポダリエ経営が大規模な近代的農
業へと再編された。世帯としてのゴスポダリエは維持されたものの、自
立した経営体としての側面を失ったのである。それと共に、伝統的な生
産様式、経営論理もまた変化していった。そのため、ゴスポダリエの伝

統的な経済基盤に研究者が注目することが少なかったのではないかと思われる。

　本書の特色は、このような変化の過程を経た村落社会ではなく、農業集団化の行われなかった村落を扱う点にある。ルーマニアの農業集団化政策は 1962 年に終了が宣言されたが、全農地の約 10% が未集団化のまま残されることになった。その多くは、機械化が困難で生産性の向上が見込めない山間部に位置した。本書の舞台となるのは、トランシルヴァニア地方の南端を走る南カルパチア山麓の一山村で、ここでは社会主義時代を通じて農業集団化が実施されなかった。土地や家畜といった生産手段が人々の手に残され、現在に至るまで伝統的なゴスポダリエ経営が維持されているのである。

　未集団化のまま残された村落を対象とすることで、伝統的なゴスポダリエ、特にその経済基盤のあり方を検討することが可能となる。だが、このような村落もまた、現在はグローバル化に伴う産業化、商業化、観光地化の影響を大きく受けている。その中で、伝統的な農牧業を継ぐことを望む子どもが急速に減少し、ゴスポダリエ経営者の高齢化が進行している。今まさに目の前で起こっているゴスポダリエの変化を描き出す点にも、本研究の大きな特色がある。

　また、農業集団化を経験しなかったことにより、村民の日常生活に織り込まれた伝統・社会主義・現在という 3 つの歴史的位相も他地域と異なってくるはずである。このことは、他者としての社会主義の脱構築という問題とも関わってくる。第二次大戦後にソ連と西側諸国が対立を深める中で、西欧やアメリカの社会科学は自分たちとは異なる他者として社会主義を描いてきた。そのイメージは、独裁国家・全体主義・管理・抑圧といった言葉と結びついており、政治学や経済学では社会主義国家の政策の問題点や過酷さ、国民の生活の苦境を強調することが多かった（Cole 1985:233-235）。

　かつての社会主義諸国で実施された農業集団化政策は、土地の強制的な接収・抵抗者の投獄・財産の没収という過酷な実施過程に加え、集団

農場の管理システム、空間そのものの再編といった諸特徴を持ち、農村の社会主義化を推し進める原動力となった。このような農業集団化を欠いた農村では、住民は社会主義的な近代化を異なるものとして体験したのではないだろうか。彼らの社会主義体験、そして現在それをどのように認識しているかを明らかにすることは、社会主義を他者として前提視する姿勢を是正することにつながるはずである。

## 2. 調査の概要

　本論文で用いる資料とデータは、2006年9月から2008年9月にかけて継続的に行った現地調査（杉本 2009）と、その後、現在まで断続的に行った追加調査によって収集したものである。また、本書の写真はこれらの調査において筆者が撮影したものを用いている。さらに、調査計画の立案や調査地の設定においては、2002年8月にワラキア地方に位置するテレオルマン県の村落で行った予備調査を基礎とした。

　約2年に渡る本調査の最初の8か月は、首都ブカレストのブカレスト大学でルーマニア語の習得に努めると共に、図書館や書店を回って資料収集を行った。また、知人、友人の紹介を頼りにルーマニア各地を訪れ、調査地の選定を行った。その期間には予備調査を行った村落にも数度足を運んだ。その後、トランシルヴァニア地方のブラショヴ県F村を調査地として選定し、2007年5月に住み込み調査を開始した。そこから2008年8月までの約16か月の住み込み調査を通して、一次資料の収集を行った。

　これらの期間、F村内で民家の一間を賃借した。最初のひと月はF村への紹介者となったブカレスト在住者の別荘に滞在した。そこを拠点として周囲の村落住民に対して調査を開始し、その後に滞在先を老夫婦が暮らすゴスポダリエへと変えた。普段は使用していない一間を借り、彼らと食事を共にし、洗濯や掃除までも彼らの世話になった。村落住民と一緒に暮らすことによって、彼らの生活全般に渡る資料を得ることができた。また、村落社会に溶け込み、言語を習得する上での大きな助けと

もなった。しかし、滞在先の諸事情から、2007年11月には間借り先を変える必要が生じた。次に住み込んだのは、すでに家畜飼養を放棄して現金収入によって生計を立てている家族の家だった。ここでも、それまでと同様に食事を共にし、日常生活の様々なことに関わった。ここには調査が終了するまで10か月間に渡って滞在した。本研究の調査では、思いがけずに3つの民家に住み込むこととなったのだが、これらは都市住民の別荘、伝統的なゴスポダリエ、近代的な生活を志向する村落住民とそれぞれに性格が異なっており、過渡期にある村落社会を多重的に描き出すことが可能となった。

　調査の前半は、F村だけでなく周辺地域をも視野に入れて調査を進めた。それにより、広範な地域に広がる生業システムや、村落社会全体についてのデータをまず収集した。その後、より限られた地理的範囲内での集約的な調査へと移行した。その対象としたのがF村内を走る谷の一部で、本書ではそれを「M谷」と呼ぶこととする。なお、筆者が住み込んだ二番目と三番目の民家は共にこのM谷の中に位置している。調査の中核をなすのは日常の参与観察である。農牧業、儀礼、その他の雑事に参加した他、様々な機会に村人の世間話にも加わった。そうして村での生活の仕方を身につけ、村人の視点から彼らが直面する問題を知るようになってからは、特定のトピックについて集約的なインタビューを繰り返した。さらに、統計資料の収集も行った。

## 3.　本書の構成

　本書は序論と結論を含め、全9章から構成される。

　序論に続く第2章では、まず本書の調査地を特定する。ルーマニアの行政区分や住民の地理的認識に触れながら、ブラショヴ県、F村、M谷について概括する。次に、この地域にどのように社会主義的な制度が導入されたのか、また社会主義体制の崩壊がどのような影響を及ぼしたのかについて、村の生活全般の変化と共に簡単にまとめる。社会主義時代を通じて農業集団化が未実施だったこと、賃金労働が普及する一方で社

会主義的な経済システム下では食物を自給することが重要な意味を持っていたことで、伝統的なゴスポダリエが維持されてきたことを明らかにする。

第3章からは、現在のF村におけるゴスポダリエについての詳細な民族誌を記述する。まず第3章では、ゴスポダリエを構成する資源に注目する。その境界がどのように画定されるのか、敷地内にどのような資源が含まれ、それがどのように利用されているのかについて具体的に明らかにする。

第4章では、ゴスポダリエでの干し草作りについて記述する。山間部に位置するF村で家畜を飼養するには、冬は畜舎に入れて干し草を与えねばならない。干し草は牧草地を採草地として保護して生育し、それを刈り取って作る。まず、牧草を含めたゴスポダリエの敷地内に生える植物がどのように分類されているのかを明らかにし、実際にどのようにして干し草が作られているのかを具体例から描き出す。

第5章では、ゴスポダリエにおける家畜飼養の現在を明らかにする。ゴスポダリエ経営の中心をなすヒツジとウシを中心に、それぞれの民俗的分類、家畜飼養のスケジュールと技術について明らかにする。ヒツジに関しては、数百年前から地域内で行われきたと語られる移牧のシステムについて、ウシに関しては、他の家畜と異なり人間と親しい関係にあることについて合わせて記述する。さらに、現在ではほとんど飼養されることがなくなったブタについて触れる。最後に家畜飼養のスケジュールが家畜の生態的特徴と共に村民の多くが信仰するルーマニア正教の暦とも一致していることを示す。

第6章では、高齢者によって経営されるゴスポダリエがどのような論理に基づいて経営されているのか、その実態について明らかにする。そこには農牧の効率化や生産向上のための資金の導入が見られず、元からある資源を循環させることで経営するという論理と、歴史性を持った土地をいかにに管理するかが住民の評価に直結していることを示す。次に、労働力不足という問題を抱える高齢者のゴスポダリエがどのようにして

それを解決しているのか、また村内で新たに生じている牧畜の様式について明らかにする。

第7章では、自身ではゴスポダリエを持たない人々の生活に注目する。まず、高齢者や若年者がどのような経緯を経て家畜飼養を放棄したのか、新たにどのような生活を営んでいるのかについて記述する。特に若年層はゴスポダリエの家畜飼養を「利益を生まない重労働」として敬遠するのだが、その畜産物には有機的という高い価値を置き、観光業においてもそうしたイメージを活用していることを明らかにする。

第8章では、現在のF村ではゴスポダリエが農牧経営体としての自立性を減じ、ファミリエというつながりが重要性を高めている状況を明らかにする。高齢者のゴスポダリエでは、すべての子ども世帯との間のファミリエの紐帯が労働の投入や畜産物の分配において表出する現象が生まれている。それと同時に後継者を失ったゴスポダリエがファミリエの中で解体されてもいる。一子のみが財産を独占する状況は否定され、財産分与と養老の義務が均分化しつつある状況について具体的に描き出す。

結論となる第9章では、本書を総括し、現代ルーマニア山村において伝統・社会主義・現在という3つの歴史的位相がどのように表れているのか、彼らにとっての社会主義とはいかなるものであったのかについて論じる。

## 4. 用語の定義と現地語の表記

次に本論を進める上で必要な用語について説明しておく。

農村を取り囲む政治経済状況の変化に応じて、ゴスポダリエの重要性や意味も変化してきたが、それが農牧のための資源の組み合わせである点は今も変わらない。単にゴスポダリエと記述する場合、それは家屋や土地などの資源という側面、あるいはそこで暮らす人々をも含めた農牧の経営体という側面を指すものとする。「ゴスポダリエを経営する」と言えば、財産セットを管理、利用して生産活動を行うという意味である

し、「ゴスポダリエを継承する」と言えば、農牧に必要な財産のセット
をまとめて相続し、その経営を引き継ぐことを意味する。ただし、ゴス
ポダリエという語の含意の広さ故に異なるものを意味する場合や、近年
になってその意味する内容が変化している場合には、その点を提示しな
がら議論を進めることとする。

　各々のゴスポダリエはその周囲を柵で囲うなどして、その範囲を明確
にしている。その住民がその範囲の外にも土地を所有することもあるが、
彼ら自身はそれをゴスポダリエの一部として説明することはない。彼ら
の農牧経営において、こうした「飛び地」が欠かせない場合もあるのだ
が、彼らの意識する資源のセットからは除外されているのである。こう
した住民の認識に従い、本書では、「飛び地」をゴスポダリエの一部と
して扱わない。ただし、「飛び地」が成員の牧畜に関わる活動や財産相
続に関与する場合には、そのことを明示しながら記述する。

　F村の土地は、共有地と教区の土地を除いて、個々人によって所有さ
れている。柵などによって視覚的に区分されてひとまとまりになった土
地をここでは敷地と呼ぶことにする。それぞれの敷地がゴスポダリエと
して利用されることもあれば、家屋だけが建っていたり、牧草地であっ
たりもする。「ゴスポダリエの敷地」という表現は、財産の有機的なつ
ながりや経営と関わりなく、単にその土地のみを指している。

　また世帯という表現も用いるが、従来のルーマニア農村研究のような
ゴスポダリエの訳語としてではなく、収入と支出、要するに経済活動を
共にする人々の集まりを指して用いる。農牧の経営体であるゴスポダ
リエは一つの世帯であるが、農牧ではなく賃金収入によって生計を立て
ている人々もまた世帯である。近年では、一つの敷地内に複数の世帯が
存在することも珍しくない。ゴスポダリエ経営を行う親の世帯と、賃金
労働に従事する子どもの世帯のそれぞれが暮らす家屋が立ち並ぶように
なっているのである。

　本書における仮名の使用は以下のとおりである。まず、地名について
は、ブラショヴ県を始めとする県名、県都ブラショヴ、地域名であるブ

ランにのみ実名を使用している。それ以外の都市、行政村、村落、谷の名前は、すべてアルファベットに置き換え、仮名にしてある。本書に登場する人物の氏名もすべて仮名とする。氏名の表記は、村民の慣習に従って姓名の順で行い、間に中点を打つ。ルーマニアの公的な書類などでは名姓の順で表記するが、F村の住民たちはまず姓、続けて名の順で名乗るのが一般的であった。

　また本書では多数のルーマニア語や調査地での民俗概念を翻訳して用いている。本文中では、初出箇所を「　」で記し、その後に（　）で元のルーマニア語を斜体で追記した。その際に用いるルーマニア語は、特に断りがない限りは単数形である。また、固有名詞に関わる場合は、定冠詞形で表記する。人物名、地名は原則としてルーマニア語の発音に近い形で記したが、ブカレスト（ルーマニア語では「ブクレシュティ」（București））のような日本語で慣用となっているものは、それに従った。動詞は、ルーマニアでの慣習にならって「*a*」の文字に続けて三人称単数形で示しておく。

# 第2章　山村の社会主義

## 第1節　調査地の概要

　本書で扱うのは、ルーマニアのほぼ中央に位置するブラショヴ県のF村である（ノンブルⅲ、図1を参照）。ここでは、この村がルーマニアのどのような場所に位置するのか、歴史や自然環境を踏まえながら紹介しておきたい。まず、この地域がどのような行政単位、集落の単位によって構成されているのか整理しておく。

### 1. ブラショヴ県

　1981年に再編されて以降、ルーマニアは41の「県」（*judeţ*）と首都ブカレストの特別区から構成されている。これらの県は歴史的な領土の変遷に従って、トランシルヴァニア、ワラキア、モルドヴァの3つの地方に分けられる。トランシルヴァニアはアルデアル、ワラキアはムンテニアとも呼ばれる。これらの境界となるのが、ルーマニアの国土の中央を弧を描いて走るカルパチア山脈と南カルパチア山脈（トランシルヴァニア山脈）である。2,000m級の尾根に囲まれた北西部がトランシルヴァニア地方、その南側がワラキア地方、東側がモルドヴァ地方にあたる（ノンブルⅳ、図2を参照）。

　ワラキアとモルドヴァは15世紀以降オスマン帝国の支配下にあった。それぞれに独立運動を続けていたが、1878年、合同してルーマニア王国として独立した。一方、トランシルヴァニアは11世紀以降、ハンガリー王国、神聖ローマ帝国、オスマン帝国（独立したものの属国扱い）、オーストリア゠ハンガリー帝国と帰属を変え、第一次大戦後にルーマニア王国に併合された。ワラキアやモルドヴァがトルコの影響を強く受けたのに対し、トランシルヴァニアはオーストリア゠ハンガリーの影響を受けている。

ブラショヴ県はルーマニア全土のほぼ中央、トランシルヴァニア地方の南東端に位置している。県都のブラショヴ（ドイツ語名 Kronstadt、ハンガリー語名 Brassó）は、13 世紀にドイツ騎士団が入植して造った街である。オスマン帝国と西欧の交易路上にあり、特権を与えられたザクセン商人を中心に発展を遂げた。県内にはハンガリー人やロマも多く存在し、多様な民族的特徴を持っていた。

　また自然環境においても、ブラショヴ県は多様である。南カルパチア山脈の尾根が県の南端をなし、山間や谷に集落が発展した。その一方、北西部には広大で肥沃な平原が広がっている。

　社会主義時代には多くの資本が県内に投入された。村落を結ぶ交通網が整備されたことで、県内のあらゆる村から都市部に立てられた工場に通勤できるようになった。社会主義政権の崩壊に伴い工場は閉鎖されたが、幹線道路や公共交通機関の一部は現在も残されている。社会主義政権崩壊以後、ルーマニア国内は政治的・経済的に混乱した状況にあったが、2000 年代に入るとそれも好転し始めた。中でもブラショヴ県には多くの外国資本が導入され、工場やハイパーマーケットが立ち並んでいる。

## 2. F村、M谷

　本研究が対象とする F 村はブラショヴ県の南部、県都ブラショヴから南西へ 30km ほど離れた位置にある（地図 2-1 参照）。F 村は「サット」（sat）と呼ばれる村落にあたり、近隣の 4 つのサットと共に行政村 q を構成している。行政村はルーマニア語で「コムーナ」（comună）という。F 村からは、都市 Y を経由して県都ブラショヴまで行くバスが日に 15 本ほど出ている。都市 Y までは 30 分、ブラショヴまでは 1 時間ほどかかる。

　村落に関する統計は、サットではなくコムーナを基本単位としている。コムーナ q の総面積は 9,491ha で、そのうち森林面積が 5,482ha にも及ぶ。コムーナ内の土地の多くが丘陵地や山地なのであり、河川と幹線道路が縦貫する谷底に人口が集中している。

　コムーナの人口は 2008 年で 4,746 人である。1992 年の人口が 5,770 人

第 2 章　山村の社会主義

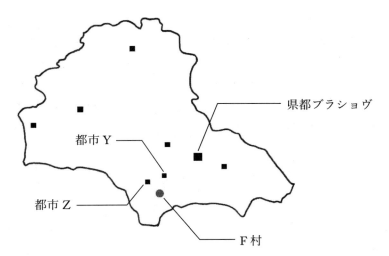

地図 2-1：ブラショヴ県

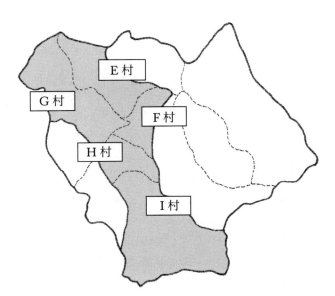

地図 2-2：コムーナ q の構成村

であるから、その間に 1,000 人以上減っていることになる。しかし、役場の職員の話によると、谷部の人口にほとんど変動はなく、減少が目立つのは丘陵部の人口である。現在、サットごとの人口は公表されていないが、1992 年の時点で、F 村と H 村を合わせた人口が 2,960 人、E 村 850人、G 村 1,010 人、I 村 950 人であった（Praoveanu 1998:144）。元々人口の少なかった E 村、G 村、I 村といった丘に位置するサットで人口が減少しているということになる。

　コムーナ q の北端と南端はそれぞれ 2,000m 級の頂が連なる山脈の尾根をなしている。北端の山脈がピアトラ・クライウルイ（*Piatra Craiului*)、南端の山脈がブチェジ山地（*Munţii Bucegi*）である。したがって、E 村や G 村、I 村の集落は標高 1,000m から 1,300m ほどの位置にあり、それよりも高い山の中腹には森林、山頂付近には牧草地が広がっている。一方、F 村は谷に位置するとはいえ、標高は 800m 以上に達し、気候は冷涼である。年平均気温は 6℃で、冬は零下 10℃を下回るが、夏でも 30℃を超すことは希である。年間降水量は 750〜800mm の間で、冬には 50cm 以上の雪が降り積もることもある。耕作地は谷の僅かな平地に限られ、地味も低いことから、ジャガイモやビートを自家消費のために作るだけである。村内の土地の多くは牧草地として利用しており、ヒツジやウシを中心とした牧畜を伝統的な生業としてきた。

　F 村を含むブラン地域はトランシルヴァニア公国とワラキア公国との国境にあり、14 世紀から 15 世紀頃まで歴史を遡ることができる。この時代のブラン城には領主がおらず、関所としてブラショヴ市が管轄していた。すなわち、この地域は領主のいない「自由村」（*sat liber*）であり、住民は農奴ではなく、それぞれが土地を所有する「自由農民」（*moşneni*）であったのである（Praoveanu 1998:22-37）。

　先述のように、農耕地の少なさと機械化の難しさから、F 村を含んだコムーナ q では社会主義時代にも農業集団化政策の実施が見送られた。ただし、一定の生産物の供出が義務付けられ、畜産物の流通は国家の管理下に置かれることとなった。それでも、牧畜の生産過程自体は「伝統

的」な様式が維持されたのである。ルーマニアの多くの村落では、貴族による封建的な大土地所有、1920年代の土地改革、社会主義政権による農地の集団化、「民主革命」以降の土地の「返還」という土地所有形態の変遷を経験してきた。しかし、F村はこうしたモデルとは異なり、土地の個人所有という状況が今日に至るまで続けられてきたのである。

　地図2-3は、現在のF村を示している。西はE村とG村、南はH村と接する。北はB村、西はD村と接するが、こちらは隣のコムーナとの境になっている。教会や役場が集まる辺りは、F村、さらにはコムーナqの「中心地」（centru）となっている。ここを通り抜ける幹線道路は国道になっており、南下して南カルパチア山脈を越えると、アルジェシュ県の都市クンプルングや県都ピテシュティを経由してブカレストまで続く。そのため、大型のトラックが頻繁に行き交う。「中心地」を通り過ぎると、国道は尾根を走りながら緩やかに高度を上げていき、急斜面にさしかかるとS字を描きながらそれを登っていく。「中心地」で国道と枝分かれする道はH村を通過し、丘陵地に位置するI村まで延びている。こちらの道は谷を流れる川に沿っており、古くから集落が発展してきた。

　F村は「中心地」にある教会の教区とも重なるが、その領域はかなり広い。例えば、H村との境から細い道路を北上して「中心地」を経由しD村との境まで歩くと、ゆうに1時間以上はかかる。また村内が尾根によって分断されているため、地図上では近い場所でも、谷伝いに迂回したり、急斜面を登ったり林の中を抜けたりせねばならない。また、現在よりも橋が少なかった社会主義時代には、すぐ対岸の知人に用事がある時に離れた橋まで遠回りすることもあったという。

　このような事情から、人々が日常的に交流する範囲は現在も限られており、同じ村落内であってもいくつかの生活圏に分かれている。そうした生活圏は「谷」（vale）や「丘」（deal）の名前を用いて呼び習わされ、孤立しているために個別の教会を持つ場合などは「小集落」（cătun）と呼ばれたりもする。

　例えば、F村とM谷はどちらも筆者が機械的にアルファベットを割

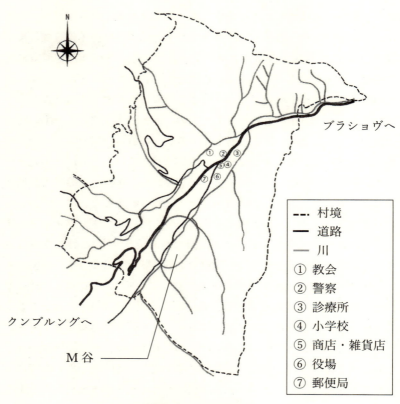

**地図 2-3：F 村と M 谷**
役場が管理する地図を基に筆者作成

り振った仮名であるが、M 谷本来の名前は F 村の名前の一部を構成している。M 谷に暮らしている人々は、「ここは M だ」「自分たちが暮らしているのは M だ」などと言うが、それは F 村の略称ではなく、谷の名前で場所を表現しているのである。

　場所を言い表すこのような方法は、調査当初の筆者を混乱させた。日常会話において、それぞれの属性を示す「小集落」・「谷」・「コムーナ」・「サット」といった言葉が欠けていたからである。その一方で、小集落

や谷の名前にサットの語を組み合わせて使う人もおり、その違いを理解できるまでに時間がかかった。

これらの小集落や谷は、地理的にひとかたまりになっているだけでなく、社会的な意味を持つひとつの生活圏でもある。そこで暮らす人々が互いのことを詳しく知っており、「自分たちの土地」（*terenul nostru*）として集団的に意識する範囲でもある。集落を構成する家々がかたまっているだけでなく、組織化されたものを村落とするなら（鳥越 1985:70）、小集落や谷を「サット」と称する彼らの感覚にも納得がいく。しかし、本論文ではF村という村落との混同を避けるため、その地理的範囲を「〜谷」や「小集落〜」と表現する。

調査の後半に筆者が集約的に調査を行ったのが、住民によってM谷と呼ばれている範囲である。M谷は村内で最も広く長い谷で、数kmに及ぶ。F村の人口の大半が集中する場所でもある。ただし、集落の広さや戸数の多さから、M谷全域を対象とするのは困難であった。最終的に100戸弱が集まる範囲を設定したが、それは調査を進める上での便を優先したからだけではない。

M谷の底部を縦貫する川には何本もの小川が流れ込んでいる。この小川もまたそれぞれに小さな谷を形成する。M谷はこうした小川によって幾つかの部分に分断されており、筆者はその一つを集約的な調査の対象としたのである。ただし、これは地理的な区分に留まらず、住民たちによって「自分たちの土地」として認識される範囲となっている。ここで暮らす人々自身が流れ込む小川の縁に立ち、自分たちの「土地」（*teren*）あるいは「場所」（*loc*）の境界として説明する。具体的には、地図 2-3 の円で囲った部分が一つのまとまりとして認識されているのである。ただし、この範囲だけを指し示す特定の名称は存在せず、人々は「M谷」あるいは「M」とのみ呼んでいる。本来、M谷はより広い範囲を含むのだが、本書では便宜上、この範囲をさしてM谷という地名を用いることとする。

本研究の対象となるのはF村であるが、そこに小集落や谷という下位

区分が存在し、一つの地理的まとまりとして住民に認識されている。しかし、現在もF村で行われている伝統的なヒツジ飼養の文脈においては、より大きな地理的範囲が意味を持つ。

F村を含むコムーナqだけでなく、東隣のコムーナp、西隣のコムーナrでも農業集団化は見送られ、伝統的な牧畜が維持された。その特徴はヒツジの群れを季節的に移動させる「移牧」（*transhumanță*）にある。夏期は高温を避けて冷涼でより雨の多い高地の放牧地にヒツジを移動させ、冬期は降雪を避けて低地の村落に羊群を戻す。こうしたヒツジ移牧は数百年前から続くものとされ、村の住民たちもそれを「伝統」（*tradiție*）だとか「古い慣習」（*obiceiuri veche*）といった言葉で表現する。

冬にはヒツジは個々のゴスポダリエに留まるが、夏の放牧の舞台となるのはピアトラ・クライウルイやブチェジ山地の山頂付近に広がる放牧地である。地図 2-2 上でみると、谷に位置するF村やH村には、ここにアクセスする方法がないように見える。しかし、この放牧地は共有地としてコムーナの役場によって管理されており、19 世紀以前にはコムーナpとコムーナrに属する村落を含めた村連合によって管理されてきた。すなわち、夏の放牧地の管理母体は、そこを地理的範囲に含む村落よりも広いのである。それによって、コムーナp、コムーナq、コムーナrのそれぞれを構成する村落の住民が、他村に含まれる夏期放牧地を利用することができる。これらの範囲を持って伝統的な生業システムが完結しており、それは「ブラン高原」（*Platforma Bran*）と呼ばれる地理的区分とも重なっている。

本研究の対象となるのはF村であるが、人々の生活全般がこの村落という範囲をもって営まれているわけではない。文脈によってその範囲は小集落や谷に狭まったり、行政村であるコムーナq、さらにはブラン高原の全域（以下、「ブラン地域」とする）にまで広がったりするのである。本研究は、現代の農村で暮らす人々の生活を様々な面を捉えることで、こうした村落社会の多重性を浮かび上がらせる意図も持っている。また、ここで起こっている様々な変化やそれに対する人々の対処や考え

方からは、社会主義政権の崩壊から EU 加盟という大規模な政治経済構
造を背景に過渡期にある農村を描き出すことができると思われる。

## 第2節　F村における社会主義

　社会主義政権による農業集団化政策は、サブシステンスを目的とした
小農を近代的かつ合理的な農業生産システムへと組み込むことを目標と
した。国有化あるいは集団化した農地を広大な圃場へと作り換え、特定
の作物を農業機械や化学肥料を用いて効率的に生産する。農地を提供し
た農民たちは、農業労働者として国営農場や集団農場での労働に従事し、
賃金の支払いを受ける。ソ連型のソフホーズやコルホーズをモデルとし
て各地で農業集団化が推進された。

　1962年には、すべての土地が共同で利用されるようになったとして、
農業集団化政策の終了が宣言された。ただし、全農地の10%ほどは社会
主義セクターに組み込まれないままで、依然として個人農による農地の
所有と利用が続けられていた。そうした土地は山間部に多く、狭い谷間
の僅かな耕地、急斜面の牧草地、地味の低さ、耕地までのアクセスの悪
さといった悪条件のため、多大な費用をかけて実現したとしても、生産
の増大は見込めなかった。こうした事情から、山間部では農業集団化が
見送られるケースが多かったのである。

　F村も、同様の理由から農業集団化を見送られた山村の一つだった。
土地だけでなく、生産活動に必要なウシ、ヒツジ、ブタなどの家畜もま
た、住民のゴスポダリエに残された。伝統的な畜産業の集団化を徹底し
たブルガリアと異なり（漆原・ペトロフ 2008）、ルーマニアでは家畜の
集団化は各農業生産協同組合の判断に委ねられた。協同組合のなかった
F村においては、家畜飼養の集団化がなされることもなかったのである。

　かつての社会主義諸国で行われた農業集団化政策は、土地や家畜と
いった生産手段の共有化を掲げ、生産活動のみならず、農村の生活全般
を大きく変化させた。しかし、F村のようにそのどちらもが私有のまま

農民の手に残された地域も存在したのである。農村における社会主義の代名詞的とも言える農業集団化を欠いた状況において、住民たちはどのように社会主義を経験したのだろうか。本節では、社会主義時代、その後の崩壊期のF村の状況について整理しておく。

## 1. 社会主義体制下の牧畜業

F村を含めたブラン地域では集団農場の設立が見送られたが、当初からその決定がなされていたわけではなかった。そのため、農業集団化政策の初期段階で実施された反富農キャンペーンとノルマ制度が、F村にも導入された。反富農キャンペーンは、伝統的な村落社会における住民のつながりを分断して、個々人を社会主義的な生産関係へと再編成することを目的としたものであった。社会主義化以前には、豊かな人々は多くの村民の代父母を務め、代子の宗教的・経済的庇護者となった。またそうすることで村民の敬意を受けてもいた。彼らは村落社会の経済的・精神的な核として存在したのである。反富農キャンペーンは、こうした豊かな人々を、村民を搾取する「富農」(*chiaburi*) と認定し、弾圧したのである。

第二次大戦以前のF村における富者と言えば、多くの土地を所有した「ボイエリ」(*boieri*) と多くのヒツジを保持した「オイエリ」(*oieri*) が挙げられる。しかし、彼ら自身も農牧業の従事者であり、自らのゴスポダリエを経営して生計を立てるゴスポダルだった。彼らは土地や家畜といった生産手段を貸与して賃料を得たり、小作人を雇って作業させたりするような「地主」ではなかったのである。すなわち、F村の富者は、富の種類や生活様式において他の村民との違いがなく、生産手段の規模と経営の巧みさを富の源泉としたのである。

このような山村においても、1950年代初頭には同じように反富農キャンペーンが開始された。その結果、F村でも大規模なゴスポダリエを経営する人々が「富農」に認定された。ゴスポダリエの敷地が大きい場合だけでなく、「飛び地」として広大な牧草地を持つ場合も、同様に「富

農」認定の対象となった。それを避けるために役人に賄賂を贈ることがルーマニア全体で広くなされたが、目に見えて多くの財産を所持する人々はそれを免れることができなかった（Kideckel 1976, 1993）。

　F村でも数人のゴスポダルが「富農」とされたのだが、実際にそうした人物が財産の没収や投獄といった厳しい弾圧の対象となることはなかった。そもそも反富農キャンペーンは、国営農場や集団農場の建設をスムーズに行うための下準備としての性格が強かった。ブラン地域の自然環境では、社会主義的な農業の近代化を実現することは困難で、当初から「下準備」を徹底する意識は低かったのではないかと考えられる。ただし、畜産物は国家に供出することが義務づけられるようになった。また、農地を所有する者には家畜を飼養する義務があり、土地の広さに応じて家畜の頭数が定められた。そのため、大きな土地を所有した「富農」はより多くの家畜飼養を負担しなければならなかったのである。

　このような「富農」に対する畜産物の供出の強制はノルマ制度に基づくものであったが、ノルマは「富農」だけではなく、すべての住民に課せられていた。F村にノルマ制度が導入されたのは1950年代後半のことだった。コムーナの役場に、各ゴスポダルが所有する土地が登録され、それに従ってそれぞれが保持すべき家畜の頭数が定められた。飼養する家畜の種類と頭数は、年に2回、つまり年の明けた1月の初めと出産の終わる春に調べられた。政府の検査官が各ゴスポダリエを回って家畜の種類と数とを書き留めたのである。この当時の検査では、検査官が畜舎の中まで入ってきて家畜を視認したという。

　登録されたのはウマ・ロバ・ウシ・ヒツジ・ブタであり、ニワトリやガチョウといった家禽は対象外となった。ウシの場合、乳と子ウシとが供出の対象となった。成獣のウシ1頭につき一日あたり5ℓの乳を出荷する必要があった。ここで飼われていたウシは地域原産のものであり、寒さに強いものの乳量は少なく、乳量の多い夏期でも10ℓ足らずという個体が多かった。したがって、搾った乳の半分以上を供出しなければならなかったことになる。搾った乳は村内の集荷所を経て近隣の都市に

ある工場へと運ばれた。牛乳の集荷所には、ウシを飼養しており、牛乳を運搬する大型のトラックが出入りできる幹線道路沿いにあるゴスポダリエが選ばれた。こうした集荷所は村内に数箇所あり、すべてのゴスポダリエから毎日のように牛乳が運び込まれ、計量が済まされた。

　ゴスポダリエで産まれた子ウシと年老いたウシは、すべて国家への供出物となった。代わりに金銭が支払われたが、その額は微々たるものでしかなかったという。産まれた子ウシを供出せずにゴスポダリエで飼養し続ける場合には、そのための税金を払って登録した。F村では、種オスを保持するのは裕福なゴスポダリエのみで、多くのゴスポダルは自らの雌ウシをそこに預けて種付けを行った。社会主義時代になっても、こうしたやりとりが続けられたが、1960年代後半には国家の増産施設も併用するようになった。役場の近くに建てられたその施設では、運搬や移動のためのウマの他、ゴスポダリエで飼養する雌の家畜に「種付けを行うための家畜」(*prāsila*)、特に種ウシや種ブタが飼養された。この施設はコムーナごとにあり、獣医が配属された。また家畜の飼養のために村民が雇用され、賃金が支払われた。

　こうした制度や施設は、家畜の生殖と処分の過程に介入することで、国家がゴスポダリエで飼養する家畜の頭数と流通を管理しようとしたものといえる。しかしながら、当時についての村民の語りによると、国家が家畜の頭数を完全に管理することはできていなかったようである。雌ウシの種付けの際には、隣人や親族に依頼するのが一般的で、そうした相手を見つけられなかったときに増産施設に連れて行ったからである。また、村民の間で行われたウシの種付けは、役場に届け出たりはしなかったし、産まれた子ウシも役人が調べに来る前に屠畜してしまい、死産と報告することもあった。

　ヒツジの場合、羊毛と子ヒツジが供出の対象となった。ゴスポダルたちは、復活祭が終わって移牧に出す前にヒツジの毛を刈り、役場のトラックがそれを計量して回収した。供出する羊毛の量は、登録されている成獣の頭数によって決められていた。子ヒツジの肉は復活祭の馳走と

なるので、その前に供出された。

　所有するヒツジの登録、羊毛と子ヒツジの出荷は、Ｆ村における従来の牧羊のスケジュールに従って行われていた。この移牧の民族誌的な詳細は第5章で触れるが、Ｆ村を含めたブラン地域の伝統的牧畜では、夏期には冷涼で雨の多い「山の放牧地」へヒツジの群れを移動させ、雪の降り積もる冬期には谷のゴスポダリエで畜舎飼いにする。ヒツジは復活祭が終わった後にゴスポダリエから連れ出され、クリスマス前後に連れ戻される。したがって、所有者のゴスポダリエにヒツジが留まるのは、12月後半から5月初頭までに限られていた。雌ヒツジは夏期放牧の後半に種付けされ、妊娠した状態で戻ってくる。150日の妊娠期間を経て、ヒツジは2月から3月にかけて出産する。子ヒツジはひと月ほど肥育してから、復活祭に合わせて屠畜する。役場は復活祭前に子ヒツジを生きたまま集め、屠畜と食肉加工を済ませてから国内に流通させたのである。羊毛の収集も、従来の剪毛の時期にタイミングを合わせていた。また、各ゴスポダリエで飼養するヒツジの登録も、ゴスポダリエが子ヒツジを国家に供出し、残った子ヒツジを自分たちで消費するものとその後も飼養し続けるものとに分けてから、つまり所有するヒツジの頭数が確定する時期、さらには視認できるように夏期移牧に出す前に行われていた。

　家畜の登録と畜産物の収集への関与の仕方と同様に、国家が移牧の過程を大きく変えることもなかった。夏期移牧の舞台となった山の放牧地は、ブラン地域の境にあたるブチェジ山地とピアトラ・クライウルイ山地の山頂付近に広がる共有地で、社会主義時代には国有化された。その管理母体は村議会からコムーナの役場に移され、その利用には金銭の支払いが義務付けられた。しかし、その利用のスケジュールや様式に大きな変化はなく、ゴスポダリエと山の放牧地を季節的・周期的に往復する伝統的移牧が維持されたのである。

　ブタもまた、国家への供出の対象となった。ルーマニアにおいてブタはクリスマスの主餐であり、ソーセージやベーコンは冬の間の重要な保存食である。Ｆ村のゴスポダリエでは、春先に購入した子ブタを9か月

ほど肥育してからクリスマスに合わせて屠畜する。子ブタは動物市や種ブタを飼養するゴスポダリエから購入するが、社会主義時代には先述した国家の増産施設からも手に入れることが可能だった。肥育したブタの半数を国家に供出し、残りを自分たちで消費した。供出は屠畜した後の肉片やソーセージではなく、生体のままで行われた。

　ここまで述べてきたように、F村で行われた家畜の登録と畜産物の供出は、生産量を把握し、流通過程をコントロールするものであったが、従来の生産過程やスケジュールを変容させるものではなかった。しかし、ノルマ制度による家畜の供出は、農民の生活にとって大きな負担となった。伝統的なゴスポダリエは、自給自足的なサブシステンスを基本とし、牧草地の質と量、家畜の種類と頭数、成員の生存に必要な畜産物の量、生産活動に従事できる成員の労働力といった諸条件のバランスを保って経営されるものであった。特に中小規模のゴスポダリエに多くの余剰を生み出す手立てはなく、畜産物の一定量を国家に供出させるノルマ制度は、ゴスポダリエ経営に深刻な影響を及ぼしたのである。供出分を除いて、自給に足るだけの畜産物を確保しようとすれば、かつてよりも多くの家畜を飼わねばならない。しかし実際には、余剰分の家畜を保持できるだけの牧草地を持つゴスポダリエはほとんどなかったし、仮にできたとしてもそれを管理できるだけの労働力を確保することは難しかった。

　ルーマニア全土に導入されたノルマ制度は、農民の自立を困難にし、結果的に国営農場と集団農場の建設を実現させた。その一方、集団農場での労働に不満を感じる人々は多く、農業離れを引き起こすこととなった。こうした状況を改善すべく1971年に導入されたのが生産契約制度である。コムーナによって実施するタイプは異なったものの、集団農場においても共同労働の相手を自由に選択でき、生産物の一部を報酬として得ることができる点で共通していた。

　この制度はF村にも導入され、困難な状況を改善させることとなった。それぞれのゴスポダリエは、一方的に生産ノルマを課せられるのではなく、国家と「契約」(*contract*)を結び、出荷量に応じて金銭を得る

第 2 章　山村の社会主義

ようになった。この制度において出荷したのはウシの乳、半年ほど肥育
した子ウシ、羊毛、子ヒツジ、ブタで[4]、対象となった畜産物自体はノル
マ制度の時と変わらなかった。ただし、子ウシを出荷すれば、子ヒツジ
を出荷する必要がなくなった。また、ゴスポダリエで飼養する家畜は役
人によって定期的に調べられたが、ノルマ制度実施時期に比べると徹底
したものではなくなっていた。調べられるのはゴスポダリエだけだった
ため、離れた丘に土地を持つ人は家畜のいくらかをそこに移しておいた
と話す。役人によっては畜舎の中を確認することもなく、口頭で頭数を
尋ねるだけだったと語る村民もいた。

　社会主義時代のブラン地域では、家畜の登録、ノルマ制度とその後の
生産契約制度によって、ゴスポダリエの家畜の種類と頭数、畜産物の
流通が国家に管理された。しかし、生産に関わる過程のすべて、すなわ
ちゴスポダリエの土地と家畜の所有、生業スケジュール、牧畜に関わる
技術、労働に関わる社会関係といった生産様式のほとんどが、従来のま
まで維持された。これは、農業集団化による国営農場や集団農場の建設、
そこへの住民の組み込みという過程を経なかったがゆえに生み出された
状況といえる。

## 2.　ゴスポダリエの生存戦略

　農業集団化が見送られたことで従来の生産様式が維持されたものの、
ノルマ制度と生産契約制度はゴスポダリエのサブシステンスを困難にし
た。社会主義時代のＦ村においても、伝統的な牧畜業を続けるのみでは
生計を立てることができなくなったのである。そのような状況下で、多
くの村民が都市での賃金労働に従事するようになった。Ｆ村に最も近い
ところでは、1960 年代に都市 Z に塗装工場が建設され、バスで通勤で

---

4　ベックが調査を行った南カルパチア山麓に位置する山村も、ブラン地域と同様
　に農業集団化を免れたが、ノルマ制度を経て生産契約制度が導入された（Beck
　1976）。ただし、ここでは家禽も契約の対象となっており、ニワトリの生体と卵
　を出荷する必要があった（Beck 1976:370-371）。

きるようになった。現在 40 代以上の男性に話を聞くと、そこで働いた経験を持つ人が多い。工場やその他の雇用先での労働、公務員などの職務は、「勤め」（serviciu）と呼んで、ゴスポダリエでの労働とは区別する。そのため、ゴスポダリエでの牧畜のみに従事してきたような人は、「（自分は）勤めを持ったことがない」などと表現する。

　成員の誰かが勤めを持つことは、独立生計の維持が困難になったゴスポダリエの重要な生存戦略となったが、大規模なゴスポダリエでも勤めを持つことが当たり前になっていた。畜産物から得られる金銭より、工場労働で得られる収入の方が明らかに多かったからである。村の近代化と都市化、工場労働による安定した金銭収入は人々の消費欲を刺激し、より多くの金銭を求めるようにもなっていた。工場での労働で得た金銭は、家屋の改築や家電品、自動車などを購入するのに利用された。結婚式も金銭をかけた盛大なものになり、出席者も現金をギフトとして求められるようになった。さらに工場などの国家経営の職場で働けば、老後に年金を得ることができるメリットもあった。農業集団化が実施されず村内に集団農場や国営農場が存在しなかったブラン地域の人々にとって、都市での労働は非常に魅力的だったという。

　ただし、ゴスポダリエの男性は勤めを持った場合でも、それのみに従事したわけではなかった。ある男性の経験談によると、職場での勤務時間は 7 時から 15 時で、村に戻ってからはゴスポダリエでの仕事をこなしていた。コールをはじめとする人類学者たちは、こうした労働者を「ペザント＝ワーカー」（peasant-worker）と呼び、ルーマニアの農村部で広く見られたことを報告している（Beck 1976,1979; Cole 1976a,1976b; Randall 1976; Sampson 1976,1984; Kligman 1983,1988; Kideckel 1993; 新免 1997）。

　賃金労働による金銭収入は、F 村においても欠かせないものとなっていたが、それのみによって生計を立てるケースは少なかった。どの世帯も農地と家畜を保持したゴスポダリエであり、国家に出すと同時に、自分たちで消費するための畜産物を生産した。牧草地を持つゴスポダリエ

はヒツジを、その牧草地が大きい場合にはさらにウシを加えた。牧草地を持たない場合でも、ブタを畜舎飼いにした。季節移牧とゴスポダリエを中心とする牧羊は、F村の生活のサイクルやリズム、人々の食生活や価値観と深く関わっており、賃金労働に容易に取って代わられるものではなかったからとも言えるが、社会主義経済下でのその重要性についても触れねばならない。

　社会主義経済の特徴の一つが計画経済である。市場経済と異なり、国家が品物の流通や値段を管理した。それは、農業集団化政策が実施されなかったF村も例外ではない。ノルマ制度、後の生産契約制度による農作物の出荷、食料や生活必需品の配給という形で、計画経済の中に組み込まれていったのである。しかし、農村部への食糧の配給はパン、油、砂糖などが主で、食肉や乳製品は含まれていなかった。そのため、自らのゴスポダリエで家畜を飼養し、菜園やジャガイモ畑で耕作することは、重要な生存戦略の一つとなった。ゴスポダリエのような私的空間での生産活動やプライベートな資源の交換は、計画経済に対して「セカンド＝エコノミー」と呼ばれ（Brezinski & Petrescu 1986）、社会主義期の住民の生活に欠かせないものであった（Cole 1976b; Sampson 1984; Kligman 1988; Kideckel 1993）。特に1980年代には、莫大な借金の返済を目標に、国内の資源の多くを輸出に回すいわゆる飢餓輸出が行われたため、国内は深刻な物不足に陥り、ゴスポダリエでの家畜飼養の重要性が高まっていた。

　こうした事情から、賃金労働が当たり前になった社会主義時代のF村においても、ゴスポダリエが経済的な優位性を保ったのである。ただし、社会主義時代のゴスポダリエは賃金労働との兼業化が進んでいたことから、住民の間で「小さなゴスポダリエ」（*gospodărie mică*）と認識されるものが増えていた。現在でも、F村の住民たちはゴスポダリエを「大きい」「小さい」という表現で捉えている。「大きいゴスポダリエ」（*gospodărie mare*）は、牧畜のみで生計を立てるのに足る十分な牧草地と家畜を所有するものを指し、「小さなゴスポダリエ」は資源に乏し

く、賃金労働による補助を必要とするものを指している。

　ここで興味深いのは、実際にゴスポダリエの成員が賃金労働に従事しているかどうかではなく、牧草地の規模自体が問われていることである。収入源の実際ではなく、所有する土地の生産力、その可能性の問題なのである。例えば、現在はゴスポダリエ経営と年金収入で生計を立てる70代の男性は、社会主義時代には工場での賃金労働に従事していた。彼に「当時のあなたのゴスポダリエは小さなものだったのですか」と尋ねてみても、首を縦に振ることはない。「昔も今と同じだけの土地を持っていた。だから、ここはずっと『大きなゴスポダリエ』だ」「当時は必要だから働きに出ただけだ」などと答えが返ってくる。すなわち、社会主義経済下では、F村のゴスポダリエは兼業化を余儀なくされたが、その変化によってゴスポダリエが小さくなったとは考えないのである。自分たちの生産物の定量を国家に取られるとしても、ゴスポダリエの「大きい」「小さい」の判断が牧草地の規模によっていたことは変わらなかったといえよう。

　その一方で、物理的に狭い敷地しかもたないゴスポダリエ、住民自身が「小さい」と判断するゴスポダリエが増えていた。社会主義時代のF村では、ゴスポダリエによるサブシステンスは困難になったが、賃金労働に従事できる可能性が高まり、国家によるサービスが浸透することで、ゴスポダリエのみに頼らずとも村内で生活できるようになった。その中で、賃金労働をメインにした小さなゴスポダリエが数多く生み出された。

　かつてのF村では、農牧業以外に村内で生計を立てる手段は少なく、サブシステンスを可能にするだけの資源を保持できなければ、複数の子どもに農地を分与することはなかった。生活のために「もう分けられない土地」(*teren nu mai departe*) が認識されており、財産の均分相続を原則とする中にあっても、特定の子どもによる単独相続が正当化された。ゴスポダリエを持つことができない子どもは都市に出て働き、男子の場合は軍隊に入る人もいた。社会主義時代の変化は、こうした子どもたちに新たな選択肢を与えたのである。家屋と「中庭」だけの小さな敷地を

相続し、都市に通勤して金銭収入を得、「中庭」に菜園とジャガイモ畑を作り、畜舎でブタを飼養する。1970年代には、このような小さなゴスポダリエで生活する若い夫婦が増えていた。

「もう分けられない土地」という認識は、財産分与後に残る親と他の子どもの生活を保障するだけでなく、分与を受ける子どもの生活をも考慮するものであった。すなわち、「まだ分けられる土地」は、自立して生活できるゴスポダリエを複数作ることのできる規模の土地ということになる。この時期、分与を受ける子どもが賃金労働を中心とする小さなゴスポダリエを望み、かつ親の側でも誰かが賃金労働に従事することで、「もう分けられない」大きさに達していたはずのゴスポダリエからでも、さらに土地を分与できる可能性が高まったと想像できる。ゴスポダリエの兼業化が進むことで、かつての「もう分けられなかった土地」が「まだ分けられる土地」へと再認識されたのである。

こうしてF村、特にバス停があって交通の便の良い谷部では、一つの大きなゴスポダリエから複数の小さなゴスポダリエが生み出された。現在のF村は、谷間に密集するように立ち並んだ家屋を一つの景観的特徴としているが、それは1970年代以降の小さなゴスポダリエの増加によって創り出されたのである。

## 3. 社会主義体制崩壊後のF村

1989年に東欧諸国で相次いだ民主革命は、社会主義政権を打倒していった。計画経済から市場経済への移行、国有財の民営化・私有化、集団農場の解体が進む一方、ルーマニアの政治経済は混乱した状態にあり、高い失業率、ハイパーインフレーションといった問題を抱えていた。村落社会にも大きな変化が生じた。多くのF村民が勤めていた都市Zの工場は閉鎖され、国家からの配給が途絶え、価格の高騰から商品を購入することは困難になった。

こうした状況で、サブシステンスを目的とするゴスポダリエ経営が重要性を高めた。自給自足的な農作物と畜産物の生産、その交換が社会主

義崩壊期の村民の生活を支えたのである。勤め先を失った男性たちが恒常的な労働力となり、国家との契約が解かれすべての生産物がゴスポダリエのものとなったことで、生産意欲も増していた。こうしたことから、以前よりもゴスポダリエの生産性が増大した。社会主義政権の崩壊期に農牧業によるサブシステンスが重要な生存戦略となったことは、旧社会主義諸国で広く報告されている（佐々木 1998; 高倉 2000, 2012）。先にも触れたように、Ｆ村は社会主義時代を通じて農業集団化が実施されず、生産手段の所有、生産組織、生産過程のそれぞれにおいて伝統的な様式が維持されてきた。農業集団化、脱集団化がこうした生産様式に大きな断絶をもたらした他地域と比べ、サブシステンスへの移行がよりスムーズであったことは想像に難くない。

　しかしながらＦ村を含めたブラン地域においては、2000 年頃を境としてゴスポダリエが減少の一途を辿っている。若年層の多くがゴスポダリエ経営をやめ、自給自足的なサブシステンスを目的として家畜飼養を続けているのは高齢者がほとんどという状況が生まれているのである。若年層の農業離れは、グローバル化に伴う産業化、商業化、観光地化を背景としている。

　こうした産業と異なり、現在のＦ村において牧畜は現金収入に結びつくものではなくなっている。半ば強制ではあるといえ、社会主義時代は畜産物を国家に出荷することで現金を得ることができた。社会主義政権の崩壊は、こうした流通経路が失われることでもあった。Ｆ村の状況では、都市Ｚにあった牛乳工場は民営化され現在でもゴスポダリエが現金収入を得る手段となっている。しかし、子ヒツジ、羊毛、子ウシの出荷先はなくなり、これらの畜産物から安定した現金収入を得ることは難しくなっている。

　革命以降、不安定な状態が続いたルーマニアの政治経済は、1999 年末の社会民主党政権の誕生を経て好転の兆しを見せ始めた。2001 年には 5.7%、2002 年には 5.1%、2003 年には 5.2%、そして 2004 年には 8.4% という高い経済成長を記録したのである（吉井 2007:342）。こうした成

第 2 章 山村の社会主義

長を支えたのは、政府や、とりわけ外国からの直接的な投資で、サービス産業、繊維、製靴といった軽工業を皮切りに、自動車組立産業にまで及んだ。また長年の懸案材料だった物価の抑制も、2005 年には 9.0% と、1990 年 11 月の価格自由化以降、初めて上昇率を一桁に下げたのである（吉井 2007:343）。

　ブラショヴ県にも外国資本が投資され、県都ブラショヴの郊外には自動車や航空機の部品を生産する工場が建設された。F 村の住民が通勤できる距離に再び雇用先が生まれたのだが、社会主義時代と異なるのは、それが市場経済の下で実現されたという点である。また、外国資本の工場ができると共に、ブラショヴの郊外にはフランスのカルフールやドイツのメトロといったハイパーマーケットの出店が相次いだ。そこでは長蛇の列を作って長い時間を待つ必要もなく、金銭さえあれば、必要な商品を必要なときに必要なだけ購入することができる。これは、生活のために牧畜業に従事する必要が弱まったことを意味する。若年層はゴスポダリエに魅力を感じることが少なくなり、その継承を望まなくなった。その結果、ほとんどのゴスポダリエが後継者を失い、経営者の高齢化が進行している。社会主義時代、その後の崩壊期を通じてゴスポダリエの存続を支えていた経済条件が変化することで、F 村から伝統的なゴスポダリエが消えつつある。

　さらに、F 村に大きな変化をもたらしているのが観光地化である。現在、週末や祝祭日、長期休暇になると、多くの都市住民がブラン地域を訪れる。観光客は県都ブラショヴだけでなく、ブカレストからも来る。ブカレストからブラン地域までは、自動車で片道 4 時間近くを要するが、日帰りする場合も多い。ブラン地域には、「ドラキュラ城」として有名なブラン城があるが、繰り返し訪れる観光客の目的は別にある。美しい山並みや牧歌的な風景を満喫し、きれいな空気を味わい、ハイキングをし、日光浴やバーベキューを楽しむのである。こうした人々が増え始めたのは 2000 年代に入ってからのことで、現在では観光客相手のレストランやペンションが建ち並んでいる。この地域を繰り返し訪れる都市住

43

民の中には、土地を購入して別荘を建てる人もいる。

観光客の到来はF村民に新たなビジネスの機会をもたらした。敷地内にペンションを建てたり、観光客が泊まれるように部屋を改装したりして、金銭収入を得る人々が現れたのである。また、ペンションやレストランを建設しようとする会社や個人、別荘の建設を計画している都市住民に土地を売ることで、一度に多額の金銭を得る人もいる。

村内やその周辺の経済状況が変化する中で、村民の暮らしにも多様性が生まれている。伝統的な移牧を利用しながらゴスポダリエを経営する人々、家畜飼養に関わらずに賃金労働やペンション経営で生計を立てる人々、両者を組み合わせる人々、さらに休日やバカンスに別荘を訪れる都市民が混在しているのである。

農業集団化を経験しなかったF村においては、グローバル化に伴う2000年代以降の産業化、商業化、観光地化が、社会主義以上に村の生活を変化させたと考えられている。F村民たちが語る歴史には、「現在」（*acum*）と「かつて」（*inainte*）という二つの時間区分が存在している。この時間認識は、かつてのチャウシェスク大統領の名を用いて、「チャウシェスクの時代」（*Timpul lui Ceauşescu*）、「チャウシェスク以後」（*După Ceauşescu*）という言い回しでも表現される。すなわち、「現在／かつて」の時間区分の境界は、民主革命に置かれているのである。また、「かつて」は「伝統」（*tradiţie*）の時代でもあり、その認識は、数百年前から変わらないまま続けられてきたヒツジの移牧とゴスポダリエ経営が現在失われつつある、という説明に端的に表れる。特に高齢者は、チャウシェスクの時代をノスタルジックに回顧し、近年の変化を嘆くのである[5]。

「現在／かつて」という時間に意識は、たえず語り手によって再構成され、その度に意味を付与される（森 1999）。特に過去は、彼らの現在

---

5 老人たちは「チャウシェスクの時代は良かった」などと口にするが、当時の政治体制や政策を賞賛しているわけではなく、それを声高に批判することも多い。この表現はあくまでも自分たちの生活レベルに限ってのものである。

の状況を説明するために意識的、無意識的に作り替えられるものなのである（Halbwachs 1992）。したがって、F村の老人たちの歴史認識もまた、現状への批判から生み出されたものと考えることもできよう。実際には、社会主義時代のF村でも畜産物の供出が義務づけられたり、賃金労働に従事する人が増加したり、生活水準が上昇したりと、様々な変化が見られたし、グローバル化に伴う産業化、商業化、観光地化が浸透したのも、民主革命から10年を経てからのことである。

　しかし、ここで必要なのは、住民の歴史認識の矛盾を指摘することではない。現在のF村で生じている変化を具体的に明らかにすると共に、彼らがそれをどのように認識しているのかを明らかにすること、変化した、あるいは変化していないと考える基準はどこにあるのかを問うことが重要だからである。以下では、住民の間で「伝統」とされるゴスポダリエの現状を様々な角度から検討することを通して、こうした課題について考えてみたい。

# 第3章　ゴスポダリエの資源構成

　前章では、調査地の概要を示した上で、この地域に社会主義がどのように導入されたのか、そしてその崩壊の様子について簡単にまとめた。F村は、中世より領主のいない自由村であり、村民が自ら所有する土地で農牧に携わってきた（Praoveanu 1998）。社会主義時代にも農業集団化が見送られたことにより、伝統的なゴスポダリエが維持された。近年のグローバル化の中で、ゴスポダリエの経済的な重要性は低下しているが、伝統的な方法で経営されるゴスポダリエが村内に確実に存在している。ここでは、現在のF村において、ゴスポダリエがどのような資源から構成されているのかを明らかにする。

## 第1節　F村におけるゴスポダリエ

　F村の谷部を縦貫する幹線道路沿いには多くの家屋が建ち並ぶ。木造の伝統家屋もあれば、社会主義時代のコンクリート造りの家屋、近代的な設備を整えた新しい家屋、ログハウス風のペンションもある。同じ敷地内に畜舎を併設した伝統家屋と近代的な家屋やペンションが並んでいる場合もある。改装中、建設中の家屋も多い。

　このような中で、村民はゴスポダリエとそうでないものとを明確に区別している。伝統的なゴスポダリエの語が、物理的な資源の複合体を指すと共に、家そのものを指し、古くは明確に「家族」を意味したことについてはすでに述べた（Stahl 1979:236）。しかし、現在のF村においては、家そのものや、そこに住む人々の集まりを指してゴスポダリエという言葉を使うことはない。

　彼らにゴスポダリエの意味について尋ねると、決まって「家畜を飼っていること」という説明が返ってくる。筆者が人や家畜、家屋、土地といった財産のまとまりを指すのではないかと尋ねれば、「そうだ」と

47

認めるが、まず、家畜の有無が問題とされるのである。また、ここでいう家畜もウマ、ウシ、ヒツジ、ブタといった「大きな家畜」（*animale mare*）を指し、ニワトリやアヒルといった家禽を飼養するだけではゴスポダリエとは呼ばれない。大きな家畜を飼養しているか否かに従って、人々は「ここはゴスポダリエだ」「自分はゴスポダルだ」、あるいは「ここにいるのはニワトリだけだ。自分はゴスポダリエを持っていない」と言ったりするのである。

　図3-1は、2008年の調査当時のM谷における敷地の区分を示している。谷の底部を走る川を境として、様々な大きさの敷地が確認できる。これらの敷地は周囲を囲うことで、他の区別されたひとまとまりの空間を構成している。その中でも、ゴスポダリエとしての性格を持つものは比較的大きな敷地面積を有している。ウシやヒツジを飼養するには、広い牧草地が必要だからである。

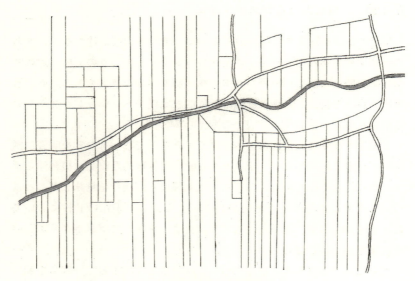

**図3-1：M谷の敷地略図**

第3章 ゴスポダリエの資源構成

　こうした事情から、現在もM谷に残るゴスポダリエは伝統的な土地構成を維持したものが多い。その特徴は、川岸から平地、斜面を経て尾根まで続く細長い敷地にある（図3-2参照）。川岸からの平地には、菜園や建物があり、斜面には広葉樹林の林がある。地肌がむき出しになった場所はほとんどなく、敷地全体が牧草に覆われている。後で説明するように、このような土地構成がゴスポダリエを経営する上で重要な意味を持っている。

　一つのゴスポダリエの川上側と川下側には、また同じようなゴスポダリエが隣接している。そのため、遠くの丘から谷全体を見渡すと、短冊状の敷地が連なった様子を見ることができる。このような景観は、中世のドイツやポーランドの丘陵地に見られた林地村に似たものといえる。

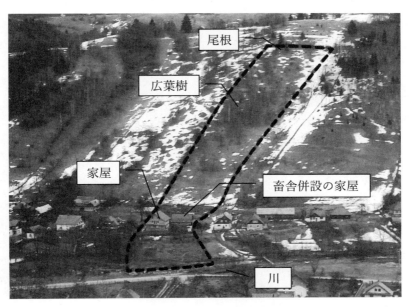

図3-2：ゴスポダリエの敷地の例

49

## 第2節　ゴスポダリエの構成

### 1. ゴスポダリエの境界

　M谷に密集して建つ家々の間には柵が設けられ、それぞれの所有地が明確に隔てられている。本書では、こうしたひとまとまりの土地を「敷地」と表現してきた。ゴスポダリエの柵には、用途に応じて二通りの作り方がある。まず、隣家との境、菜園の囲いなどには、強固な造りの柵を立てる。1.5mほどの間隔で地面に太い杭を打ち込み、杭の間に2枚の横板を取り付ける。後は、横板に垂直に縦板を釘で打ち付ければ完成である。

　この柵は空間を恒常的に区切るためのもので、人や家畜が行き来できる扉や門を備えている。隣家との境に設ける柵は、隣人同士が資金を出し合ったり共同で作業して作るのではなく、必要だと思った側が修理したり立て替えたりする。それに関して、事前に連絡したり資金提供を求めたりすることもないという。柵は、横板と縦板を敷地の「外」に向けて立てるので、その向きを見ればどちらの住民が作ったのかが分かる。

　もう一つの柵は造りがより簡素で、必要に応じて取り外したり移動したりすることができる。等間隔に杭を打ち込むまでは同じだが、釘で板を打ち付けるのではなく、別に作っておいた柵を針金で固定する。針金を外して柵を取り外し、杭を数本引き抜けば、車や馬車が通り抜けることもできる。このタイプの柵は、家畜が草を食む放牧地と干し草を作るための採草地を分けたり、乾草堆にした干し草を囲って保護するために用いる。これらの柵は必要に応じて取り除いたり、移動させたりすることもある。

　M谷の個々のゴスポダリエの境界はこうした柵によって視覚化されるが、その周囲が完全に囲い込まれているわけではない。特に斜面の境界には簡素な造りの柵が用いられるし、そうした柵も壊れたままであったり、柵自体がなく樹木や杭、石を目印にしているだけであったりもする。そのため、平地と比べ、斜面は開放された空間という印象を与える。

これには家畜飼養のためのローカルルールが関わっており、後で詳しく説明する。

写真 3-1：乾草堆を囲む柵

　家屋、畜舎、納屋、台所といった建物や菜園が集まり、住民が頻繁に行き来して常に目が届くような空間を「中庭」(*curte*) と呼ぶ。建物や柵に取り囲まれた「中庭」は、住民のプライベートな空間のように見えるが、近隣住民が躊躇なく出入りする。ゴスポダリエの正面や隣家との境には人が行き来できるドアがあり、人々はそれを勝手に開けて中に入る。「中庭」に入ってきた来客は、家屋の前まで来て声をかけるのが通例だが、親や子、兄弟であれば、そのまま中まで入っていく。「中庭」でイヌを飼っている場合[6]、侵入者に対して激しく吠えるので、声をかける前に住人が気づくことも多い。

---

6 ただし、冬になると、飼い犬は「裏庭」(*spate*)、すなわち斜面に面した側に繋がれる。村民の説明によると、ゴスポダリエのヒツジやニワトリを狙って山を下りてくるオオカミを警戒するためである。

51

声をかけて反応がないと、来訪者は敷地内をうろついて住人を捜すが、ドアを開けて勝手に家の中に入ることはない。これは畜舎や納屋、家畜の囲いに対しても同様である。たとえドアが開いたままになっていても、のぞき込んで様子を窺うだけで、中までは入らない。しばらくしても応答がなければ、そのまま引き上げることになる。

　また、そのゴスポダリエに用事がなく、近道として通り抜けるためだけであっても、隣人たちは「中庭」に入ってくる。そうした方が目的地まで早く着くなら、躊躇なくそうするのである。彼らは、周囲の様子を窺ったり後ろめたそうにしたりすることもないし、ゴスポダリエの住民もそれを咎めたりしない。

　これに関して、あるゴスポダリエに滞在中、筆者が唖然とするような出来事があった。室内でそこのゴスポディナと話をしていると、自動車のエンジン音が聞こえてきた。何事かと窓を通して外を見ると、荷車を引いたジープが「中庭」に入ってきていた。そこから降りてきたのは隣人のゴスポダルの息子だった。彼は柵に近づくとそれを引き抜いてジープの通り道を作った。筆者の横でゴスポディナもその様子を見つめていたが、「柵が壊される」と呟いただけで部屋を出て注意に行くこともなかった。柵を壊した男性は、斜面の先の丘陵地に「飛び地」を持っており、そこで伐採した木を運ぼうとしていたのである。筆者のいたゴスポダルの隣の土地は住居がなく牧草地として利用されていた。数日前に伐採した木材は斜面を滑らせてその麓に置かれてあり、彼らはそこから木材を運びだそうとしたのである。この男性は木材を運び終えると、引き抜いた柵を元通りにして立ち去った。

　筆者は彼の様子が気になって時おり窓の外を眺めていたが、ゴスポディナは最初に目をやったきりで編み物を続けていた。筆者が彼の行為について尋ねてみても、たいして興味がなさそうに「何かやっているのだろう」と答えるだけであった。彼の車が「中庭」に戻ってきて柵を戻している時も、その様子を横目で確認しただけだった。後日、このことについて彼女に尋ねてみても大きな問題と捉えている様子もなく、文句

第3章　ゴスポダリエの資源構成

を言いに行ったりもしなかったという。

　近隣の住民たちがゴスポダリエに侵入することに対する寛容性は、互いに顔見知りという信頼関係による部分もあるようだ。それは、日頃から家屋に施錠しないという行為にも表れる。ゴスポダリエの敷地内に人がいる状態であれば、夜間であっても、鍵を閉める習慣を持つ人は少ない。特にゴスポダリエの場合、冬季は家畜の世話、夏季は乾燥中の干し草を雨に濡らさないように注意し、無人にすることを避けるので、施錠する機会は自然と限られる。祝祭日などに皆で出かける時にのみ、家屋に施錠するのである。ただし、ゴスポダリエの敷地内といっても、斜面にいれば「中庭」までは目が届かない。筆者がゴスポダリエを訪れた際にも、イヌの吠え声を聞いた住民が斜面からゆっくりと降りてくるということもあった。

　しかし、彼らの知らない人々がゴスポダリエに長く留まる時には、警戒心を強める。筆者が間借りしていたゴスポダリエで、数人の作業員を雇って家屋の改築を行うことがあった。普段は都市で暮らす子ども夫婦が敷地内の別棟を相続する予定で、それをペンションに建て替えることを望んだのである。費用の調達や作業の手配は彼らが済ませ、ゴスポダリエの親夫婦のまったく知らない作業員が数週間に渡ってゴスポダリエに出入りするようになった。その間、ゴスポダルたちは彼らに昼食を提供し、皆で一緒に食事をするのが通例となった。ゴスポダル夫婦は作業員たちと友好的な雰囲気を作っていたが、彼らに対して完全に気を許してはいないようだった。彼らが「中庭」で作業する間、常に家屋を施錠していたのである。また、筆者が部屋を空ける度に、ゴスポダルが筆者の肩を抱くようにして「しっかりとカギをかけたか？」とささやくように確認したのだった。その際、彼は手先で下方にすばやく円を描く仕草を付け加えたが、これは「盗む」を意味するジェスチャーである。

　ゴスポダリエの敷地は周囲を柵で囲うことによって独立した空間を形作るが、近隣の住民たちは躊躇なくそこに侵入してくる。そうした行為をゴスポダリエの住民は寛容に受け入れるが、日常的な隣人関係を条件

53

としており、そうでない人々に対しては警戒する。また、生業の面においても、ゴスポダリエの牧草地が隣人によっても利用される時期が存在する。ゴスポダリエには、所有者が排他的に占有するというより、コモンズとしての性格が付与されるのである。生業と絡めた土地の所有と利用は、ルーマニア山村の変化が明確に現れる問題であり、本書の所々で議論していくこととなる。

## 2. 家屋

　現在のF村には、伝統的な木造家屋、社会主義時代のコンクリート造りの家屋、近代的な設備を整えたログハウス風など、多様な家屋が建ち並んでいる。ゴスポダリエは家そのものを指す言葉でもあるが、その形態が住民の認識に影響を及ぼすことはない。ゴスポダリエであるか否かは、大きな家畜を飼養しているか否かで判断するものであり、近代的な家屋で伝統的牧畜を営んでいようと問題ではない。

　しかし、実際のゴスポダリエでは、古い木造家屋を改築したものや社会主義時代に建てた家屋が多い。これは、ゴスポダリエの経営者が高齢者ばかりということに関係している。F村の商業化、観光地化が進む中で、若年層は家屋を増改築、あるいは新築し、新しい家具や家電を揃えるようになった。これに対し、高齢者の多くは、もはやそうしたことに興味がなく、古い住居に住み続けている。これは、体力の低下や後継者の不在を理由に家畜飼養をやめた高齢者でも同様である。家屋の違いは、ゴスポダリエであるか否かよりも、世代差として認識することができよう。老人が経営するゴスポダリエに近代的な家屋が見られることもあるが、通常は共住する子ども夫婦が主導して改築したものである。

　ここで扱うのは、高齢者の暮らす木造家屋と社会主義時代の家屋である。これらの家屋は、建てられた時代、建材、外観、間取りが異なるのだが、部屋をどのように利用するかという点では違いがない。ここでは部屋の機能に応じて、それぞれがどのような空間として構成されているのか、どのように利用されているのかについて見ていこう。

第3章　ゴスポダリエの資源構成

写真 3-2：伝統的な木造家屋

(a) 家屋の外観・間取り

　F村の古い木造家屋は、石の土台の上にモミやトウヒなどの角材を組んで建てられている。平入りの切り妻造りが基本で、正面から見ると家屋は横に長い。屋根は板葺きで、同じくモミやトウヒの薄い板を用いる。こうした伝統的な家屋も、社会主義時代に増改築したケースが多い。背面や側面にコンクリート造りの部屋を増築したり、土台や壁面をコンクリートで覆ったり、屋根を赤レンガで葺き替えたりしたのである。このように手を加えた後でも、横長の棟や屋根の形状、部屋の間取りから、それが伝統家屋を基にしていることが分かる。

　一方、社会主義時代に新築された家屋は、これと異なる外観を持っている。家屋は正方形に近く、棟を中央に集めた方形屋根を赤レンガで葺いている。基本的に平屋だが、部分的に2階のある家屋の屋根は複雑な形状となる。建材の多くはコンクリートで木材が少ない。社会主義時代、村の共有林が国有化されたことによって、家屋のための角材を住民が手に入れることは難しくなっていたからである。外壁はリシンを吹き付け

て仕上げてあり、緑や茶、黄などに塗装されている。

　どちらの家屋であっても、ドアは「中庭」に面している。ドアの前には靴の泥をぬぐうための小さな毛織物が敷いてある。家畜、特にウシが徘徊する「中庭」は、踏み荒らされて泥だらけになっているからである。泥を屋内に持ち込まないように、玄関で靴を脱ぐ習慣を持つゴスポダルも多い。ただし、その習慣を来客に求めることはなく、土足のまま上がるように促す。その言葉を聞くと、靴を脱ごうとしていた人々もそのまま室内に入っていくのである。

　ブラン地域における伝統的な家屋は、横に連なった三部屋の間取りを基本とする（図3-3参照）。出入り口となるのは中央の部屋で、他の部屋よりも若干狭いホールになっている。ホールに左右の部屋それぞれへ通じるドアがあり、ホールを通らずにそれらの部屋に入ることはできない。左右の部屋はそれぞれ居間と寝室に当てられるが、二間しかない場合は、中央のホールが居間を兼ねることになる。このような間取りは、一部屋を畜舎にしている古い家屋などでたまに見られる。畜舎となる部屋には別に戸口があって、ホールとはつながっていない。現在のゴスポダリエでも、このような伝統的家屋を増改築して暮らしているケースが多い。

　社会主義時代に新築された家屋は、これとは異なる間取りを持っている（図3-4参照）。最初に小さな玄関があり、その奥に3部屋が続く。玄関を抜けた最初の間の同じ壁面に、残りの2部屋へのドアが設けられている。そのため、各部屋が横並びの伝統家屋が長方形になるのに対し、社会主義時代の家屋は正方形の形をとる。このように間取りは異なるのだが、生活の中心となるのが3部屋で、それらを繋ぐ廊下がないこと、建物内に台所、浴室、トイレを持たないことは共通している。

　（b）ホール

　F村のゴスポダリエでは、古い伝統的なものであろうと社会主義期のものであろうと、家屋に入って最初の間が玄関ホールになっている。村の人々は、ここを「ティンダ」（*tindă*）と呼ぶが、本来は伝統的な家屋

56

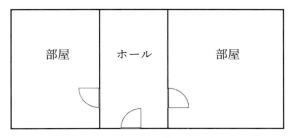

**図 3-3：伝統家屋の基本的な間取り**

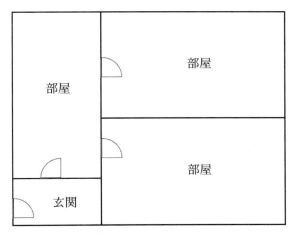

**図 3-4：社会主義期に建てられた家屋の基本的な間取り**

に対して使う言葉である。部屋も広く取られてあり、日本の農家でいうところの土間に近いものである。現在では、地面を剥き出しのままにするのではなく床板を張ってある。社会主義期に建てられた家屋の場合、伝統的家屋に比べて土間は狭く、床はコンクリートが剥き出しになっていることが多い。この社会主義的家屋の狭いホールには冷凍庫や洗濯機を置くが、人が留まる場所ではなく、居間までの通路となっている。

これに対し、伝統的家屋のホールは一つの部屋としての性格を与えら

れている[7]。ホールには床一面を覆うように羊毛の織物を敷く。ゴスポダルたちはドアの前で履物を脱ぐことを常としているが、急いでいる時にはそのまま上がることもあるし、来客の多くは土足のまま上がるので室内に泥が持ち込まれることになる。ゴスポディナは毎日のように敷物の汚れを屋外ではたき、箒で床を掃く。その際、部屋の奥から入り口に向かって掃き、ドアから外へと泥を掃き出すようにする。ゴスポダリエには多くの羊毛の敷物があるが、年に一度、春先にまとめて川で手洗いする。その時期になると、ゴスポダリエの「中庭」に干された色とりどりの毛織物を見ることができる。

　多くのゴスポダリエではいくつかの家電を保持し、それらをホールに置く。1970年代には、F村のどのゴスポダリエでも成員の誰かが都市での賃金労働に従事するようになった。そこで得た現金収入で、様々な家電品を買い揃えたのである。ただし、社会主義時代には手に入る家電は限られたし、実際に商品が家に届くまでかなりの時間を要することも多かった。近年では、外国資本のハイパーマーケットなどで様々な最新家電を即日手に入れることができるようになった。このような状況は村民の消費欲を大いに刺激しているが、高齢者のゴスポダリエでは必要最低限の家電を持つに過ぎない。最新の家電に買い替えた子どもから古いものを譲られることもある。

　まず、どのゴスポダリエでも食肉の保存のために冷凍庫を保持している。冷蔵庫がなくても、冷凍庫は複数台持っているという人もいる。例えば、クリスマスに屠畜したブタは冬の間の重要な食料となる。以前は、腸詰めにして燻製する他、肉片に大量に塩こしょうをして焼き、それからラードに漬けて瓶詰めにした。このような加工品は地下室などの冷暗

---

7　ルーマニア北部のマラムレシュ県においては、伝統的な家屋ではティンダを手前と奥に仕切り、手前を玄関ホール、奥を貯蔵庫として利用するものが典型例となっている（新免 1998:158-159）。ブラン地域でもこのような間取りは見られたが、それよりも三部屋の背面にクロスニエと呼ばれる別の部屋を設けて貯蔵庫（celar）などとして利用する方が多かった（Praoveanu 1998）。ティンダを2つに区切る場合でも、手前のホールを広くとるのが普通であった。

所に置いたり、時には積もった雪の中に埋めておいたりした。現在では、ソーセージ以外の肉は一回の料理で使用する分量に小分けしてラップで包んで冷凍庫に入れておく。ラードに漬けた肉はそのままフライパンやグリルで焼く以外になかったが、肉を冷凍保存することによって調理方法の幅も広がっている。また、菜園で採れたニンジンやジャガイモ、タマネギなどを細かく刻んで冷凍保存するゴスポディナもいる。冬にそれらを使うこともできるし、忙しい時には時間の短縮にもなる。

　一方、ゴスポダリエでの生活において冷蔵庫は必ずしも必要ではない。どのゴスポダリエにも地下室があるからで、そこに入ると真夏でも肌寒く感じる。ゴスポダリエのウシから絞った乳やそれから造ったチーズはここに置いて、数日以内に消費する。また野菜にしても、菜園で採れたものをすぐに調理して食卓に出すのが一般的である。都市近郊のハイパーマーケットで大量の肉や乳製品、野菜を買いだめする生活とは異なり、自給自足的なゴスポダリエでは冷蔵庫の必要性は低いのである。

　冷凍庫と並んでホールに置くのが洗濯機である。洗濯機はドラム式のものが一般的である。洗濯機で洗うのは、既製品の衣類やタオルなどである。洗濯機用の洗剤も村の商店で取り扱っている。洗う際には、白いものと色物とを必ず分ける。洗濯物を干すのはゴスポダリエの「中庭」である。家の軒先や畜舎を利用して「中庭」を横断するように太いワイヤーを張り、そこに洗濯物をかける。現在のＦ村では、人々の着る衣服のほとんどが既製品であり、毛織物の一部を除いて手作りの衣類を着なくなっている。現在でも日常的に身に着けるのは羊毛を編んだセーターやベスト、靴下、「カチュラ」（catură）と呼ばれるつばのないニット帽である。こうした毛織物は洗濯機を使わずにゴスポディナが手洗いをする。

　社会主義期に新築した家屋の場合、これらの家電を置くだけでホールがいっぱいになってしまう。より広くとられた伝統的家屋のホールにはテーブルやソファ、暖炉などが置かれ、人が留まる空間として構成されている。日中、ゴスポダルたちが奥にある居間や寝室で多くの時間を過

ごすことはなく、ホールで仕事の合間に寛いだり来客を持てなしたりするのである。家畜のいる冬期から春期にかけては、群れがどこにいるのか、ヒツジが出産していないかどうかに気を使う必要があるし、干し草作りをする夏期には空模様を常に注意しなければならない。そのため、ゴスポダルやゴスポディナは「中庭」や裏庭、台所などを行ったり来たりすることになる。彼らの生活において、出入りが容易で屋外の様子を常に確認できるホールが活動の基点となっているのである。

### (c) 居間・寝室

伝統家屋のホールの両隣にある部屋は、居間や寝室として利用される。これらの2つの部屋は大きさが異なっており、大きい方を居間、小さい方を寝室とすることが多い。テーブルや椅子、ソファ、暖炉などが置かれている点は、ホールと変わらない。異なるのは居間に調理器具を、寝室にテレビを置く点である。

調理器具は、暖房器具に併設されたものが一般的である。暖房器具は表面をテラコッタで覆った暖炉で、薪を燃料とする。社会主義時代に広まったもので、同じ規格の暖炉がどこの家でも見られる。暖炉は、炎で部屋を直接温めるのではなく、熱せられた暖炉の壁が熱を保って部屋を温めるので時間がかかる（新免 1998:160）。暖炉の中は空洞になっており、そこで薪を燃やす仕組みになっている。煙は煉瓦でできた煙突を通って排気される。下方にある扉を開閉して薪を足し、火が完全に消えてしまわないように注意する。底に溜まった灰は暖炉が冷めてから集めて、「中庭」にばらまいて牧草の肥料とする。

角型の暖炉は非常に大きく、高さは 2m 近く、幅も 1m 以上ある。また、家によって濃淡があるものの茶系統のテラコッタには、植物をモチーフにした模様や幾何学模様を施してある。その大きさや美しさの点でも部屋の中での存在感は大きい。

暖炉は各部屋に設置されるが、居間の暖炉は調理にも利用できる。暖炉に併設した鉄製のプレートは、薪を燃やすことで加熱される。その上にフライパンを置いて肉や卵を焼くこともできるが、最も効果的なの

第 3 章　ゴスポダリエの資源構成

写真 3-3：暖炉

は煮込む作業である。プレートには丸い蓋があり、それを取り外して「トゥチ」（*tuci*）と呼ばれる伝統的な鋳物の鍋をはめ込むことができる。トゥチの底は球形なので、平たいプレートの上に載せるには不安定だが、円い穴に入れることで安定する。また、それによって直火で熱することもできる。トゥチは穴にはめたり、プレートの上に置いたりして、火加減を調整しながら利用する。

　暖炉とトゥチを使って料理するのは、「チョルバ」（*ciorbă*）や「ママリガ」（*mămăligă*）といった伝統料理である。チョルバは、細かく刻んだ野菜と肉、ハーブを一緒に煮込んだ料理で、食材によって多くの種類があり、毎日のように食べる。トゥチに具材と水を入れて蓋をし、暖炉のプレートにはめ込んで時間をかけて煮込めばよい。ママリガはトウモ

61

ロコシ粉を湯で練った食べ物で、ルーマニア人の主食でもある。現在は商店で購入したパンを日常的に食べる人が増えているが、ゴスポダリエではママリガを食べることも多い。トゥチで湯を沸かし、塩をひとつまみ入れてからトウモロコシ粉を少量ずつ加える。それを木の棒で円を描くようにして練り上げていく。球状になったトゥチの底は、この練るという作業に都合が良い。暖炉の火力が強すぎる場合には、不安定になるもののトゥチをプレートの上に移してママリガを練る。できあがったママリガは、水と粉の割合、加熱時間、練り方によって、色合いや食感が変わる。

　大量に作ったママリガは消費しきれずに残ることも珍しくない。古いママリガは、翌日にママリガを作る際に一緒にトゥチに入れて練り込んでしまう。また、時にはママリガの「おにぎり」(*bulz*)を作ることもある。残ったママリガをソフトボール程度の大きさに丸く握り、暖炉のプレートで焼いて食べるのである。チーズを中に入れて「具」にすることもある。

　ゴスポダリエではテレビを寝室に置くが、それを見る時間はさほど多くない。就寝前に少し見る程度である。雪の降り積もる冬には家の中で過ごすことが多くなるが、昼間はホールや居間にいることが多く、寝室でテレビを見て時間を過ごすということはない。代わりに彼らが多用するのがラジオである。ゴスポダリエの様々な場所で作業をする際にもラジオが付けっぱなしにされていることがある。筆者が馴染みとなったゴスポダルを訪ねると、無人の家屋でラジオ放送が大音量で流れているのも珍しくなかった。多くの人がダイヤルを合わせるのが地元の放送局である。国内のニュース、売り家情報、聴取者の相談、民族音楽が流れるが、中でも天気予報が重視されている。干し草を作るために降雨を気にする夏季には、周りで話している人に静かにするように促して、天気予報に注意深く耳を傾けるゴスポダルもいた。

　ホールや居間にはソファベッドを置き、必要に応じてソファとベッドを切り替える。多くの人が集まって食事をするときなどには、寝室の

ベッドをソファにするし、宿泊客がいるときには居間のソファをベッドとするのである。ゴスポダリエの家屋は通常2間か3間で、客間や余分な部屋があるわけではない。手狭な部屋を有効に使用するために、ソファベッドが選ばれるのである。また、これらのソファベッドの脚部には引き出しが付いており、衣類を収納することもできる。

### (d) 台所

居間の暖炉に併設された調理器具は、現在でも日常的に利用されている。しかし、暖房設備と連動していることから、夏には頻繁に使用することを避ける。ブタンのガスボンベを利用した小型のガスコンロを備えたゴスポダリエもあるが、「中庭」に別棟の台所を持つのが普通である。台所は木造の小屋で、パンを焼くための石造りのかまどを併設している。しかし、現在では日常的にかまどでパンを焼く村民はおらず、村内の商店で購入するのが一般的である。

かまどを利用するのは年に数度で、クリスマスやイースターといった祝祭日に「コゾナク」（*cozonac*）と呼ばれるパンケーキを焼く。まず、平たく伸ばした生地の上に細かくすり潰したクルミや砂糖菓子[8]を載せてから渦巻き状に巻く。それを鉄製の型に入れて焼き上げるのである。ゴスポダリエでは、一度にかなりの数のコゾナクを作る。筆者が間借りしていたゴスポダリエでは、毎回20個近いコゾナクを焼いていた。自分たちで食べる他、親族に配ったり、来客を持てなすのに使ったりする。また、甘くふんわりとした食感のコゾナクは子どもたちの好物でもあり、孫が村を訪れるたび、コゾナクを焼いてその到着を待つゴスポディナもいる。一度にこれだけの数を焼くのだから、すぐになくなることはない。古いコゾナクは固くなるが、ゴスポダルたちは気にせずに食べるし、来客にもそれを勧める。冬期には暖炉のストーブの上に載せて温めてから

---

8　トルコの砂糖菓子「ラハト・ロクム」（Rahat-Lokum）のことで、ルーマニアでは「ラハト」とだけ呼ぶ。英語では「ターキッシュ・ディライト」（Turkish delight）と呼ばれる。砂糖にデンプンとナッツを加えて作るのが一般的だが、コゾナクに混ぜるのは砂糖とデンプンだけを用いて様々な色に着色したものである。

古いコゾナクを食べることもある。

　ゴスポダリエを訪ねてきた親族や友人はホールや居間でもてなすが、相手もゴスポダルやゴスポディナである場合には、台所に招くこともある。とりわけゴスポディナが台所に集まって世間話をしている場面には度々出くわした。別棟になった台所には床板を張っていないことが多く、地面がむき出しになっている。そのためか、ホールや居間に入ることを固辞するゴスポダルでも、台所ならばと気軽に入ることがある。彼らは、壁際に置かれたベンチや椅子に座るように促される。また、農繁期には、ゴスポダルたちは居間に食卓を用意せず、台所で土足のまま食事を済ませることもある。泥を持ち込まないように気を配るホールと比べ、台所は「中庭」により近い空間として認識されているといえよう。

　来客に対し、ゴスポダルたちは何かしらの持てなしをしようとする。コゾナクがあればそれを食べるように勧めるし、果物や菓子を勧めることもある。酒類を勧めることも多い。ゴスポダルが勧めるのは、「ツイカ」（*ţuică*）と呼ばれる自家製の蒸留酒である。ツイカは、ゴスポダリエで採れるリンゴ、プラム、サンカオウトウから造る。地面に落ちた果実や傷んだ果実を口の狭まった樽に詰めて蓋をし、冷暗所において3〜4か月ほど発酵させる。そうしてから青銅の蒸留器を用いて、ツイカを造るのである。蒸留器は一部の大規模なゴスポダリエにのみあり、近隣住民はそれを借りてツイカを造る。借料を払う必要はないが、蒸留するのに必要な薪は自分で運び込まねばならない。こうして造られるツイカはゴスポダリエによって、また多くの場合は樽ごとに味が異なる。一方、食事を勧めることはなく、それは食事中に来客があっても同様である。チョルバや肉料理が残っていても、それだけを皿に載せて来客に供することもない。

　このような持てなしは、歓待の気持ちを示す行為であるのと同時に、キリスト教における施しとも関わるようである。調査に際し筆者は様々なゴスポダリエを訪れたが、その度にツイカや菓子類、果物などを勧められた。ゴスポディナの作ったチーズ、市販の菓子やデザートを勧めら

れたこともあった。そのようにする理由を尋ねると、あるゴスポダルは「良いものを持っていたらそれを分けるのは当たり前だ」「これは良いことだ」と説明した。中には、キリスト教における「善行」(*binefacere*)と結びつけて説明するようなゴスポディナもいた。自発的な施しが正教徒としての重要な実践の一つだというのである。来客への持てなしに施しという意味はないが、自分の持ち物を惜しみなく分け与えることは非常によい行いであり、与える人自身をも満足させるのである。

　そのため、勧められたものを断るのは好ましくない。実際、村内のやりとりにおいても多くのゴスポダルが感謝の言葉とともにそれを受け取っている。時おり断る人もいるが、そうするとゴスポダルやゴスポディナは代わりのものを勧めようとする。ツイカを断られればビールやワインを勧めるし、それも断られれば「ならばジュースやコーヒーはどうか」と言う。それでも、持てなしを受けずに帰るような人もおり、そうなると筆者の前でもゴスポダルたちは落胆した様子を隠さない。その一方で、受け取るかどうかは来客に委ねられており、勧める際にも「もし望むなら」と付け加えたりする。

　台所に設置する調理器具は、テーブル型の薪ストーブである。居室の暖炉と同様に上面に鉄製のプレートが付いており、円い蓋を取り外せばトゥッチをはめ込むこともできる。燃料となるのは薪で、煙突が台所の屋根から突き出ている。このストーブは社会主義時代に広まったもので、どのゴスポダリエにおいても全く同じ規格の製品が設置されていた。

　台所の中には大小様々な鍋やカップ、杓子が置いてある。小さな道具は壁面に打ち付けた釘に吊るし、大きな鍋などは台所の外に吊したり並べたりして収納する。塩や胡椒、食用油なども台所内に常備される。台所の壁際にはベンチを並べ、テーブルを置く。テーブルは作業台であるし、ベンチはその合間に休むためのものであるが、これらはゴスポダルが食事をするための設備でもある。特に農繁期となる夏期には、居間でゆっくりと食事をするのは安息日となる日曜のみに限られ、調理を行った台所でそのまま食事をする。食事も簡単なものに限られ、チョルバと

パンだけということも多い。

### (e) 客間

　ゴスポダリエの家屋は、伝統的なものであろうと社会主義時代に建て
たものであろうと、2間か3間というのが普通で、専用の客間が準備さ
れていることは珍しい。ただし、ゴスポダリエの敷地内に2つの家屋が
あり、一方が客間として利用されている場合もある。敷地内の複数の家
屋は、牧畜業を継ぐ意志のない子ども夫婦が新たに近代的な住居を持つ
という今日的な状況によって新たに生み出されたわけではない。社会主
義時代、それ以前の伝統期においても、親夫婦と子ども夫婦が別の家屋
を持つことがあった。娘がゴスポダリエに残った場合にそうした選択が
なされることが多かったが、2つの家屋に分散して暮らしていてもすべ
ての経済活動を共にしていたという。このような経緯から、老夫婦のみ
で経営するゴスポダリエが2つの家屋を持つことも珍しくない。

　このようなゴスポダリエからすべての子どもが出て暮らしていれば、
家屋の一つは無人となる。この家屋はいずれ子どもに分与されるし、す
でに所有権が子どもの誰かに移っている場合もある。だが、所有権の如
何に関わらず、無人の家屋はそれを含むゴスポダリエの老夫婦の管理下
に置かれるのが常である[9]。彼ら自身がそこで食事をしたり、寝たりする
ことはないが、晴れ着や季節外れの衣服を収納したタンス、食肉を入れ
た冷凍庫を置いているので、必要なときには立ち入る。祝日やバカンス
に子どもが戻ってきたり、来客があった場合にこの家屋をあてがう。こ
のような客間には、特徴的な装飾が施されており、村の老人たちの美的
感覚や嗜好を窺い知ることができる。

　筆者が間借りしたゴスポダリエにも、老夫婦が暮らす伝統家屋と社会
主義時代に建てられた家屋の2つがあった。元々このゴスポダリエは妻
方のもので、伝統家屋には妻の未婚の叔母が暮らしていた。彼らがここ
に移り住んだ1970年代に、自分たちが暮らすための家を新築したのだ

---

9　財産の所有者を書き換える際、自分たちの生存中の使用権を明記する老人もいる。

という。叔母の死後、彼らは伝統家屋に移り住み、4人の子どもがゴスポダリエを出て行ったため、もう一方の家屋が空き家となった。この家屋の一部屋を筆者が間借りしたのである。

　この家も、社会主義時代に建てられた家屋に典型的な外観と間取りを持っていた。筆者にあてがわれたのは玄関を抜けて最初の部屋で、テラコッタの暖炉、タンス、テーブル、ソファベッド、鏡台を備えてあった。この家に初めて通された際、ゴスポディナはドアを開けて残りの2間を紹介してみせた。そのどちらも真っ白なレース、鮮やか色彩の毛織物で装飾され、タンスの戸棚には沢山の陶磁器が置かれ、彼女はどうだといわんばかりに笑みを浮かべていた。筆者が間借りした部屋にはそうした装飾品はほとんど見あたらなかったが、タンスの上や隣の部屋に折りたたんだ毛織物を置いてあったことから、普段は同じように飾り付けをしてあるのだと思われた。

　他のゴスポダリエでも客間に案内される機会があったが、装飾品の嗜好に大きな違いは見いだせなかった。その特徴は、社会主義時代の調度品、伝統的なレースと毛織物にある。社会主義時代の調度品というのはタンス、ソファベッド、椅子、テーブルなどで、特に木製の大きなタンスに目が向く。重厚な木目調のタンスは、表面をテラコッタで覆った暖炉と上手く調和している。

　社会主義時代に、村の男性のほとんどが都市に通勤するようになったことはすでに述べた。彼らはそこで得た金銭を、家屋の新築あるいは増改築、家具、家電などに費やした。客間などに配置した調度品や暖炉も、この時代に購入したものである。高齢者たちは、これらを自分たちが懸命に働いて購入したものだと誇らしげに語り、こまめに手入れして大切にするのである。

　客間において、これらの調度品を飾るのが伝統的な民芸品である。代表的なのが幾何学模様や花模様をモチーフにした白いレースで、古くは女性たちの手によって作られるものであった。しかし、社会主義時代末頃には市販の既製品に取って代わられるようになった。それでもレース

の人気は高く、カーテンやテーブルクロス、花瓶や人形の敷物として現在も利用されている。

　部屋の装飾には、レースと共に色鮮やかな毛織物が欠かせない。毛織物には、女性が織機で作ったものもあれば、村の市で購入したものもある。手作りのものは小さくシンプルな柄になることが多く、数色を組み合わせた縞模様や格子模様が中心である。単色のものも多い。毛糸は白と黒、それらを混ぜた灰色だけでなく、赤、青、緑、黄などに染めて利用する。彼らが最も好むのが赤で、赤一色の織物は装飾品、日用品として頻繁に見かけられる。こうした赤は漆喰壁やレースの白と鮮やかなコントラストを描いており、部屋に華やかな印象を与える。

　筆者が間借りしたゴスポダリエでは納屋に織機を置き、毎年のように新しい毛織物を作るが、現在では織機を持たない人々が増えている。F村で見られる手作りの毛織物のほとんどは10年以上前に作られたものなのだという。

　毛織物は床に敷くのが基本で、既製品のカーペットを敷いてある場合でもそれを覆うように上に敷く。毛織物の大きさは、1m四方から3m四方まであるが、1枚で床全体を覆うことができるわけではない。様々な大きさの敷物を何枚も組み合わせて、床に敷き詰めるのである。また、部屋の壁にも毛織物を貼り付けて装飾とする。飾るのは、ソファベッドの背面の壁と決まっている。台所や羊飼いの小屋などでも、寒さを和らげるためにカウチやベッドの背面に毛織物を掛ける。ただし、客間の壁に掛ける毛織物は、壁一面を覆うほど大きく、精巧な模様や人物画が編み込まれた特に美しいものが選ばれており、装飾的な意味合いも大きいのだと思われる。

　客間の装飾においてレースや毛織物以上に目を引くのが、ソファベッドに掛けられた「サリカ」（*sarică*）と呼ばれる特殊な毛織物である。この地域の一般的な毛織物には、短毛種の短く縮れた毛を使用する。しかし、サリカは長く太い長毛種の毛から作り、織物の片面から20cmほどの長さの毛が伸びるように編み込む。厚手の織物から毛が生えているよ

うな形状になるので、まるで長毛種のヒツジを撫でているような手触り
を楽しむことができる。

　このゴスポダリエでは、ソファベッドにサリカを掛け、その上にウェ
ディングドレスを着せた人形を飾ってあった。このケースだけでなく、
同じようにサリカを飾っている住民を確認することもできた。こうした
飾り方は、サリカが重要な嫁入り道具の一つであったことに由来すると
思われる。この地域の女性は娘のためにサリカを編んでおき、結婚する
際に与えたのである。現在ではサリカを作ることのできる女性も減って
おり、このような慣行はほとんどなくなったという。そのため、サリカ
には希少価値が生じ、市場において高値で取引されることもある。

　さらに調度品の棚や天板には、陶磁器のティーセットや人形を飾る。
彼らが飾るのは、厚く透光性の低い伝統的な製品ではなく、白く透光性
のある工業製品である。筆者が間借りしたゴスポダリエでは 10 組近い
ティーセットと人形を飾ってあったが、これらはみな自分たちで購入し
たのではなく、子ども夫婦や名付け子から贈られたものなのだという。

**写真 3-4：客間の装飾**

客間の装飾に見られるゴスポダルたちの美意識と嗜好は、彼らの歴史的体験、すなわち社会主義と伝統とが分かちがたく結びついた状況を示している。ソビエト連邦崩壊後のサハ共和国で調査を行った高倉は、住民の生活雑貨や衣料が極端な単一性を持つ「ソビエト型工業規格製品」で、共通した住宅や公共施設、区画の組み合わせから構成されるあり方を「ソビエト規格文化」と呼んでいる（高倉 2000:25-30）。農業集団化が実施されなかったために均質化の程度は低いものの、F村でも似たような状況が見られる。

　客間に置いている調度品やテラコッタの暖炉、市販のレースなどは、どこのゴスポダリエでも似たようなデザインのものが使われており、全く同じ製品であることも多い。こうした状況は、食器やグラス、調理器具、衣類といった日用品に至るまで変わらない。そして、こうした単一規格の製品が、これまた画一的な社会主義時代に建てられた家屋に収まる様は、均質な物質文化という印象を強くする。社会主義時代の調度品を飾る伝統的な民芸品にしても、デザインや色使いはパターン化されており、こうした印象を大きく覆すわけではない。

　F村のゴスポダリエでは、社会主義時代の単一規格の製品と伝統的な民芸品とが混在しているが、客間に装飾を施す際にそれらに優劣をつけたり、一方を排除したりするようなことはない。その両者を組み合わせる点に、彼らの美的感覚や嗜好の特徴が窺えるのである。また、それらは単なる製品ではなく、自分たちの勤勉さや村内での人間関係、特に子どもや名付け子からの贈り物は社会的な役割を果たしていることを暗示するものでもある。

### （f）畜舎

　ゴスポダリエには家畜を留めるための畜舎が欠かせない。夏の間は囲いにウシやヒツジを入れて一晩を過ごさせることもできるが、降雪が多く、気温も零下を大きく下回る冬には屋内に留めねばならない。通常、住人の目が届くように、畜舎のドアは「中庭」に面して作られる。先述の通り、居室になるべき場所に畜舎を設けている伝統家屋もある。その

第 3 章　ゴスポダリエの資源構成

場合、畜舎とホールを繋ぐドアはなく、「中庭」に面した部分に別のドアをつける。社会主義時代に建てられた家屋に畜舎を併設したものはないが、家畜飼養の面からすれば、住居と同じ棟に畜舎を造った方がよい。住居の暖炉で畜舎も同時に暖めることができるからである。家畜、特に寒さへの耐性の低いウシを飼養するには都合が良い。だが、1970年代以降に、住居と畜舎とを分離する傾向が強まった。現在では家畜を飼養しなくなった40代、50代の人々は、そうすることで家畜の臭いが居室内へ流入するのを和らげることができたと話す。一方、高齢のゴスポダルたちにはそれを気にするような言動は見られなかった。むしろ、社会主義時代の単一規格の家屋には、畜舎の併設が想定されていなかったから、そうなっただけだと言うのである。

　ウシやブタの畜舎は伝統家屋に併設したりするが、ヒツジの畜舎は「中庭」や牧草地に別棟を建てることが多い。寒さに強いヒツジは畜舎を暖める必要がないし、ウシやブタと比べると保有する数が多く、より大きな空間が必要となるからである。冬にゴスポダリエに戻ってきたヒツジを留める小屋を「サイヴァン」（saivan）と呼ぶ。家屋のように増改築することもほとんどなかったため、第二次世界大戦以前に建てられたものがそのまま使用されていることもある。伝統家屋と同じく、石の土台の上に太い角材を組み、切り妻屋根をかぶせている。屋根裏を広く作り、そこに大量の干し草を詰め込んでおく。F村の建物の屋根は、社会主義時代には赤レンガに、近年はトタンに葺き替えているが、古い畜舎の場合は板葺きのままであることが多い。

　畜舎の数や大きさは保持する家畜の種類や頭数によって決まる。社会主義政権崩壊後の困難な政治経済状況において、村民は自らのゴスポダリエで養うことができる最大の家畜を飼養することで生活の安定化を図ったのだが、現在では村内で飼養される家畜の数も減っており、家畜のいない畜舎が目立つようになった。

71

## 3. 菜園・畑

　F村におけるゴスポダリエ経営はウシやヒツジなどの家畜飼養を中心とするため、冬季の飼料となる牧草を育成する。それと同時に、ゴスポダリエ内にある菜園（*gradină*）や畑（*holdă*）では住人のための野菜や果物を栽培している。

　「中庭」の一角に設けた菜園では、特に夏の間に自家消費する野菜やハーブを生産する。ゴスポダリエの「中庭」はウシやヒツジが草を求めて徘徊する場所でもあるので、食い荒らされないように菜園の周囲を強固な柵で囲っておく。ここでは一種類の野菜をひと時に大量に栽培するのではなく、多種を小規模かつ集約的に作る。ブラショヴ県の平野部ではトウモロコシや穀類を含むこともあるが、冷涼なF村では栽培する品種と時期が限られる。キャベツ、タマネギ、ニンニク、ニンジン、キュウリ、ホウレンソウ、インゲン豆、エンドウ、イチゴといった野菜や果物、セリ、カモミール、パセリ、セージ、タイムなどのハーブを、5月から9月頃までの間に栽培する。ゴスポディナは食べごろになった野菜を摘み取って台所に運び、その日の料理に使う。ハーブ類はチョルバや肉料理に多用する他、特にミントやカモミールなどをハーブティーにする。また、ジャガイモやビートなどの根菜類の畑を作る。根菜の食用部分は地下にあるので、畑には家畜から保護するための柵は必要ない。そのため「中庭」だけでなく、尾根に畑を作ることもある。

　冬には深い雪に覆われることから、菜園や畑は毎春新たに作り直す。気温が上がり雪の溶けた4月初旬、荒れた農地に肥料を満遍なく広げ、ショベルを使って土を掘り返しながら混ぜ込んでいく。そうしてから畝を作り、品種ごとに苗や種を植える。植えるまでは色々と手間をかけるのだが、その後はほとんど世話をしなくなるのが普通である。あまりに雑草が伸びているときにはそれを摘むが、追肥をすることもないし、日照りが続き地面にひび割れができているときでさえ水を撒いたりもしない。

　現在では、村内の商店や都市のハイパーマーケットで野菜や果物を簡単に購入できることから、菜園はその規模を縮小している。それでもそ

こで栽培する野菜やハーブの種類、生産のスケジュールや方法は、社会主義時代から大きく変化していない。中でも特徴的なことに、どのゴスポダリエでも家畜の糞尿や敷藁を発酵させた厩肥が中心で、化学肥料などの金肥を用いたりはしない。都市のスーパーマーケットや園芸店では化学肥料を扱っているのだが、彼らはそれを購入しようとしないのである。

ただし、このような特徴はゴスポダリエに限ったことではない。家畜飼養をやめた後も菜園を持つ村民は多いが、彼らもまた金肥を利用しない。彼らは、ゴスポダリエでは利用することの少ない家禽の糞や、トイレに残った排泄物を利用し、それで足りなければゴスポダリエを持つ親族や隣人から厩肥を分けてもらうのである。

金肥ではなく自給肥料を優先する考え方が広く見られるわけだが、その理由の一つとして、現在に至るまでブラン地域の住民が近代的な農業に触れる機会が少なかったことが挙げられる。前章で述べたように、社会主義時代にも農業集団化が実施されなかったブラン地域では、それまでの伝統的な農牧業を近代的なものへと作り替える過程を経験しなかった。すわなち、社会主義的な農地の集団化や集団労働が実施されず、農業機械や化学肥料を利用した農作業が導入されることもなかったのである。そのため、彼らにとって農業機械や化学肥料は馴染み深いものではなく、金銭的な負担をかけてまでそれを使うという選択が容易にはなされないのだろう。伝統的なゴスポダリエには、そこに含まれる資源の循環によって自活するという論理があり、金銭的な出費によってそれを補完することに抵抗を持つ人が多い。この「循環経済」の論理については、第6章で詳しく扱う。

また、村民に話を聞いてみると、化学肥料の問題は使用経験の有無や金銭的負担だけでなく、食物を「化学的なもの」（chimic）と「有機的なもの」（organic）とに大別する彼らの考え方にも深く関わっていることが分かる。筆者の調査中、毎日の食事や村民から何らかの飲食物の持てなしを受けると、その味の感想を尋ねられることが度々あった。自分の

好みも織り交ぜて感じたままに答えたが、それへの反応から彼らが誉めてもらいたい食物とそうでない食物とがあることが窺い知れた。大まかに分類すると、前者はゴスポダリエで作られた畜産物や野菜、果物、酒であり、後者は市販の食品である。筆者が前者を美味しいと言えば、ゴスポダルたちは満面の笑顔で頷くが、後者に対して「悪くない」「おいしい」などと言うと、彼らは素っ気ない態度を取り、筆者の意見に同意することはなかった。

　この分類が、「化学的」と「有機的」というラベルに対応している。ゴスポダリエにおいて昔ながらの方法で生産した食物を「有機的」かつ健康的で美味と説明する一方で、店で買ってきた食品、特に輸入食品などは「化学的」な方法で作られており、体にも悪いと考えるのである。この分類は食物の生産過程を根拠としており、家畜の糞から作った厩肥が「有機的」であるのに対し、化学肥料は文字通りに「化学的」なのである。そのため、菜園や畑に化学肥料を用いることを避けることになる。また、こうした考え方があるが故に、都市近郊のスーパーマーケットでいつでも必要な野菜や果物を購入できるようになった現在でも、Ｆ村の人々は菜園を作り続けるのである。

　昔ながらの方法で生産した食物を「有機的」、健康的、かつ美味とする説明様式は、ミルク、チーズ、食肉といった畜産物に対してより顕著となる。Ｆ村を含めたブラン地域で行われているゴスポダリエと移牧の組み合わせによる家畜飼養は、数百年前から続く伝統として住民に理解されているからである。「有機的」な畜産物は、ゴスポダリエを経営することの目的の一つであるし、高齢者以外がゴスポダリエを維持することに興味を持たなくなった現状においても、ゴスポダリエが村落社会内で重要な価値を持っていることの根拠でもある。

# 第4章 草刈りと土地の利用

　F村を含めたブラン地域の家畜飼養は、夏には冷涼で雨の多い山頂付近の放牧地に群れを移動させ、冬には降雪と寒さを避けて谷のゴスポダリエに群れを戻すという季節移牧の形をとる。ゴスポダリエでは、敷地の全面に渡って生えている牧草を刈り取って干し草にし、冬の間の家畜の飼料とする。本章では、ゴスポダリエの牧草地がどのように維持、活用されているのかを明らかにする。

## 第1節　牧草の質と量

### 1. 干し草の種類と質

　牧草飼料と言えばイネ科とマメ科の草本が一般的であるが、ゴスポダリエの敷地内にはそれ以外にも様々な植物が生える。例えば、スギナ・カラシナ・ヤマホウレンソウ・ヒナギク・タンポポ・オオバコ・サンシキヒルガオ・オトギリソウ・ヒメオドリコソウ・スイバ・ドクニンジン・イラクサで、一種の草花が一か所に群生することもある。ゴスポダルたちはこれらの植物を個別に認識しており、一部の「雑草」（*buruiană*）を除いて、牧草と一緒に刈り取ってしまう。

　その一方で、ゴスポダルたちは牧草を細かく分類していない。筆者の観察では、どこの牧草地にもイタリアンライグラス（ネズミムギ）・ペレニアルライグラス（ホソムギ）・オーチャードグラス・チモシーといったイネ科の牧草が生えていた。しかし、ゴスポダルたちは、これらを区別するためのフォークタームを用いていない。単に「ヤルバ」（*iarbă*）と呼び、その区別を重視してもいないのである。実際に、数種のイネ科の牧草の名前を個別に尋ねても、誰からも明確な返答を得ることができなかった。ただし、マメ科の代表的な牧草であるクローバーについては「トリフォイ」（*trifoi*）というルーマニア語で説明がなされた。

75

ここで牧草や干し草に関わる用語を整理しておきたい。牧草一般をヤルバと呼ぶが、これを刈った時点では呼称に変化はない。刈った直後の青草もまたヤルバなのである。草を刈った後の牧草地に広げた青草を何度も裏返し、満遍なく日に当てて乾燥させる。乾燥が進んで草が黄金色に変わっていく過程で、干し草を意味する「フン」（fàn）へと呼称が変化していく。どの程度の乾き具合から呼称が変わるかには個人差があるし、同じ状態の草に対して両方の言葉を使う人もいる。中には、完全に水気を失って屋根裏に保管できる状態になっても「ヤルバ」という言葉を使う人もいた。しかし、それをウシやヒツジに与える冬になると、誰もが「フン」という単語を用いるようになる。

　さらに、二番刈りを意味する「オタヴァ」（otavǎ）についても触れておかねばならない。二番刈りは、一度刈った後に再び伸びた牧草を刈ったものを指す。この「オタヴァ」も、「フン」と同様に、干し草仕事の過程で「ヤルバ」から呼び名を変えていく。干し草全般を指して、「フン」という言葉を用いることもあるが、それを利用する際にはフンとオタヴァを明確に区別する。例えば、ヒツジに干し草を与えているゴスポダルに「フンを与えているのですね」と何気なく言った筆者に対し、「これはオタヴァだ」との返答があった。では、この両者には具体的にどのように違うのだろうか。

　フンとオタヴァの違いは、最初に刈った干し草か、二回目以降に刈った干し草かだけでなく、含まれる草の状態や用途にも表れる。フンとオタヴァは同じ牧草地で作られるため、基本的にはどちらにも同じ種類の草花が含まれている。そのため、牧草がどのような状態にある時に刈るかによって、両者の違いが生み出されることになる。

　フンを作るための草刈りは、牧草が十分に生長した6月以降に行う。この頃の牧草地で目立つのはチモシーやオーチャードグラスといった穂を付けたイネ科の牧草である。すでに60〜70cmの丈があり、特に日当たりの良い場所では1m近くにまで生長していることもある。また分げつ、すなわち茎の根に近い部分から側枝を発生させることで、草の量が

増えている。このような状態の牧草地で作るのがフンである。フンとなる青草の山を見ると、そこに幾本もの白い筋、つまりイネ科の牧草の茎が多く含まれていることが分かる。

　これに対し、二番刈りであるオタヴァは生育期間がずっと短い。最初の草刈りの後、再び伸びてきた牧草をひと月ほどで刈る。草の丈はせいぜい 20〜30cm である。この状態の牧草地で目立つのは、マメ科の牧草であるクローバーと丈の低い草花である。またイネ科の牧草は茎が十分に伸びきらない未成熟の状態にある。このような牧草地で刈った青草は、フンを作るためのものと比べると緑がかっている。茎に対して葉の割合が多いためであり、また草が柔らかく水気を含んでいるためでもある。イネ科の牧草の茎にしても瑞々しい。このような特徴は、それを完全に乾燥して保管する状態になっても変わらない。

　オタヴァはフンとは分けて保存し、出産直後のヒツジやウシに与える。フンよりも栄養価に優れており、これを与えることによってより多くの乳が出るようになるのだと説明される。一般に、牧草の栄養価をなるべ

**写真 4-1：乾燥中のフン**

写真 4-2：乾燥中のオタヴァ

く損なわずに保存する方法としてサイレージがある。水分の多い状態の青草をサイロに詰め、乳酸発酵させて貯蔵したものであるが、ブラン地域では、こうした方法を観察することはなかったし、それに関する話を聞くこともなかった。ここでは、冬期に家畜に与える干し草は、天日で乾燥させたフンとオタヴァのみに限られるのである。

　フンよりもオタヴァの方が栄養価が高いのならば、それのみを生産すればよいとも思われるが、そうではない。まず重要なのが収穫量である。イネ科の牧草は生長の過程で分げつする。これを2度3度と繰り返すことによって茎の数が増え、草むらが生み出される。イネ科の牧草を十分に生長させることは、丈を伸ばすと共に密度を高くすることでもある。これによって牧草の収穫量が大きく増加する。数十センチメートルの丈で刈ってしまうオタヴァとでは、収穫量がまったく異なるのである。もう一つ重要なのが、反芻である。ゴスポダルたちの説明によると、フンに比べて柔らかいオタヴァでは、家畜はほとんど反芻を行わない。ウシやヒツジの健康のためには反芻することが不可欠であり、産後でもオタ

ヴァだけでなくフンも与えねばならないのである。

## 2. 干し草の収穫量と数え方

　ゴスポダリエでどのような家畜をどれだけ飼養するかは、土地、特に牧草地の大きさを基準にして判断する。大きな牧草地があればウマやウシも飼うことができ、それが小さければヒツジのみを、それが全くなければ牧草を必要としないブタを飼う、というのが村のゴスポダルたちによって頻繁になされる説明である。

　しかし、どれだけの大きさの牧草地があればウシやヒツジを何頭飼養できるかということを具体的な数字で表すことは難しい。それぞれのゴスポダルが自身のゴスポダリエ経営の個別の状況において、経験的にそれを捉えているからである。牧草地の大きさと干し草の収穫量、家畜が必要とする牧草の量について具体的な単位を用いて説明したのは、獣医として働く男性だけだった。土地にもよるが、という条件付きで彼が話したことによると、ブラン地域では、全体的に地味が低いため 1ha の牧草地から 2000kg の干し草を作ることができれば良い方である。そしてこれだけの干し草で、ウシなら 1 頭、ヒツジなら 7〜8 頭を飼養することができると言う。

　ゴスポダルたちは、土地を登記していることから自身の敷地の面積を知っており、そこに含まれる牧草地の広さを大まかにではあるが把握している。しかし、そこから作ることのできる干し草を何キログラムといった数字で捉えてはいない。多くの場合、それは、干し草を収納する手段を基準としているようである。すなわち、自分の牧草地のどこでどれだけの草刈りをすれば、屋根裏を一杯にし、「クライエ」（claie）と呼ばれる乾草堆をいくつ作ることができるか、そしてそれだけの干し草でどれだけの家畜を養うことができるか、という自身のゴスポダリエ経営に直結した形で経験的に認識しているのである。あるゴスポダルは、2 頭のウシと 10 頭のヒツジを保持しており、それを一冬に渡って養うには 4 つのクライエと屋根裏のすべての干し草が必要であると説明した。

ここでは干し草の総称として「フン」という言葉が用いられたが、実際に彼が干し草を生産する場面ではフンがどれくらい、オタヴァがどれくらいと考える。

**写真 4-3：クライエ**

　このようにゴスポダルたちは屋根裏やクライエを基準にして干し草を数えるのだが、当然ながら屋根裏の容量は各ゴスポダリエで異なっているし、できあがったクライエにしてもその高さ、直径はまちまちである。また、牧草地の性格、すなわち日当たり、地味、草の種類と割合によっても干し草の収穫量は異なってくる。
　M谷のゴスポダリエは平地と斜面という構成を基本とする。平地の場合は大差がないが、斜面がどちらを向いているかは日当たりの良さに

大きく関係する。この谷は南西から北東に流れる河川に沿って発達してきた。そのため、河川を境として、南東に向いた斜面を持つゴスポダリエと逆に北西に向いた斜面を持つゴスポダリエが向かい合っている。日当たりの点からすれば南東に面した斜面の方が良く、雪解けや牧草の生長具合に明らかな違いが生じていた。しかし、現在のM谷においては、日当たりの良さが牧草の生産において必ずしも有利であるとは限らない。近年、ヨーロッパでは夏の熱波が深刻な問題となっており、それはルーマニアにおいても同様である。強い日差しに晒され続けた牧草はすぐに水分を失い、栄養を損ねてしまう。かつてに比べると、刈り取りまでの猶予が短くなっているのである。ゆっくりと時間をかけて草を刈ればよいというわけにはいかず、働き手の少ないゴスポダリエにとっては厄介な問題となっている。

　こうした日照りの問題のためか、ゴスポダルたちは、村内の牧草地の立地が質や量を大きく左右するとは考えていないようである。彼らの間で共通しているのは、村の土地は全体的に地味が低く、立地によって差が出るわけではないという意識である。彼らにとって良い土地というのは、日当たりの良い場所にある牧草地ではなく、しっかりと施肥をし「雑草」を取り除くといった具合に使用者によって管理された牧草地なのである。次節ではこうした問題についても詳しく検討していく。


## 第2節　干し草仕事の現在

### 1. 牧草地の維持

　干し草作りのための草刈りはゴスポダリエの敷地全体で行うが、最も収穫量の多いのが斜面である。大抵のゴスポダリエの斜面では、下方に牧草地、上方に林地が広がっている。ゴスポダリエの生活においてはこのどちらもが必要不可欠で、牧草地は家畜を放牧したり干し草を作ったりする場所となり、林からは果実やキノコ類を採ることができ、また燃料となる薪を得ることもできる。

斜面のどれだけを牧草地とし、どれだけを林地として利用するかは、そのゴスポダリエでどれだけの牧草を必要としているかによる。多くの家畜を保持するゴスポダリエでは必要とする牧草も多くなるので、牧草地の比率が高くなる。斜面の牧草地は所与のものではなく、長年に渡って人の手が加えられることによって初めて維持されるものでもある。斜面に多く生えているブナやシラカバ、ハンノキといった落葉樹からは葉と共に多くの実が落ちる。実からは芽が出、放っておくと木へと生長する。筆者自身が斜面での草刈りに加わった際、青々とした牧草に混じって数十センチメートルの高さにまで伸びた若木を何本も見かけた。こうした若木を刈り取るのを怠れば、数年後には木々が密生してしまうことになる。

　現在でも暖炉や薪ストーブを重用するF村において、その燃料として斜面の木々は欠かせない。そうではあるものの、家畜のための牧草地を確保するためには林が広がりすぎるのは不都合であるし、下生えを利用するためには疎林として維持せねばならない。そのため毎春、ゴスポダリエでは林の枯れ枝や落ち葉をきれいに取り除く。その光景を初めて目にした時、枯れ枝や落ち葉は肥料となるのだから放置しておけばよいのではないかと思った。だが、疎林の維持のためには落ち葉は余分なものでしかない。地面に積もった落ち葉は太陽の光を遮り下生えの生長を妨げるから、それを取り除く作業が欠かせないのである。

　このようにして維持された牧草地は、隣人たちがその所有者を評価する際の基準にもなる。M谷で生活していれば、斜面の様子は自然と目に入り、短冊状に連なったゴスポダリエの斜面を比較するのは容易である。斜面の多くが牧草地であることはきちんと資源を管理している証であり、住民がそれだけの手間をかけてきたと評価される。逆に斜面全体が樹木で覆われてしまっているような場合は、その管理能力を疑われてしまう。

　牧草地の割合の他にも、施肥を行っているかどうかと生えている草の種類によって、ゴスポダルの管理能力が問われる。落ち葉や枯れ枝を取り除いた後、3月の末から4月にかけてゴスポダリエの牧草地にも厩肥

を撒く。平地での施肥を苦にする人はいないが、それが斜面となると事情が異なってくる。M谷の斜面は、場所によっては40度を超える急傾斜である。これだけの斜面では一輪車に厩肥を積んで運び上げることは不可能で、袋に詰めて人力で運び上げねばならない。これは非常に骨の折れる作業で、高齢者が従事できるものではない。大きなゴスポダリエが利用しているロバを借りれば、その作業も楽になるが、それにも金銭の支払いが必要である。

**写真 4-4：斜面への施肥**

　斜面に運び上げた厩肥は、等間隔に山積みにする。等間隔に配置された黒褐色の厩肥は斜面に水玉模様を浮かび上がらせる。1〜2日ほどそのままにしておき、フォークを使って厩肥を満遍なくばらまいていく。ゴ

スポダリエの斜面が谷の至る所から目に入ることは先に述べたが、そこに置いた厩肥は非常に目立つ。そのため作業をする人影を目にしていなくても、そのゴスポダリエの住人が土地をきっちりと管理していると隣人たちが認識するのである。

　日当たりによる違いもあるが、施肥をしたかどうかで牧草の育成速度に明らかな違いが出る。きちんと肥料を施した牧草地は、4月に入った頃にはすでに緑色が目立つ。育成速度の違いは、最終的な収穫量を左右することもある。イネ科の牧草は1mほどの高さになるとそれ以上は生長しない。施肥をしていようとしていなかろうと牧草はこの状態まで伸びるのであるが、早く生長させることには意味がある。それによって最初の草刈りの時期を早め、二番刈りを2度3度、時には4度も刈ることができるようになる。牧草地への施肥は干し草、特にオタヴァの収穫量を増やすための作業なのである。

　次に、牧草地に生える草の種類がどのように管理能力の評価に関わるのかみてみよう。ここでは牧草地に混じった「雑草」が問題とされる。「雑草」というのはイラクサとドクニンジンのことで、ほとんどのウシやヒツジが好まない。太い茎と鋸歯型の葉を持つイラクサは全体が緑色で近づかないと確認できないが、密集した小さな白い花を咲かせるドクニンジンは遠くからでも目に付く。多くのドクニンジンが生えていれば、そこはゴスポダルの管理が行き届いていない牧草地とされる。

　イラクサやドクニンジンを減らすには、頻繁に牧草地を確認し、見つけたその場で刈り取るしかない。生長しきって種子を落とす前に取り除くことによって、「雑草」が増えるのを防ぐことができる。また、どのような肥料を使うかも重要である。既に述べたように、ゴスポダリエで用いる肥料はすべて家畜の糞を元にしている。その際の糞の扱いが問題なのである。消化力の弱いヒツジの場合、糞には「雑草」の種が残っており、そのまま撒くと牧草地が「雑草」だらけになってしまう。そのため、敷藁と混じったヒツジの糞は1〜2年ほど寝かせて厩肥とするのが基本である。消化力の強いウシの糞であればそのまま撒くこともできる

が、これも 1 年間寝かせてから使用する人もいる。

**写真 4-5：ドクニンジンの多い牧草地**

　生長した干し草を適切な時期に刈っているかもまた重要である。伸びきった牧草は徐々に水分を失い立ち枯れていく。先に触れた通り、近年のルーマニアでは夏の熱波が問題となっており、山間部に位置するF村でも日照りが住民を悩ませている。伸びきった牧草は強い日差しに長い間さらされると乾燥してしまう。牧草は栄養分の高い瑞々しい状態で刈ることが重要なのである。刈るべきタイミングを過ぎ、乾燥して小麦色になった牧草地もまた、ゴスポダルの管理不足をしめす指標となる。

　ゴスポダリエの牧草地の様子は人目につきやすいため、誰の牧草地がどのような状態にあるのかは隣人の皆が熟知している。こうした事柄は住民の個々が把握するだけでなく、世間話の話題にもなる。自分の牧草地がどのような状態にあるのか、どこの牧草地でどれだけ草刈りを終えたといったことを話すだけでなく、誰それの所はすでに終えているだとか、まだ刈っていないといったことについても話題とする。自らの目で

確認することに加え、このようなやりとりを通して、近隣のゴスポダル
の管理能力についての評価がなされていくのである。

　このように牧草地の状態は、ゴスポダリエの管理能力を評価するため
の指標となっている。その管理が不十分だと思われれば、隣人たちから
「怠け者」（leneș）として揶揄されることとなる。しかし、ほとんどのゴ
スポダリエが高齢者のみによって経営される現在では、その評価を巡っ
て複雑な状況が生まれている。「あそこは年寄りだけだから仕方ない」
といった言葉でそれを容認するのだが、その言説には子どもたちへの非
難が暗に込められている。面と向かって激しく非難したりすることはな
いものの、ゴスポダリエの仕事を手伝わない子どもに対して不満を抱く
ゴスポダルは多い。そうした思いは、高齢者たちが集まった際に怒りや
落胆を込めて吐露されるし、隣人の子どもたちへの激しい非難として表
れるのである。

　その一例として、かつての「富農」を巡るやりとりを挙げてみよう。
M谷からは外れているものの、村の中心地への道沿いに非常に大きな
ゴスポダリエがあった。中庭の付いた方形の家屋や、大きな畜舎は伝統
的な富者のシンボルであるし、周囲の敷地も広い。ゴスポダリエ以外に
も広大な牧草地を持ち、数百頭のヒツジを飼養していた。また村内に多
くの代子を抱える代父母でもあった。その財産の多さから、1950年代に
住人の父親が「富農」に認定されたのである。

　現在、ここで一人暮らしをしている老人は80歳を超え、病気がちで
ある。妻は10年以上前に他界している。既にすべての家畜を手放して
いるため、隣人たちはこの敷地をゴスポダリエとして認識することはな
い。彼の生計を支えているのは、年金と住居のある敷地以外の土地を
売って得た金銭である。彼の子どもたちはブラショヴやブカレストな
どの都市で暮らし、クリスマスや復活祭といった祝日に村にやってくる。
だが、彼らは牧草地や斜面の管理への関心をまったく持っていない。年
老いた住人の体力では当然ながらそうした作業を行うこともできない。
そのため、家屋の裏にある斜面は完全に樹木に覆われ、夏になると足を

踏み入れるのも難しいほど鬱蒼としていた。草地の中にはドクニンジンが目立ち、また刈られることもなく立ち枯れていくという有様であった。

　幾人かのゴスポダルやゴスポディナと共にこの敷地の前を歩くことがあったが、彼らの反応は誰も似たようなものであった。そのゴスポダリエのかつての繁栄と対比させて、現状を嘆くのである。しかし、それは住人の管理能力を問うようなものではない。80歳を超え、病気がちな彼にそうするだけの余裕がないことを誰もが理解しているからである。ゴスポダルたちの非難はむしろ彼の子どもたちに向けられる。彼らの誰もが親のゴスポダリエを継ごうとせず、その仕事を手伝ってこなかった結果、土地が荒れてしまったと考えるのである。さらに彼らの矛先は日常的な親子関係にも向けられる。子どもたちが病気がちな父親の世話を隣人に金銭で依頼し、自分たちはほとんど村に戻ってこないことは、特に強く非難される事柄である。中には「あの子どもたちは彼が死ぬのを待っているんだ。そうして土地を売って金を得ることしか考えていない」と、こちらが驚くほど強い口調で憤るゴスポダルもいた。

　彼らの憤りは、かつての富農の現状に、自分たちが抱えている不満と自分たちの将来の姿を重ねているが故のものであろう。これは親の手助けという道徳的な義務を子どもが果たしていないという問題に留まらない。自分たちの手に負えない仕事を処理せねばならない時、ゴスポダルたちはまず自分の子どもや孫に手伝いを頼む。それを断られれば、彼らは強い怒りや失望を感じることになる。しかし、その背後には、ゴスポダリエが失われていくこと、それと不可分な自分たちのライフスタイルや価値観もまた失われていくことに対する複雑な心情が存在するようである。

## 2. ゴスポダリエにおける草刈り

### （a）草刈りの手順

　牧草の生育具合によって異なるが、牧草は6月1日を目処に刈り始めるものとされる。草刈りには大鎌（*coasă*）を用いる。草刈りは重労働で

あることを理由に、男性のみの仕事と考えられている。男手がないために仕方なく、あるいはこの作業が好きだからといって大鎌を振るう女性もいたが、隣人の目を気にしてゴスポダリエの「中庭」のみに限られていた。

　大鎌は木製の柄に鉄製の刃を取り付けたものである。右利きの場合、左手で柄の端を、右手で柄に直角に取り付けた持ち手を握る。両足を踏ん張り、上半身をひねりながら鎌を振って根本から草を刈る。大鎌は自分の体にあったものでないと扱いづらいため、身長や手の長さに合わせて、柄の長さと材質、持ち手の位置と形状、刃の角度などを調整する。他のゴスポダリエで草刈りをする時にも、自分の大鎌を携えていく。F村では春と夏に「トゥルグ」（*târg*）という大きな市が立つ。家具、衣

**写真 4-6：大鎌の基本的な使い方**

類、玩具などを扱う店が多いが、日用品店には新しい大鎌を吟味する男性の人だかりができていた。どのような大鎌を持つかは、ゴスポダルにとって大きな関心事なのである。

　大鎌での草刈りには必ず砥石を準備する。切れ味が悪くなると作業効率が落ちるため、少しでも鈍ると手を休め、繰り返し刃に砥石をあてる。また、大鎌の手入れには刃先をハンマーで叩いて薄くすることも含む。上面の細くなった金敷きに大鎌の刃を当ててハンマーで叩く。そうすることによって切れ味を高めることができる。草刈りの季節になると、「中庭」で自身の大鎌をハンマーで叩く男性の姿を度々見かけたものだった。

**写真 4-7：乾草棚の青草**

　草刈りでは、右から左へと草を薙ぎながら前進するため、左側に青

草の畝が出来る。その際、イラクサやドクニンジンなどの「雑草」があれば分けて処分しておく。青草の畝はフォーク（*furcă*）を使って日当たりの良い場所に広げ、乾燥させる。草は天日で乾かすが、日に当たらない裏側はじっとりと濡れたままである。日に何度も裏返すことによって、これを満遍なく乾かしていく。刈ったばかりで、草が水分を多く含んでいる時は雨に濡れることを気にしないが、草が乾くにつれてゴスポダルたちは天気の崩れに神経質になる。ラジオで天気予報が始まると、周囲の人に静かにするように促して聞き耳を立てるゴスポダルもいた。青草が完全に乾燥するまでには、好天が続けば数日、雨天を挟めば2週間近くかかる。

　夏のブラン地域は天気が変わりやすく、突然の雷雨や雹も珍しくない。雨が降り出す気配があると、木で組んだ三角錐型の「乾燥棚」（*capră pentru fân* あるいは *capră de lemne*）に急いで草を積み上げ、残った草を小山にする。その上から覆いをするということはなかったが、乾燥棚に積んでおくと雨水は自然に下に流れ落ちるので、草が腐ることはない。また夜間の降雨や朝露で濡れることを避けるため、日が落ちきる前に必ず草を乾燥棚にかけて就寝する。

　干し草は畜舎を併設した家屋の屋根裏、または畜舎の屋根裏に収納する。十分に乾いていない草があるとそこから発酵してしまうので、収納する前には完全に乾いていることを確認する。屋根裏に入りきらない干し草は乾草堆にして保管する。地面に5〜7mほどの長さの柱を立て、それを軸にして干し草を円錐状に積み上げていく。底の部分には角材や丸太を組んで風通しを良くし、干し草が腐らないように工夫している。この乾草堆として保管する干し草に関しては、完全に乾燥しているかどうかはそれほど問題ではない。屋外で日に晒しているうちに乾くからである。

　干し草を収納する屋根裏の床には隙間があり、そこに干し草を押し込むことで階下の畜舎に落とすことができる。そのため、屋根裏に収納した干し草から家畜に与えていくことになる。屋根裏の干し草がなくなれ

ば、乾草堆を頂上部から崩して屋根裏に補充する。そのため、乾草堆は
畜舎に近い場所に作るのが望ましい。その夏の間に作った干し草はその
年の内にすべて使い切ってしまうということはなく、少なくとも乾草堆
一つ分を残しておく。これは例年よりも雪解けが遅かった場合を想定し
てのストックである。

　ゴスポダリエの草刈りと干し草作りは、夏の間、毎日のように行う。
伝統的には草を刈るのが男性の仕事、干し草を作るのが女性の仕事だ
というが、どのゴスポダリエでも人手が足りないことから皆で干し草作
りを行う。草刈りは「中庭」などの平地から始まり、その後に斜面へと
移っていく。ゴスポダリエの斜面や丘陵地に所有する「飛び地」などの
広い牧草地では、かつて「クラカ」(clacă) と呼ばれる共同作業が行わ
れた。

　このクラカでは隣人関係、友人関係にある 4〜5 人のゴスポダルが組
になり、回り番で各人のゴスポダリエの斜面や丘陵地で草刈りを行った。
このクラカではホスト（主催者）とゲスト（手伝い）とが日ごとに入れ
替わった。一日の草刈りを終えると、作業した牧草地の所有者が食事と
酒を振る舞う。次の日には他の参加者の牧草地に移動するという具合で
ある。このようなクラカは友人関係や隣人関係にある者から構成された
が、固定的な集団を形成していたわけではない。日によってメンバーが
替わることもあったのである。それでも誰が自分の牧草地での草刈り
に参加したのか、自分が誰の牧草地で働いたのかは把握しており、労働
を等しくやりとりした。これはサーリンズ（1984）のいう「均衡的互酬
性」(balanced reciprocity) にあたり、その年の草刈りの季節の内に同じ
だけの労働を個々のゴスポダルの間でやりとりするものであった。すな
わち、このクラカは集団による共同労働という形をとりながらも、実際
には個人と個人の労働交換の連鎖から成り立っていたのである。

　これ以外にも、大規模なゴスポダリエに多くの人々を集めて行う共同
労働も、同じようにクラカと呼ばれた。ゴスポダリエの敷地内や丘陵地
に広大な牧草地を持つ人は、同じようなタイミングで成熟する牧草を

一気に刈り取るために、多くの人手を必要としたのである。親族や隣人、主催者が代父である場合はその代子たちが集められ、草刈りが行われた。草刈りを行うのはすべて男性で、自らの草刈り鎌と砥石とを持って出かけた。草刈りは数日から1週間に及び、毎日の仕事が終わるたびに主催者が食事や酒を振る舞った。特に貧しい者が参加している場合、食事だけでなく食料などを持ち帰らせることもあったという。こうした贈与は、親族や儀礼親族の間柄であれば、特に頻繁に行われたことでもあった。

　また、丘陵地で草刈りをする際、そこで作った干し草はその場で乾草堆にして保管することが多かった。丘陵地にも畜舎を持てば、冬の間はそこに家畜を留めて干し草を与えればよい。しかし、家畜を谷間のゴスポダリエに置くなら、そこまで干し草を運ばねばならない。そうした場合、丘陵地に広大な牧草地を持つゴスポダルは多くの男女を集めて、運搬作業を行った。干し草を塊にして大きな布で包んで背負い、丘から谷まで歩いたのである。荷車を付けた馬車が入っていける場所に牧草地があるとは限らなかったし、多くの雪が降り積もった状況では、徒歩の方が確実だった。ゴスポダリエまで干し草を運び終えると、主催者が食事や酒を振る舞った。こうした共同労働も、草刈りと同じようにクラカと呼ばれた。

　しかしながら、現在のF村でこのようなクラカが行われる機会はほとんどなくなっている。かつてクラカを行っていたような友人や隣人がすでにゴスポダリエを手放してしまっていることも多いし、高齢者のゴスポダルでは自らの牧草地で刈るだけで精一杯というのが実情だからでもある。だが、自らのゴスポダリエにおいても、高齢者が急斜面の草刈りを自力で行うのはかなり難しい。斜面では腰をかがめた姿勢で両足を強く踏ん張り、少しずつ下りながら大鎌を振らねばならない。しかも、40度前後の急傾斜に加え、凹凸がある。また樹木に鎌の刃先を当てないように注意しながら刈る必要もある。筆者自身も数度、手伝ったことがあるが、これはかなりの重労働である。

　こうした事情から、老夫婦のみによって経営されるゴスポダリエでは、

特に斜面の草刈りの人手が足りないという問題を抱えている。次にそうした状況にあるゴスポダリエがどのようにして草刈りを行っているのかの事例をあげてみてみよう。

**(b) 草刈り人の補充**

ペトレスク・ヨアン（73歳男性）のゴスポダリエでは、1頭のウシと十数頭のヒツジを飼養しており、多くの干し草を必要としている。このゴスポダリエは老夫婦だけで経営されており、70歳を超えたヨアンが一人で草刈りをしている。「中庭」などの平地は彼が時間をかけて刈るのだが、斜面で草刈りをするだけの体力はもうない。このゴスポダリエの斜面は利用可能な平面の長さが200m以上、幅が50mほどあり、M谷でも比較的大きなものである。斜面の下から60mほどまでは完全な牧草地が広がるが、それを越えた辺りから広葉樹や果樹が疎らに生えている。ヨアンはウシを移牧に出さずにゴスポダリエに留め、斜面の牧草地で放牧していた。そのため、採草地として利用するのは木が疎らに生え始めている辺りから上方の斜面である。

伸びきった牧草は乾燥が進むと共に栄養分を損ねる。そのため、遅くても8月上旬には草刈りを始めねばならない。労働力の不足している彼らは、ゴスポダリエの外に「刈り手」（cositor）を見つける必要がある。彼らがまず手伝いを期待するのが、近隣に住む次女の家族である。次女の息子は県都の大学の寮に入っているが、夏期休暇中には村に戻ってくる。ヨアンは、自分にとっては孫にあたる彼に斜面での草刈りを頼んだのである。しかし、彼は自分の家でも草を刈らねばならないこと、彼自身がそうした仕事を好まないことから頼みを断った。ヨアン夫妻は何度も説得したが、結局は手伝いを得ることはできなかった。

そこで彼らは隣人に金銭で依頼することにした。F村では、社会主義期の後半から、金銭で刈り手を雇っての草刈りが普及した。村内の隣人や友人と数日間の約束を交わし、特定の場所で草刈りをしてもらうのである。ゴスポダルと刈り手が牧草地を前にして仕事を終える期限と支払う額を決めた後、刈り手は自分の都合の良いときにやって来て草を刈る。

ヨアンは近隣に住む40代の男性と交渉して、1週間のうちに斜面全体を150レイ（8,000円弱）で刈ってもらうことになった。この男性はブラショヴに通勤していたが、彼の父親はゴスポダリエを経営していた。彼には毎日の勤めと自宅での草刈りがあったが、この合間を縫ってやって来る約束である。現在のF村において金銭でゴスポダリエの仕事を引き受けているのは、こうした男性が多い。すなわち、定職を持つ40代から50代の男性で、ゴスポダリエを経営する両親と同居し（世帯は別にしている場合もある）、その仕事を頻繁に手伝っているような人物である。彼らは、現在のゴスポダルのかつての姿でもある。他にも、小規模なゴスポダリエしか持たない50代、60代のゴスポダルが金銭報酬を目当てに刈り手となることもある。彼らのゴスポダリエが抱える仕事は少なく、労働力を提供して金銭を得ることを考えるのである。

　さて、ペトレスク・ヨアンは草刈りを隣人に依頼したものの、いつまで経っても彼はやって来なかった。ヨアンにそのことを尋ねても、「風邪を引いたらしいがよく分からない」と困った顔をするばかりだった。病気や怪我といった不測の事態も起こるし、刈り手も自身が刈るべき牧草地を持つので、引き受けても中々手が回らないこともあるのだ。こうして待っている間にも牧草は乾燥していく。ヨアンと妻はしびれをきらし始めた。他に頼むあてもなかった彼らは、ロマ、いわゆるジプシーに頼むことにしたのである。

　ゴスポダルが高齢化していることに加え、草刈りの仕事を好まない人や、そうした作業自体の経験がない若い世代も増えていることから、村内で刈り手を見つけることは難しくなっている。こうした状況を見越してか、数年前から草刈りの時期になるとロマの集団が村を訪れるようになった。彼らはレストランやバー、商店前などで時間を潰しており、村内で刈り手を得られなかった人が仕事を頼みに来るのを待っている。実際に刈る場所を見て値段を決めるのは同じであるが、こちらは一度に複数人を雇って数時間で仕事を終える。一人につき100レイ（5,300円）近くも払わねばならないこともあり、知り合いの村民に頼むよりも高く

つく。高額を要求され、その仕事ぶりも満足のいくものではないことから、ロマの集団を雇うことを望ましく思っていないゴスポダルも多い。

ヨアンのゴスポダリエにやって来たロマは6人だった。彼らは斜面を登っていったものの、すぐには仕事に取りかからず、木陰に座り込んで大鎌のメンテナンスを始めた。刃をハンマーで叩いて薄くすることで切れ味を高めることはすでに述べたが、ロマたちは1時間近くもかけてこの作業を行ったのである。村のゴスポダルたちの間では、大鎌の刃をハンマーで叩くのは手の空いた時にやる仕事である。大鎌の切れ味を高めるために必要な手間ではあるが、実際に刈る前にするものとは考えられてはいない。実際、ロマたちがハンマーを振るっている間、ヨアンも妻もそちらを怪訝な表情で見やり、「まだ叩いている」などと呟いていた。

結局、一人につき50レイ（2,650円）を支払うこととなったが、彼らが望む尾根まででではなくその中ほどまでを刈っただけであったからだ。さらに、ロマの望んだ食事と酒の提供を拒んだ。ロマたちの草の刈り方自体も満足のいくものではなく、後からヨアン自身が所々を刈り直していた。

このようなトラブルを避けるため、毎年、同じロマを雇うゴスポダルもいる。ペトレスク・ゼノーフェは30頭以上のヒツジを持つゴスポダルだが、歳をとり身体が弱っているので、自身ではほとんど草刈りをしない。数年前に雇ったロマが良い仕事をしたので、翌年からも同じ時期に自分の所に来てくれるように頼んだのだと話した。親しくなり相手の事情も分かると交渉も仕事もスムーズに行くもので、現在でもこの関係が維持されているのである。

クラカが行われず、若い刈り手がいないゴスポダリエでは、限られた時間内でいかにして労働力を確保するかが重要な問題となっている。経済的な損得からすれば、金銭を支払う必要のない子どもや孫などに手伝ってもらうのが最も良い[10]。それが不可能であれば、村内の知り合い

---

10　F村においては、親子関係やキョウダイ関係を通しての労働扶助では基本的に金銭のやりとりはない。この関係については第6章で検討する。

に金銭で依頼する。まったく知らないロマに頼むというのは最後の選択肢なのである。より多くの金銭が必要になるし、仕事ぶりについての評判も良くないからである。誰がどのようにして草を刈ったか、特に一度に多くの労働力が必要な斜面や丘の「飛び地」の牧草地をどのように刈ったかは、ゴスポダルたちの間で重要な話題となる。友人の家を訪れたり、道ばたで世間話をしたりして、このような情報が交換され広まっていく。

# 第5章 ゴスポダリエの家畜飼養

　F村のゴスポダリエで飼養される家畜はウシ・ヒツジ・ブタ・家禽が基本で、特別に大きな土地を持つ裕福な人のみが、荷役のためのロバや交通手段としてのウマを保持している。現在、多くの住民が自動車やオートバイといった交通手段を持つようになったが、急斜面での荷役にはロバが欠かせないし、アスファルトで舗装されていない道には馬車の方が便利なこともある。また、かつてウマは富者の威信を示す存在でもあった。現在でもそうした考え方が残っており、他の家畜を飼わずにウマのみを保持する人もいる。本章では、経営規模の大きさを問わず、どのゴスポダリエでも飼養してきたヒツジとウシに焦点を絞り、家畜の特徴、その飼養のあり方について見ていく。

## 第1節　季節移牧とヒツジ

　乳・毛・肉の利用を目的とした牧羊はブラン地域における伝統的生業であり、昔ながらの生産様式の大部分が現在も維持されている。本節では、まずゴスポダリエで飼養されているヒツジの特徴について述べ、それがいかに飼養されているのかについて議論する。

### 1.　個体識別

　ゴスポダリエのヒツジの品種を、住民たちは「土着」(*ahtohton*) と説明し、角の形や毛質から大きく2種に分ける。まず「ツィガイエ」(*ţigaie*) は白い顔に短く縮れた白い毛を持つヒツジで、その中でも黒い顔と黒褐色の毛色のものを「スルバ」(*sârbă*) と呼ぶ。スルバには、真っ黒なものから薄茶に近いものまで毛色に幅がある。雄は緩やかに湾曲した短い角を持つが、雌でも個体によっては角を持つ。そのため、特に幼獣の時は、角の有無のみによって雌雄を判別できるというわけで

97

はない。もう一種が「ツルカン」（*turcan*）で、長く縮れた毛は白く、鼻先・目のまわり・足先の各部が黒いヒツジである。雄雌ともに渦巻き状の角を持ち、雄のものは一回り大きい。ヒツジはこの２種に分けられるが、一見して判別が難しい個体もいる。黒い顔に縮れた短い白毛を持つものや、ツルカンの特徴を持つ顔にツィガイエの毛色と毛質を持つヒツジもいるのである。そうした場合、顔や角ではなく、毛の特徴に従って分類する。

写真 5-1：ツィガイエ

写真 5-2：スルバ

第 5 章　ゴスポダリエの家畜飼養

**写真 5-3：ツルカン**

　毛色や毛質以外に、性と成長段階によってもヒツジは分類される。生後 1 年までの子ヒツジは、雌雄ともに「ミエル（単）／ミエイ（複）」(*miel / miei*) と呼ばれる。子ヒツジが産まれて 1 年たたない内に翌年の子ヒツジが産まれると、新たに産まれた小さな子ヒツジを「ミエルシェル（単）／ミエルシェイ（複）」(*mieluşel / mieluşei*) などと呼び分けたりする。これは指小詞を伴った形で、「小さなミエイ」を意味する。雄の成獣を「ベルベク（単）／ベルベチ（複）」(*berbec / berbeci*) とだけ呼ぶのに対し、雌はさらに細かく区別する。2 年目（1 歳）の雌は「ミオアラ／ミオレ（複）」(*mioară / mioare*)[11]、3 年目（2 歳）の春に成熟した雌を「オアイエ／オイ（複）」(*oaie / oi*) と呼ぶ。オイはヒツジ全般を指す言葉でもある。3 年目の雌は晩秋に妊娠し、翌年の春に初めての出産を迎えることになる。

　さらに、雌ヒツジを識別する際、「乳の出る状態」のものを指す「ムンザリ（複）」(*mânzări*) と「乳のでない状態」である「ステルペ（複）」(*sterpe*) という表現もある。ヒツジなどの家畜は、すべての雌の

---

11　北カルパチア山脈で調査を行った谷らによれば、2 年目の雄もまたミオアラと呼ばれている（Tani, Kobayashi and Nomura 1980:81）。

99

成獣から乳を得ることができるわけではなく、妊娠出産を経た個体のみが乳を出す。したがって、その年の春に出産した雌のみがムンザリに該当し、出産しなかった雌と未成熟の雌はステルペとなる。しかしながら、こうした分類は夏の放牧地での畜群管理において重要なのであり、ゴスポダリエ内で意味を持つわけではない。また、年をとって群れについて行けなくなったり乳の出が悪くなったりといった理由で夏の移牧に出さないと判断した個体を「プレカトリ（複）」（plecători）と表現する。

**表 5-1：ヒツジの名称（性と年齢による）**

|  | 雄 | 雌 |
|---|---|---|
| 幼獣（1 年目） | *miel* | *miel* |
| 未経産（2 年目） | — | *mioară* |
| 成獣 | *berbec* | *oaie* |
| 老獣 | *plecători* | *plecători* |

　中小規模のゴスポダリエで飼養するヒツジの数は、5 頭から十数頭というケースが多い。ゴスポダルはヒツジに固有名を付けないが、その身体的特徴を把握していて 1 頭 1 頭を容易に見分けることができる。

　しかし、ブラン地域における牧羊では、所有者の異なるヒツジが混ざって一つの群れを形成することもある。ここでの季節移牧には、中小規模のゴスポダルたちが自身のヒツジを「スタプン」（*stăpân*）と呼ばれる大規模飼養者に委託する形式を基本とするからである。スタプンは、正確には「スタプン・デ・ムンテ」（*stăpân de munte*）といい、「山の主人」といった意味を持つ。夏の放牧の舞台となる「山の放牧地」（*pașune alpină*）には、「ストゥナ」（*stână*）という山小屋がある。放牧地は共有地だが、スタプンは数世代に渡ってストゥナを所有し、その周辺の放牧地を利用して放牧を行ってきた。山の主人という表現は、こうした状況に由来している。

　移牧を管理するスタプンの元には所有者の異なる多数のヒツジが集められ、群れは 500 頭、時には 800 頭から 1,000 頭近くに及ぶ。そのため、

第5章 ゴスポダリエの家畜飼養

ヒツジには所有者を示す耳印が欠かせない。ゴスポダルは記憶を頼りに、村に戻ってきた羊群の中から自分のヒツジを見つけ出すが、他の人がそれに異を唱えることがある。そうした際、耳印を根拠として所有者を確定するのである。また、ヒツジの所有者は、スタプンがストゥナで作ったチーズを受け取る権利を有する。チーズの分量は自分のヒツジの乳量によって決まる。その時も耳印を基にゴスポダルとそのヒツジを特定するのである。さらに耳印は、スタプンや彼の雇う牧夫がヒツジを死なせてしまった際の証拠ともなる。オオカミに襲われたり、車にはねられたりしてヒツジが死んだ場合、スタプンは所有者マークの入った両耳を所有者であるゴスポダルに提示せねばならない。

　耳印は、ヒツジの両耳の一部をハサミでカットして作る。その刻み目には、主に5つのパターンがある（表5-2）。「バルブラ」（*barbră*）は、耳の先端から付け根に向けてまっすぐにハサミを入れ、上あるいは下に切り落とす。そのため耳全体の4分の1ほどがカギ状に欠けているように見える。「ピシュカトゥラ」（*pișcatură*）は耳の上あるいは下の縁の中程をくの字型に切り落とす。「シェヤータ」（*șeiată*）は耳の上縁あるいは下縁を浅い弧状に削ぐように切り落とす。バルブラ、ピシュカトゥラ、シェヤータのそれぞれは耳の上半分に刻む場合と下半分に刻む場合とが

**表5-2：ヒツジの耳印の刻み目とその名称**

| | 刻み目 | 刻み目の名称 | | 刻み目 | 刻み目の名称 |
|---|---|---|---|---|---|
| ① | | バルブラ（上） | ⑤ | | シェヤータ（上） |
| ② | | バルブラ（下） | ⑥ | | シェヤータ（下） |
| ③ | | ピシュカトゥラ（上） | ⑦ | | フルクリツァ |
| ④ | | ピシュカトゥラ（下） | ⑧ | | チョアンタ |

101

ある。「フルクリツァ」（*furcurița*）は耳の先が2つに分かれた形で、耳を上下半分に折りたたんで斜めに切り落とす。「チョアンタ」（*cioantă*）は耳の先を垂直に切り落としたものである。

　このように刻み目の形状は、バルブラ、ピシュカトゥラ、シェヤータそれぞれの上下のタイプと、フルクリツァ、チョアンタを合わせて8種類が存在する。これらの刻み目を組み合わせて所有者マークは形成されるが、物理的に不可能な組み合わせもある。チョアンタと他のすべての切れ込み、フルクリツァとシェヤータあるいはバルブラといった組み合わせは、部分的に重なるため同じ耳に施せない。写真5-4はM谷に住むあるゴスポダルの所有するヒツジで、右耳に下に切り込みを入れたバルブラ、左耳の上縁にシェヤータ、下縁にピシュカトゥラを施してある。

**写真 5-4：ヒツジの所有者マークの例**

　所有者マークとなる耳印は自由に組み合わせて使って良いものではなく、父親からその息子たちへと受け継がれていく[12]。したがって、父系

---

[12] 極北地域のトナカイ牧畜においても、家畜の譲渡関係に沿って親族ごとに似た形の耳印が用いられていたことが報告されている（葛野 1989; 高倉 2000）。

第5章　ゴスポダリエの家畜飼養

の血縁関係にあるゴスポダリエ同士が同じ所有者マークを持つことになる。ヒツジが20頭程度までであれば、所有者はその特徴をよく覚えていて、同じ耳印を持っていても一頭一頭を識別することができる。それでも、混乱を避けるためにヒツジの胴体にペンキで所有者のイニシャルを描く決まりになっている。しかし、村内のヒツジ飼養者が減少していることもあってか、ヒツジにペンキを付けることの意義が変化しつつある。あるゴスポダルの例を挙げてみよう。

　十数頭のヒツジを飼養するペトレスク・ヨアンは、スタブンにそれを預ける前に1頭ずつペンキを付けて回る。しかし、ヒツジに付けられたペンキはどうみても彼のイニシャルに見えない。その点を筆者が指摘すると、「これは単なる印でしかない。（ヒツジが）動くからこうなる」との答えが返ってきた。確かに、ヒツジが動かないように抱きかかえたりせず、ただ近づいてペンキを付けるので、ヒツジはすぐに逃げ出してしまう。そのため、彼のヒツジに付けられたペンキには文字のように見えるものもあれば、塊になっているもの、線上のものもあった。色についても同様で、最初は赤いペンキを用いていたが、それがなくなると茶色のペンキを代わりに用いていた。赤や茶色のペンキは白い毛を持つツィガイエやツルカンには目立つが、黒毛のスルバでは側まで近づいて凝視しないとペンキを確認することは難しい。

　このようなペンキの処理の仕方はヨアンに限ったことではなく、近隣のゴスポダルにも同様に見られる行為であった。アルファベットの文字を明確に読み取ることができるケースはほとんどなく、ただペンキを付けただけのものが多かった。それにはヒツジを飼養するゴスポダルやゴスポディナのほとんどが高齢であることが関係していると思われる。明確に読み取ることができるようにイニシャルを描こうとすれば、ヒツジが動かないように捕定した状態でペンキを塗らなければならない。20kg近くあるような成獣を動かないように抱きかかえたり押さえつけたりするには、かなりの力が必要である。こうした骨の折れる仕事は、70歳を超えたゴスポダルの手に負えるものではない。単にペンキを付けるだけ

103

という行為は、現在のゴスポダルに可能な範囲で仕事を行ったということでもあるし、それでも問題が生じないという現状を反映したものでもある。

　イニシャルを記すことはなくなったものの、ゴスポダルたちも好き勝手な場所にペンキを塗っているわけではない。色や形状は様々であるものの、ペンキはヒツジの臀部に付けられる。さらに、生まれてから2年目のミオアラの場合、臀部だけでなく首の付け根にもペンキを付ける。要するに、乳を出す状態にあるヒツジは臀部のみ、乳を出さない状態にあるヒツジは臀部と首の付け根の2か所にペンキを付けているのである。移牧に連れ出した雌ヒツジは、山の放牧地で搾乳できるヒツジとそれ以外とに群れを分ける。イニシャルを描くことがなくなった現在でもゴスポダルがペンキを付け続けるのは、スタブンのこうした手間を軽減するためといえよう。

　また、2007年のEU加盟以降、ウシとヒツジの頭数を調べた上で登録がなされるようになった。1頭ごとに黄色い管理タグが配布され、両耳にそれを取り付けるようになったのである。タグには「RO」というルーマニアの略号と4桁の数字、さらにバーコードが記されている。バーコードには家畜の種類や年齢、所有者などの情報が記されているが、それが有効に機能しているとは言い難い。まず、ゴスポダルが所持するヒツジのすべてにタグが付いているわけではない。登録されていない個体も多いし、取り付けていたタグが紛失している場合もある。また、ヒツジを屠畜する際の届出もなく、残ったタグを別の個体にそのまま移し替えたりもするからである。

## 2.　ヒツジの育成

　移動のパターンにいくつかのバリエーションが見られたものの、ブラン地域を含めた南カルパチア山麓では、ヒツジの移牧が伝統的に行われてきた（Beck 1979; Praoveanu 1998; 森 2005; 白坂 2005; 漆原 2005; Shirasaka 2007; Urushibara-Yoshino & Mori 2007）。同様にヒツジの移牧

第5章　ゴスポダリエの家畜飼養

は、1970年代末に谷らが調査を行ったカルパチア山脈北部でも行われてきた（Tani, Kobayashi and Nomura 1980; Tani 1982）。ここでは7～8人のヒツジ所有者グループが雇った数人の牧夫（*cioban*）が、山の放牧地までの往来、そこでの群れの管理に従事した（Tani, Kobayashi and Nomura 1980:73-74）。

　しかし、先にも触れたとおりF村のヒツジ移牧は、スタプンという大規模所有者と中小規模の飼養者との委託関係を中心としている。各ゴスポダリエとスタプンとの委託関係は、毎年の契約関係に基づく。ヒツジ1頭につきいくらという具合に料金が定められ、ヒツジの群れが村落に戻ってきた後に支払いがなされる。ゴスポダルは自由にスタプンを選択することができ、ヒツジを失わないようきっちりと管理するかどうか、作るチーズの味、それを運んでくる回数を判断材料とするが、スタプンのゴスポダリエへのアクセスの利便性を考慮することもある。ヒツジの群れを預けたり引き取りに行ったりするのが容易で、自分のヒツジの様子を頻繁に尋ねることもできるからである。

　車にはねられたり、オオカミに襲われたり、群れをはぐれたりして、スタプンは委託されたヒツジを失うこともある。しかし、契約はあくまでも口約束であり、失ったヒツジに対する補償が定められているわけではない。そうであるからこそ、群れをきちんと管理するかどうかがスタプンを選択する際の判断基準となっている。ヒツジを頻繁に失うスタプンは信用をなくし、ゴスポダルの間で「彼らは預かったヒツジを食べている」などと揶揄されることもある。損害を受けたゴスポダルは支払いを渋り、二度と同じスタプンには預けようとしない。そのため、スタプンが自分のヒツジを代わりに提供することもある。

　ブラン地域における移牧は、春期（*primăvărat*）、夏期（*vărat*）、秋期（*toamnat*）、冬期（*iernat*）の4つの時期に分けられる。以下、季節に沿ってそのあり方を説明していく。

### （a）春期

　春は出産と育児の季節である。冬期をゴスポダリエで過ごした雌ヒツ

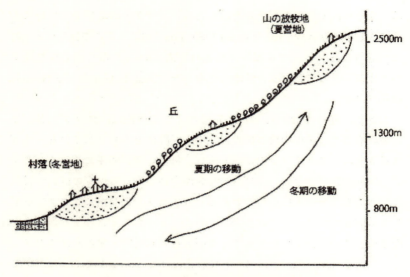

図 5-1：ブラン地域の移牧における高度移動

ジは2月から3月にかけて子ヒツジを出産する。産まれた子ヒツジのほとんどは、復活祭 (pași) にあわせて屠畜する。復活祭は、春分の後の満月の次の日曜日に定められた移動祝日で、4月4日から5月9日までの日曜日のいずれかにあたる。復活祭の後、ゴスポダルたちは自らのヒツジをスタプンのゴスポダリエに連れて行く。

しかし、標高2,000mを超えた山頂付近に広がる放牧地にはまだ雪が積もっているため、しばらくの間、平地に群れを留めておく。スタプンが広大な牧草地を所有している場合はそこを利用し、そうでない場合は、北接するブルセイ地域 (Țara Bârsei) の休耕地を借り受ける。社会主義時代、ブルセイ地域の農村は完全に集団化されていたため、スタプンは集団農業組合と交渉する必要があったという。集団農場が解体されて農地は村民の手に戻ったが、現在は耕作放棄された土地が多く、スタプンは容易にそこを借りることができる。このように羊群を一時的に留めておく平地を「クンプ」(câmp) と呼ぶ。

## （b）夏期

スタプンは 6 月 1 日を目処に、群れを山の放牧地へと移動させる。その行程はすべて徒歩で、車道や山道をヒツジが列になって進む。群れからはぐれたりしないように、その周囲を牧夫が見張り、必要な荷物はロバに積む。

2007 年 1 月をもってルーマニアは EU への加盟を果たし、EU 基準の法的規格の導入が試みられるようになった。EU はヒツジの徒歩による移動を最大 50km に制限しているが、F 村から山の放牧地までの行程は片道だけで 50km 以上に及ぶ。調査当時は従来の方法でヒツジを歩かせていたが、今後、取り締まりが行われるようなことになれば、スタプンはヒツジをトラックで運ばねばならなくなる。

放牧地では、ヒツジは 3 つの群れに分ける。まず、雄ヒツジのみの群れを作る。オスを別の群れにするのは、ヒツジの交尾を人為的にコントロールするためである。谷らが 1970 年代末に調査したカルパチア山脈北部では、種オスの群れは低地の村に残すという方法がとられていたが（Tani, Kobayashi and Nomura 1980:77）、ブラン地域では村内の牧草地はそれほど大きくなく、しかもそれを採草地として使うので、オスの群れも山の放牧地に連れて行く。ただし、丘陵地に広大な牧草地を持つスタプンの場合、そこに種オスの群れを留めることも可能である。

さらに雌ヒツジを、春に出産し乳を出す雌ヒツジ（ムンザリ）と、それ以外の雌ヒツジ（ステルペ）とに分ける。乳を出すかどうかで群れを分けることで、朝夕の搾乳をスムーズに行うことができる。現在では群れを 3 つに分けることが多いが、より多くの牧夫がいた社会主義時代には、ヒツジの品種や毛色によってさらに群れを分けたと話すスタプンもいた。

放牧中の群れの管理は、群れを先導する牧夫と後から群れを追い立てる牧夫の 2 人で行う。数頭のイヌを連れて行くが、牧羊犬として群れをコントロールさせるためではなく、オオカミやクマを警戒させるためで

ある。実際の群れの管理は、人の手のみによって行われるわけである[13]。ただし、ヒツジの群れを誘導しながら放牧をするのは雇われた牧夫たちで、スタブンはストゥナに留まることが多い。ストゥナ周辺で放牧するウシを管理したり、チーズ（brânză）造りに専念したりするのである。

　ヒツジの搾乳は朝夕の2回、最も乳量の多くなる聖母マリアの祝日（9月8日）周辺では3回行う。乳は主にチーズの原料として利用し、残った乳清（jintuială）は牧夫が飲用する。モミの樹皮のまげ物に入れて香りを付けた「ブルンザ・デ・ブラド」（brânză de brad）と、ヒツジやブタの膀胱に詰めて熟成させた「ブルンザ・デ・ブルドゥフ」（brânză de burduf）は冷涼な山の放牧地でしか造れないチーズで、市場において高値で取引されることもある。どちらも、乳に凝乳剤を加えて造るフレッシュチーズの一種である「カシュ」（caş）を熟成させたものである。カシュを取り除いた後は火にかけて「ウルダ」（urdă）と呼ばれるチーズを作る。

　スタブンは山の放牧地で作ったカシュとウルダを、谷に住むヒツジの所有者のもとへ運ぶ必要がある。運ぶ量は、預かったヒツジの乳量による。従来は7月20日の聖イリエの祝日に、ゴスポダルたちが山の放牧地まで上り、自分のヒツジの乳を計量した。乳量を調べることで、スタブンが契約通りのカシュとウルダを運んでいるかどうかを確認したのである。だが、ゴスポダルの高齢化が進む現在では、山の放牧地まで出向くことはほとんどなくなっている。

---

13　谷によると、ルーマニアの中・南部では「バタル」（batăl）という去勢されたオスの誘導ヒツジが利用されていた（谷 2010:197-198）。去勢雄を群れのリーダーとして訓練するのは、フランス、イタリア、旧ユーゴスラヴィア、ギリシャなどの地中海地域で見られたものである（Tani 1982:6）。またカルパチア山脈北部では去勢雄の誘導羊の存在は確認されなかったものの、牧夫の指示を聞くように教え込んだ「フルンタシャ」（fruntaşă）と呼ばれる複数の雌ヒツジを利用して、群れを管理したことが報告されている（Tani, Kobayashi and Nomura 1980:80-81; 谷 2010:187-190）。このフルンタシャは、200頭から300頭の群れの中で10頭弱ほどおり、群れの先頭に立つことが多かったという（Tani, Kobayashi and Nomura 1980:81）。

### (c) 秋期

　山の放牧地に雪が降り始める前、暦の上では10月1日を目処にヒツジの群れは山を下り、再びクンプに留められる。ここで3つに分けていた群れを統合し、種付けを開始する。種付け期間はクリスマス前まで続く。種雄1頭が妊娠させられる雌の数は30頭程度であるが（松井 2001:101）、すべての雌を妊娠させることができるだけの種雄をスタプンが保持しているとは限らない。あるスタプンによると、彼の群れでは100頭の雌に対して2頭、あるいは3頭を入れる。そのため、妊娠していない雌ヒツジが出ることも珍しくない。

　ヒツジの妊娠期間は約150日で、10月から11月の間に妊娠すると2月から3月の間に出産することになる。ヒツジは妊娠すると乳を出さなくなるため、中には種雄を入れる時期を遅らせることで搾乳できる期間を延ばそうとするスタプンもいる。そうするとヒツジの出産時期も遅くなり、復活祭に屠畜する子ヒツジが十分な大きさに育っていないということが起こる。すべてのヒツジの出産時期が遅かったりすると、意図的に群れを合わせる時期を遅らせた「ずる賢い」（şmecher）スタプンとして、直接または陰で非難される。

### (d) 冬期

　ヒツジの群れが村落に戻ってくるのはクリスマス前後で、その後は所有者であるゴスポダルが直接群れを管理する。連絡を受けたゴスポダルたちは委託したスタプンのゴスポダリエまでヒツジを引き取りに行く。判別を容易にするため、自分のヒツジをクンプに留めたままにして、委託されたヒツジのみを先に連れてくるスタプンもいる。費用をいつどのように支払うかはスタプンによって、またゴスポダルとスタプンとの関係によって異なる。委託関係が長年に及んでいたり、親族や隣人といった間柄にあったりする場合は、次に委託する春先までに支払えばよい。

　ゴスポダリエに戻ってきたヒツジはほとんど放置される。朝、畜舎から出した後は自由に草を食ませ、夕方に畜舎に戻してから干し草を与えるだけで、それほど熱心に世話するわけではない。また、ヒツジは多少

**写真 5-5：ヒツジの帰還**

の雪ならば足で掻いて草を食むので、雪が深く積もらない限りは日中に干し草を与えない。降雪量が増えてからも一日中畜舎に入れたままにすることはなく、日の出ている間は屋外の囲いに入れておく。狭く暗い畜舎に閉じ込めておくよりも、屋外に出しておく方が健康と衛生によいと考えているからである。ヒツジには干し草だけでなく木の枝を与える。これは肝蛭などの寄生虫を防ぐためである。ヤナギが多いが、トウヒやモミのこともある。特に子ヒツジは樹皮を好み、与えられた木の枝だけでなく、柵に使われている樹木の皮をかじったりもする。

　冬の初めや春先など雪がそれほど多く積もっていない時期には、ヒツジは草を食みながら牧草地を自由に移動するが、その範囲はゴスポダリエの敷地内に留まらない。そもそも斜面の上方に家畜の往来を妨げるような柵が施されておらず、この時期には平地の出入り口も開け放たれる。そのため、ヒツジの群れは斜面を自由に行き来し、時には隣人の敷地の奥まで入り込んでしまう。それでもゴスポダルは、隣人のヒツジを追い払ったり、隣人をとがめたりすることはなく、自分のヒツジの群れと混

じってしまうことだけに注意を払う[14]。

　150日の妊娠期間を経て2月頃からヒツジの出産が始まる。出産間際のヒツジに対してゴスポダルが前もって準備することはなく、他のヒツジと一緒に囲いの中に入れておいて、時おり様子を見に行くだけである。その時に子ヒツジが生まれているのを確認すると、母ヒツジと子ヒツジを畜舎に移す。その際、ゴスポダルは子ヒツジを抱え、母ヒツジに見せるようにして後ずさって畜舎まで誘導する[15]。

　ヒツジ小屋の中には数枚の柵があり、それを組み合わせることによって空間を2つや3つに仕切ることができる。小屋に移したヒツジの母子は、他のヒツジとは別の狭い空間に入れておく。母ヒツジは新生児を舐めてやり、相互に鳴き交わす。こうした声と匂いによるインプリンティング（すり込み）によって母子の相互認知が確立され、その後の一定期間、両者が共に居合わせることによって母子の紐帯が強化される（谷2010:93）。これが不十分だと、良好な授乳・哺乳関係が成立しない。出産後の母子を畜舎に入れたままにするのは、子ヒツジを冷たい外気に晒さないためでもあるが、この母子間のインプリンティングのためでもある。また、最初の数度に限って、ゴスポダルは授乳の介助を行う。その際、母ヒツジの後ろ足を押さえて動けないようにし、子ヒツジに乳首をくわえさせる。これを数度繰り返すことによって、自然と授乳行為がなされるようになるのだという。乳の出を良くするため、母ヒツジには干し草だけでなくオタヴァやトウモロコシを与える。

　牧畜民のヒツジ飼養においては、何らかのトラブルによって母ヒツジが死んだり、授乳・哺乳関係がうまく確立できなかったりした場合に、

---

14　畜群管理のあり方によっては、家畜自らが群れの輪郭を形成し、群れと群れが接近したり入り混じったりしても、個別の輪郭を保つことが報告されている（Ohta 1982; Shikano 1984; 谷 2010）。しかし、所有者の異なる家畜を集合して行う日帰り放牧など、夜は別個の柵で過ごすものの、昼は一つの群れとして草を食む場合、群れがきちんと分かれずに混ざってしまうことがある（谷 2010:89-90）。季節移牧を行うF村のヒツジもこれと似た状況にあると考えられよう。

15　出産時における子ヒツジを用いた母親の呼び込みは、モンゴル（利光 1989）、ギリシャやイラン（谷 2010）においても確認されている。

「乳母付け」という技法が用いられる（谷 2010:107-112）。母ヒツジは自らが生んだ子ヒツジでないと授乳を忌避するため、乳母として選んだ雌とみなし子とを狭い柵に閉じ込めて強制的に授乳を許すようにさせたり（利光 1989:18; 谷 1976:93）、乳母の体液や実子の尿をみなし子に擦りつけたり（谷 1976; 小長谷 1991; 渡辺 2009）、哺乳中の実子をみなし子とすり替たり（小長谷 1991; 谷 2010）といった方法が取られる。これらは、遊牧を中心とした地域で発達してきた手法である。非常に多くの個体から群れが構成され、常に移動するという状況において、インプリンティングが不十分になる可能性があることがその背景として考えられる。

　一方、F村においては、どのような乳母付け技法も確認することができなかった。これは、ヒツジの出産がゴスポダリエという比較的「安定」した空間で行われるためだと思われる。すなわち、外敵に襲われる危険性も低く、畜舎飼いにした少数をゴスポダルが付きっきりで世話をするので、母子間のインプリンティングのための十分な空間と時間があるわけである。しかしながら、他の要因から子ヒツジが哺乳する乳が足りないということも起こる。通常1回の出産で産まれるヒツジは1頭だが、一度に2頭の子ヒツジが生まれることもある。これは必ずしも喜ばしいことではなく、母ヒツジの乳が足りずに子ヒツジが発育不良になる恐れがある。その場合、ウシの乳、それが利用できないときはヒツジの乳を哺乳瓶に入れて、人の手で授乳を行う[16]。ゴスポダリエという空間で出産と仔体の肥育が行われること、頻繁に人の手が加えられること、さらにウシの乳といった代わりとなるものがあることを背景として、この地域では乳母付けの技術が発展しなかったのだと思われる。

　ゴスポダリエ経営においては、土地資源や労働力とのバランスから家畜の数や種類を調整することから、産まれた子ヒツジのほとんどを屠畜する。まず、対象となるのが雄の子ヒツジである。中小規模のゴスポダ

---

16　ヒツジのみなし子への哺乳瓶による授乳は他の牧畜民社会でも確認されている（利光 1989:12,17; 渡辺 2009:88; 谷 2010:145）。

リエでは、スタプンが保持する種雄によって移牧の過程で種付けがなされるので、雄を1頭たりとも保持する必要はない。雌の子ヒツジは、その毛質と毛色から保持する個体を選別し、残りを屠畜する。その時点で保持しているヒツジの種類を考慮するが、ゴスボディナは白毛のツィガイエをより多く残そうとする。白い毛は何色にも染めることができ、有用性が高いからである。ツルカンの毛も白いが、脂肪分が多く粗いことから毛織物には向かず、カーペットや外套など用途が限られている。そのため、ツィガイエやスルバに比べてツルカンの数は多くない。

　子ヒツジの屠畜は、復活祭前の木曜日に行うのが通例である。ルーマニア人の多くはルーマニア正教を信仰し、復活祭には子ヒツジの料理を食べる。出産を済ませれば、妊娠に伴って止まった雌ヒツジの乳が再び出るようになる。だが、復活祭までになるべく大きく成長させるため、母ヒツジの乳は子ヒツジのためにとっておく。そのため、この時期にゴスポダルが搾乳することはまずない。屠畜作業は、畜舎に入れておいた子ヒツジを1頭ずつ出して行う。ブタ、子ウシ、ヒツジの成獣と比べると、子ヒツジの屠畜は簡単で、少人数で行う。子ヒツジの肉を長期に渡って保存しておくということはなく、初夏までに消費してしまう。また、夏に年を取った雌ヒツジ（プレカトリ）を屠畜することもある。屠畜するのは7月に入ってからである。

　子ヒツジを屠畜してしまえば、母ヒツジの乳を人間が利用できるようになる。ただし、復活祭の遅い年には、必然的に移牧に出す日が近くなり、乳利用できる日数も少なくなる。また、遅く生まれた子ヒツジを復活祭の後も肥育しようと思えば、母ヒツジの乳を搾ることはできない。ゴスボダリエの乳の利用は不安定な状態にあり、ゴスポダルも自らの手で絞って利用することを重視していない。後に述べるように、ヒツジの乳利用はスタプンが山の放牧地で造ったチーズを受け取るという形で行われることになる。

　ゴスポダルは移牧に出す前にヒツジの毛を刈る。地面に敷いたナイロンのシート上でヒツジを押さえつけたり抱きかかえたりしながら、U字

型の和鋏を使って刈る。激しく暴れるヒツジもおり、強い力で押さえつけねばならない。刈り取った毛は1頭ずつナイロンの袋に入れてしばらく置いておく。気温が上がり始める初夏まで待って、羊毛にこびりついた泥や藁を川で洗い落とすのである。しかし、羊毛はもつれあって固まりになっているため、細かい藁まで落としきることは難しい。その後、ドラム缶などに湯を沸かし、石けんを加えて羊毛を煮沸洗浄する。

写真 5-6：ヒツジの剪毛

　羊毛が毛織物になるまでには、この後に梳毛、紡糸、必要に応じて染色、そうしてから編むという作業が必要である。F村ではほとんどの行程を手作業で行うが、梳毛のみは機械を利用する。村の中心部に水力を利用した梳毛機械があり、住民が利用できる。そこに持ち込んだ羊毛は、

ロール状の束になる。冬の農閑期にこれを紡ぎ、ゴスポディナが靴下、セーター、ベスト、帽子などを編む。村では市販の衣類が一般的になったが、中高年には手編みのセーターやベストを愛用する人も多い。

## 第2節　ゴスポダリエにおけるウシ

### 1．個体識別

　ルーマニアでは牛肉を食べるという習慣はほとんどなく、ブラン地域で飼われているウシもすべて乳牛である。成雌で体高 130 ～ 140cm、体重が 400 ～ 500kg 程度で、雄の場合はそれより若干大きくなる。乳は、量が少ないものの、脂肪分を多く含むためチーズ作りに適している。ゴスポダルは地域原産のウシだと説明するが、こうした特徴からするとジャージー種に近いのではないかと思われる。毛色はクリーム色に近い薄褐色から黒に近い濃褐色の単色であるが、鼻先から額にかけて白い個体もいる。毛色、角の大きさや形は様々だが、それによって品種を区別したりはしない。ウシの分類は、性と年齢によって行われる。

表 5-3：ウシの名称（性と年齢による）

|  | 雄 | 雌 |
|---|---|---|
| 幼獣 | *vițel* | *vițea* |
| 未経産 | — | *junică（mânzat, mânzari）* |
| 成獣 | *taur* | *vacă* |

　ゴスポダリエの乳牛はすべて「ウシ」（*vacă*）と呼ぶが、特に雄を「雄ウシ」（*taur*）と呼んで区別する。つまり、雌を「ヴァカ（単）／ヴァチ（複）」（*vacă / vaci*）、雄を「タウル（単）／タウリ（複）」（*taur / tauri*）と呼び、さらに性と年齢によって細かく分類する。雄の場合、生後1年に満たない幼獣を「ヴィツェル（単）／ヴィツェイ（複）」（*vițel / viței*）と呼んで成獣と区別する。雌の幼獣を「ヴィツェア（単）／ヴィツェレ（複）」（*vițea / vițele*）と呼び、2歳までの未経産の雌を「ジュニカ（単）

115

／ジュニチ（複）」（*junică ∕ junici*）、初めて妊娠し出産間近でもうすぐ乳を出すようになる状態のものを「ムンザット」（*mânzat*）あるいは「ムンザリ」（*mânzari*）と呼ぶといった具合である。

　性や年齢による区別だけでなく、ゴスポダリエで飼養するウシにはそれぞれ固有の名前を付ける。こうした名前はゴスポダリエの成員や親しい親族のみが知っているもので、隣のゴスポダリエのウシであってもその名前を知らないことも多い。所有するウシが1〜2頭の場合、「フロリ

**表 5-4：ロボンツのウシの個体識別（2007 年 5 月）**

| タグ番号 | 性 | 分類 | 毛色、特徴 | 個体名 | 由来 |
|---|---|---|---|---|---|
| 7315 | ♂ | *vițel* | こげ茶 | － | |
| 7338 | ♂ | *vițel* | 茶 | － | |
| 7339 | ♀ | *vițea* | ベージュ | ピノキオ | |
| 7340 | ♂ | *vițel* | 黒 | － | |
| 7351 | ♀ | *vacă* | こげ茶、背中に白い線 | ドゥミニカ | 「日曜日」から |
| 7353 | ♀ | *vacă* | 白に近いベージュ | アルバ | 毛色 |
| 7354 | ♀ | *vacă* | 茶、角が上向き | ヴィネリカ | 「金曜日」から |
| 7357 | ♀ | *vacă* | 茶、顔は白、目の周囲に黒い斑 | ツルシュカ | 顔の特徴（ヒツジのツルカンから） |
| 7358 | ♀ | *vacă* | こげ茶 | マロ | 毛色 |
| 7359 | ♀ | *vacă* | ベージュ、額は白 | ブレアザ[17] | 入手先の地名 |
| 7360 | ♀ | *vacă* | こげ茶 | フロリカ | |
| 7361 | ♀ | *vacă* | 黒 | ネアグラ | 毛色 |
| 7381 | ♀ | *junică* | 茶、顔は白、目の周囲に黒い斑 | ヴァダ | 顔の特徴（*văd*＝見る） |
| なし | ♂ | *taur* | 黒 | なし | なし |

---

17　谷らによると「ブレアザ」（*Breaza*）はウシやヤギに広く用いられる分類名称で、顔の前部が白く、残りが黒い毛色の個体に付けられる（Tani, Kobayashi and Nomura 1980:83）。この事例では、ブラン地域から南カルパチア山脈を越えた所の町の名前に由来する。動物市でこのウシを購入した際、元の所有者がこのブレアザに住んでいたのだという。

カ」のような人名を用いることが多い。10頭以上のウシを飼っているようなゴスポダリエでは人名だけでなく、性別や年齢、毛色、角の大きさや形、入手先などに基づいて固有名を与える。例えば、F村で十数頭のウシを飼養しているロボンツ・ミハイという男性の場合、表5-4のような固有名を付けている。雄の幼獣には個体名が付けられないことが多い。これは、乳を出さない雄を多く保持する必要はなく、半年ほど飼養してから屠畜するからである。

　2007年のEU加盟以降、牧畜や畜産物に関するEU基準がルーマニア国内にも導入されることとなった。ゴスポダリエで飼養されるウシはすべて登録され、耳に個体を識別するタグが付けられることとなった。タグの外観はヒツジのものと同じで、ルーマニアを示す「RO」の文字の下にバーコード、さらに個別の4桁の数字がプリントされている。ヒツジの場合、タグの付いていない個体がいたり、別の個体に付け替えたりということが見られたが、個体数自体が少ないせいか、屠畜する予定の子ウシを除いたすべてのウシにタグが取り付けられていた。

写真5-7：耳にタグの付いたウシ

## 2. ウシの育成

### (a) ゴスポダリエにおけるウシの飼養

ゴスポダルによっては、ヒツジと同じように、ウシも夏期に山の放牧地に移動させる。ただし、ヒツジが復活祭の終わる4月か5月には村を出てクリスマス前後まで戻ってこないのに対し、ウシが村を離れるのは7月初頭から8月末までと短い。多くの場合、ヒツジを預けるスタブンの元にウシも預ける。ウシを委託するのにも費用がかかり、夏の2か月間で1頭当たり50レイ（2,650円）が相場だという。ウシを移牧に出すかどうかは、ゴスポダリエの様々な事情を踏まえて決定する。ウシを預けるのに必要な金銭、ウシをゴスポダリエに留めるために必要な放牧地、ウシを手元に置くことで直接利用できる乳の量といった諸条件を踏まえて検討するのである。

夏に移牧に出すかどうかに関わらず、ウシを飼養するゴスポダルは大きな牧草地を持たねばならない。F村では、聖ギョルゲの祝日である4月23日から聖ドゥミトルの祝日である10月27日までを、「干し草作りのための期間」（*timpul pentru fân*）と呼ぶ。牧草地を保護して生育を促した後、数回に渡って牧草を刈って干草を作る。ゴスポダリエでは、この期間に家畜を追い出すことによって採草地をより多く確保し、干し草の収穫量を増すことができる。だが、ウシを飼養するためには、この期間の初めと終わりのふた月ずつ、ゴスポダリエ内にウシのための放牧地を用意せねばならない。そのため、ウシを飼うことができるのは、大きな敷地を持つか「飛び地」として丘に広大な牧草地を持つゴスポダルに限られるのである。

ゴスポダリエでウシを飼養できる場合でも、その数は1〜2頭、それもメスのみという場合が多い。乳の自家消費が目的であり、必要以上の頭数を飼ったりはしないからである。種ウシとしてオスを飼っているのは、10頭を超えるような大規模所有者のみである。彼らを除いて、ゴスポダリエ内でウシを再生産することはできない。ヒツジのように移牧に出している期間に種付けがなされることもないので、所有者は時期を選

第5章　ゴスポダリエの家畜飼養

んで、種ウシを持つ近隣のゴスポダルにウシを預けてきた。

　しかし、近年ではウシの妊娠は人工授精が一般的になりつつある。獣医師を呼び、注射器によってウシの精子を送り込んでもらうのである。だが、それに伴って新たな問題が生じる可能性もあるという。人工授精に用いる冷凍精子は外国から輸入され、ホルスタイン種やジャージー種のものである。ゴスポダリエで飼養するウシの大半は地元原種であるから、産まれてくる子ウシは混血ということになる。子ウシに外国種の特徴が色濃く出ると、寒さに弱いといった問題を抱える可能性がある。すぐに屠畜してしまうのならば大した問題とならないが、十数年に渡って飼養する場合には、こうした可能性を考慮せねばならない。

　ゴスポダリエのウシは「中庭」や斜面を徘徊して青草を食むが、牧草の育成期間には採草地や隣人の牧草地に入り込まないように注意しなければならない。ゴスポダルが側で管理できないときは囲いに入れたり、首輪に繋いだ鎖の先を地面に打ち込んだりして草を食む範囲を制限する。

　ウシへの給水は、村を縦貫する川で行われる。毎日のように同じ行動を繰り返せばウシたちはその順路を覚えてしまうので、ゴスポダルは敷地からウシを追い出すだけでよい。ウシは脇に生えている草を食んだりしながら通路を自ら進み、満足するまで川で水を飲んだ後で、ゴスポダリエまで戻ってくる。これがM谷におけるウシの給水風景であった。しかし、現在ではこれが隣人同士の諍いの元となっている。

　この地域の典型的なゴスポダリエは、川岸から平地を経て斜面の尾根までを含む。このような敷地構成であれば、ウシの給水は一つのゴスポダリエの敷地内で完結する。しかし、社会主義時代以降の土地の細分化を経た現在では、ウシが給水するのにいくつもの隣家の前を通るケースもある。それが問題となるのは、これらの隣家の中に家畜飼養を止めて近代的な生活を志向する人々が含まれるからである。第7章で扱うように、そうした人々は庭に花壇を造り草花を植える。しかし、ウシにとっては人々がわざわざ植えた花であろうが、クローバーなどの牧草であろうが関係ない。花壇を荒らされた人は近隣のゴスポダルに抗議すること

119

になる。こうしたことが繰り返されたせいか、現在では給水のためにウシだけを通りに出すことは許されず、飼い主が付きそうことが求められるようになっている。

## （b）人とウシの関係

　ゴスポダリエで飼養する家畜の中でも、ウシはブタやヒツジとは異なる存在である。まず十数年と飼養期間が長い。特に、9か月間の肥育期間で屠畜するため、毎年入れ替わるブタや、適度な大きさまで育ったら屠畜する家禽とは対照的である。また、一年の大半をゴスポダリエの外で過ごすヒツジとも異なる。ウシに対し、ゴスポダルは自らの手で搾乳し、体を洗ったり出産の介助をしたりと何かと手間をかける。搾乳の時には常に声をかけ、出産が近づくと畜舎に泊まり込んだりもする。彼らはウシに個別の名前を付け、愛情を持って接する。こうしたウシに対する愛情は、その別れの場面に明確に表れる。

　筆者の調査中、年老いたウシを手放すゴスポダリエがあった。筆者が懇意にしていたペトレスク・ヨアンのゴスポダリエである。その当日の様子を以下に紹介してみよう。

　Ｆ村を含めたブラン地域に屠畜場はなく、一番近い屠畜場でも車で2時間近くかかる。ゴスポダリエでウシを屠畜することはなく、ゴスポダルは、年老いたウシを専用の荷台に入れて運搬する。ヨアンは荷台も自動車も持たないため、隣人からそれらを借りねばならなかった。さらに運転免許も持たないため、運転手も必要だった。当初、彼は隣人の車で屠畜場まで連れて行ってもらおうと交渉しており、その費用だけで240レイ（1万2,700円程度）に及んだ。そんな折、ヨアンは隣村のゴスポダルもウシを売るつもりだと聞きつけた。そのゴスポダルは、屠畜場までウシを運ぶのではなく、ロマに売却するという。ロマの中にはゴスポダリエを回って家畜や獣皮を買い付ける者がいる。彼らはそれを工場に転売する仲介業者なのである。このゴスポダルは事前にウシを売る日を決めておいたようで、ヨアンは自分の所にも寄るようにと人伝てに頼んだのである。

第5章　ゴスポダリエの家畜飼養

　ヨアンがウシを売却したのは7月末のことであった。この時期であれ
ば冬の飼料となる干し草を考慮せずともよい。ロマの男性がゴスポダリ
エに現れたのは14時を回った頃だった。ヨアンとその妻は、ロマを牛
小屋まで連れて行くと、実際にウシを目の前にして値段の交渉を始めた。
ウシを一目見て、ロマの男性はポケットから札束を取り出した。かなり
分厚いが、すべて50レイ札だった。彼はそこから14枚を数えて抜き出
し、ヨアンに手渡した。しかし、ヨアンと妻は「なぜこれだけ？」と憤
慨し、「これは良いウシだ」「9,000（900レイのこと）[18] は高くない」と続
けた。ロマの男性が支払ったのは700レイ（3万7,000円程度）で、彼
らの要求額に及ばなかったのである。以前、ヨアンは屠畜場に連れて行
けば900レイ（4万8,000円程度）になると話しており、その額を想定
していたのだろう。男性はウシを売ったもう1人のゴスポダルの名前を
出し、「彼にはそんなに払っていない」と言いながらも、さらに50レイ
札2枚を追加した。しかし、足りないと主張し続けるヨアンたちに、仕
方なくといった様子でもう1枚を手渡した。全部で850レイ（4万5,000
円程度）になったが、それ以上は払うつもりがないようで腕組みをした。
　ロマの男性が「書類は？」と尋ねると、ヨアンの妻はそれを取りに部
屋の中に入っていった。ウシを屠畜場に出すには健康状態についての証
明書が必要で、彼らは事前に獣医に書類を作ってもらっていた。ヨアン
は、ウシの首に撒いてあった鈴を鎖ごと外し、代わりに錆びた古い鎖を
付けた。男性は書類を受け取って内容を確認すると、すぐに身を翻して
歩き始めた。ヨアンはウシの鎖を引きながらその後を付いていった。車
道の脇に止められた小型トラックには幌の付いた荷台があり、すでに1
頭のウシが入れられてあった。車のナンバープレートには「DB」と記
されており、カルパチア山脈を越えた南隣のドゥンボヴィツァ県から来

18　ルーマニアでは2005年7月に4桁のデノミを実施した。民主革命以降、インフ
　　レーションのため商品の金額は大きくなっており、例えば500mlのペットボトル
　　に入ったジュースが1万4,000レイといった具合であった。そのため、下3桁を
　　取り除いて「14」と広く呼び慣わしていた。4桁のデノミを経て、これは「1.4」
　　になったが、従来通りに「14」と表現する人も多い。

たことが分かった。荷台にヨアンのウシを並べるように入れると、ロマの男性は車を発進させた。

　ヨアンは車が見えなくなってもその行き先を見つめたままだったが、しばらくして筆者を振り返ると「これで終わりだ」と言った。しんみりした気分を吹き飛ばそうとするかのように無理に笑顔を作っていたが、その瞳は潤んでいた。ゴスポダリエに戻ると彼の妻も沈んでおり、押し黙ったままだった。そこに彼らの孫が駆け込んできたので、彼女は努めて明るい声を出すようにして「ウシはいなくなった」と笑顔を作った。彼らはこれまでにも何頭もウシを屠畜場に送り出してきたはずだが、やはりそれを淡々と見送ることはできないのだろう。

　その一方、ゴスポダリエで産まれる子ウシに対する彼らの愛情は希薄で、ヒツジやブタの扱いと変わらない。ブタやヒツジを屠畜する現場には、淡々と作業に従事するといった雰囲気があり、子ウシの場合も同じである。ゴスポダリエでは、毎年のようにウシを妊娠、出産させる。出産したウシは乳を出し始めるが、その翌年にも出産しなければやがて乳は止まってしまうからだ。人が安定して乳を利用するためには、毎年ウシに出産させねばならないのである。こうして産まれた子ウシは6週間ほど肥育してから屠畜する。ゴスポダリエで飼養できる家畜の数は限られているので無理に増やすことはしないし、子ウシ自体も屠畜することを前提としているからでもある。子ウシに対する彼らの淡泊な態度は、ゴスポダリエにおける子ウシの意味をよく示している。

　成獣の屠畜には様々な手続きや条件が必要であるが、ゴスポダリエで屠畜する子ウシはその対象とされていない。産まれた子ウシを役場や獣医師に届け出る必要はないし、屠畜の許可を受ける必要もない。そのため、子ウシの絶命方法や解体作業においても、古くからゴスポダリエで行われていた方法が維持されている。子ウシからは肉を得ることができるが、それ以上に重要とされるのが、「キャグ」（*cheag*）と呼ばれるレンネット（凝乳酵素）である。これは、哺乳期間にある子ウシの第四胃袋から得られ、チーズ造りに欠かせないものである。化学的に作られたレ

ンネットをハイパーマーケットで買うこともできるが、自然のものを利用した方が味の良いチーズができると考えられている。そうしたこともあって、ゴスポダリエでウシを飼養し、その乳からチーズを作る人々は、子ウシを屠畜して天然のレンネットを得ることを非常に重視しているのである。

## 第3節　ブタ飼養の衰退

　ルーマニア農村の食生活において、肉と言えばブタとニワトリである。特に豚肉は、厚切りにした赤身を調理する他、「スラニナ」（*slǎninǎ*）と呼ばれる脂身の多いベーコン、数種類のソーセージ、ラードに加工されて様々な形で食卓に並ぶ。近しい親族や友人が集まる時や来客がある時には、「グラタル」（*grǎtar*）と呼ばれる網焼き料理を楽しむことが定番となっている。専用の炉を用いて肉などを金網に載せて直火で焼くもので、ソーセージやスラニナ、分厚く切った赤身肉など、豚肉が中心である。

　また、現在ではヒマワリなどの植物油に取って代わられる場面が増えたものの、ラードは依然として多くの人に好まれており、肉や野菜を焼く際に用いられる。特にゴスポダルには、植物油よりラードを好む人が多い。彼らは豚肉の味にこだわるが、特に重視するのが脂である。赤身の肉よりも、よく脂の乗った肉を好む。スラニナなどはほとんど脂肪分しかないのだが、それが彼らの好みに合っているのである。

　ゴスポダリエにおける肉食の中心をなすブタは、かつてはどこでも飼われているものであった。特に牧草地が小さく、十分な数のウシやヒツジを飼養できないゴスポダリエにとって、ブタは欠かすことのできない家畜だった。しかし、現在のF村では、ブタを飼養するゴスポダリエをほとんど見かけなくなった。ゴスポダリエを経営する人々は畜産物や野菜などを可能な限り自家生産するが、豚肉に関しては市販のパックを購入するようになっている。ただし、村内の商店では食肉を扱っていない。

そのため、自動車やオートバイなどの交通手段を持たないゴスポダルは、隣人や親族に自分たちの分も一緒に購入してくれるように頼んだり、バスに乗って買い出しに行ったりしている。

　ゴスポダリエでブタを飼養しなくなったのは、商品の流通状況が変わったことと、飼料の値段の高騰が理由である。社会主義時代、食肉はパンや油などと同じように国家からの配給物であった。しかし、農村部には食肉の配給はなかったし、それを取り扱う食肉店もなかった。彼らがそれを手に入れるには、自らのゴスポダリエで家畜を飼養せねばならなかったのである。深刻な物不足の状態にあった社会主義時代末期やその崩壊期にも、農村部ではゴスポダリエを経営することによって食肉を確保することができた。しかし、都市郊外にハイパーマーケットの並ぶ現在、食肉を確保する目的でブタを飼養する必要はなくなっている。現金さえあれば、マーケットに行って必要な時に必要なだけ必要なものを購入することができるのである。

　このような説明は主に、すでに家畜飼養を放棄したような人々によってなされる。困難な経済状況が故にかつては家畜を飼養したが、現在ではそうする必要はないと言うのである。またブタを飼養するなら、給餌や汚物の処理、屠畜作業をこなす必要があるし、生活空間に家畜の臭いが漂うことになる。近代的な生活を志向する人が敬遠するものである。

　一方、昔ながらの方法によって生産された畜産物に高い価値が置かれるという状況もみられる。このような考え方は、ヒツジやウシと同じように、ブタにも当てはまる。「伝統的な」家畜飼養を続けるゴスポダルたちであれば、ヒツジやウシと同じようにブタも飼養しても良さそうなものである。ゴスポダルの中にはそうすることを望む人も多いが、そこに飼料費の負担という問題が出てくる。春に購入した子ブタはクリスマス前まで肥育し、その間は畜舎に入れたままにして飼料を与える。与えるのは、食事の食べ残し、チーズを作った後に残る「ゼル」（*zer*）と呼ばれる乳漿、イラクサを煮詰めたもの、畑で作ったビートなどである。しかし、これだけでは足りず、トウモロコシや籾殻を購入して与えねば

第5章　ゴスポダリエの家畜飼養

ならない。以前に比べその値段が上がっており、現金収入のほとんどを年金に頼っているようなゴスポダリエではブタを飼養し続けることができなくなっているのである。

## 第4節　畜産物の利用と暦

　伝統的なゴスポダリエは、多様な家畜を保持して自給自足的に経営することを前提としている。ここでの家畜飼養のスケジュールや畜産物の利用の仕方は、家畜の生態的特徴や自然環境だけでなく、ルーマニア正教会によって定められた「ポスト」（*post*）、すなわち斎戒に対応している（杉本 2016）。ポストでは、動物性の食物、すなわち動物の肉・乳製品・ラード・卵の摂取が禁じられる。そのため、トウモロコシ粉で作ったママリガ・ジャガイモ・インゲンマメ・ダイズなどの料理がテーブルに並ぶ。

　ポストには、一年を通じての水曜日と金曜日、「主の洗礼祭の前日」（*ajunul bobotezei*）に当たる1月5日、「聖ヨアン（洗礼者ヨハネ）の命日」（*Tăierea Capului Sfântului Ioan Botezătorul*）にあたる8月29日などがある。これらはその日だけのものであるが、長期に渡るポストが年に4度ある。一年の内で最初に訪れるのが「復活祭のポスト」（*Postul Sfinților Pași*）で、復活祭前の40日間である。移動祝日である復活祭の日取りは毎年異なるため、この期間も異なってくる。次が6月の23日から28日にかけての6日間で、これは「使徒ペトロと使徒パウロのポスト」（*Postul Sfinților Apostoli Petru și Pavel*）と呼ばれる。聖母マリアの命日で聖母就寝祭の行われる8月15日の前にも「聖母就寝のポスト」（*Postul Adormirii Maicii Domunului*）が行われる。毎年の8月1日から14日までがこれにあたる。最後が、キリスト（*Hristos*）の生誕日である12月25日の前40日間の「主の御公現のポスト」（*Postul Nașterii Domnului*）である。

　一年の内これだけのポストがあるが、それを守るかどうかは個人の判断に委ねられている。高齢者の多くは毎週の水曜日と金曜日まで含めて、

ポストを守っているケースが多い。社会主義時代に教育に受けた 40 代くらいの人々になると、ポストを重視しない人が多くなる。そうした人であっても長期のポストにおける最後の 1 週間、特に水曜日と金曜日くらいは遵守する。このような食生活のリズムは、牧畜のスケジュールにも影響を与えるものでもある。

　自給自足的に経営するゴスポダリエでは、肉、乳などの畜産物を主な収穫とするが、ポストの期間はこれらを口にすることはできない。冷凍庫のなかった時代でも、畜産物を加工してある程度の期間は保存しておくことができた。肉は塩漬けにしたり、焼いてからラードに浸けて瓶詰めにしたり、ソーセージにし、乳はチーズに加工して燻製にした。加工して保存することによって、ポストの期間に動物性の食物を食べずに取っておくという選択もできたということである。だが、F 村における牧畜のスケジュールとポストの期間を照らし合わせてみると、それらが合理的な形で一致していることが分かる。ここでは多くのゴスポダリエで飼養していたヒツジとブタを中心に取り上げて検討してみたい。

　まずヒツジについて見てみよう。ヒツジがゴスポダリエを離れる期間は、一年の大半、時期にして復活祭後からクリスマス前までの 9 か月近くに及ぶ。中小規模のゴスポダルは自らヒツジを夏季放牧に連れ出すのではなく、スタプンと呼ばれる大規模飼養者に委託することはすでに述べた。ヒツジが村から離れている期間、ゴスポダルは放牧や搾乳に直接的に関与することはないが、スタプンの作ったチーズを定期的に受け取る形で乳を利用する。チーズを受け取るのは 7 月から 9 月にかけてである。聖ペトロと聖パウロのポストが明ける頃、最初のチーズが谷のゴスポダリエまで運ばれる。8 月にも 14 日間のポストがあるが、燻製にしたチーズを冷暗所で保存しておけば問題ない。

　10 月からはクンプで種付けが始まり、妊娠した雌ヒツジは乳を出さなくなる。ヒツジの妊娠期間は約 150 日で、その間、乳を利用できなくなるが、この期間の大半はクリスマス前のポストに重なっている。10 月から 11 月にかけて妊娠したヒツジは、2 月から 3 月にかけて出産する。

第5章　ゴスポダリエの家畜飼養

出産すると再び乳を出すようになるが、子ヒツジの成長を優先するので人がそれを利用することは避けられる。その後、復活祭に子ヒツジを屠畜してしまえば、母ヒツジの乳を人が利用できるようになる。

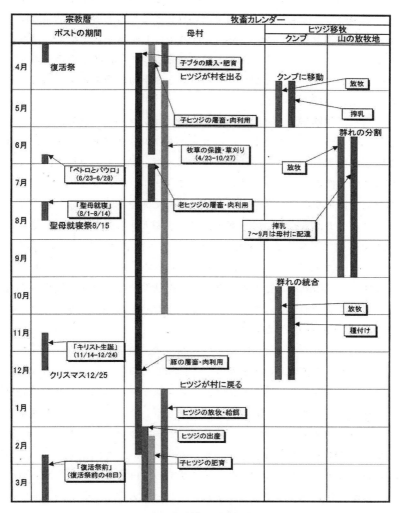

図5-5：畜産物の利用とポスト

ゴスポダリエではヒツジの乳と共に肉を食用とする。肥育した子ヒツジは復活祭の直前に屠畜し、ポストが明ける復活祭のメインディッシュとなる。傷みの早い内臓や網脂はすぐに消費してしまうが、肉片は塩漬けあるいはラードに漬けて冷暗所で保存する。屠畜すべき子ヒツジが多くいる場合は、復活祭後に数頭ずつ処分することもある。復活祭以降も子ヒツジの肉を食卓に並べるが、6月のポストが始まるまでには消費し尽くしてしまう。また、夏に年老いた雌ヒツジを屠畜する機会もある。その場合は、聖ペトロと聖パウロのポストと聖母就寝のポストの間、あるいは聖母就寝のポストの後に行う。

さらに、復活祭にはイースターエッグ (*ouă de paşti*) が欠かせない。復活祭前のポストにあたるので、ゴスポダリエのニワトリが産んだ卵は冷暗所で保管しておく。復活祭では、赤・青・緑などの染料を湯に加えてゆで卵を作る。これが復活祭のイースターエッグとなる。このときの卵は数十個に及び、復活祭から数日は、ゆで卵を多く食べることとなる。

次にブタである。ブタは、春先に市場や隣人から仔体を購入して、クリスマスまで畜舎で肥育する。現在でも、ブタはクリスマスのメインディッシュである。豚肉からは、ソーセージ・ベーコン・ラードを大量に作り、冬の間の重要な食料とする。復活祭前のポストが始まるまで、豚肉は少しずつ消費されていく。このような冬の期間を人々は「ブタの季節」(*timpul porcilor*) と呼ぶのである。

このように見ていくと、家畜の生態的特徴、牧畜のスケジュール、そしてルーマニア正教会の暦とがうまく調和していることが分かる。また、これまでにも取り上げたように牧畜のスケジュールの節目が教会の祝日に重なっていることも多い。牧草を保護し干し草を作る期間は、聖ギョルゲの祝日である4月23日から聖ドゥミトルの祝日である10月27日と聖人の名をもって住民から説明される。また、山の放牧地でヒツジの乳量を計測するのも、7月20日の聖イリエの祝日である。現在のF村ではゴスポダリエを経営する人々が減少し、村内の家畜の姿も減っている。しかし、以前と変わらない正教会の暦が住民の生活に大きな影響を及ぼ

第5章　ゴスポダリエの家畜飼養

しており、すでに家畜を飼養しなくなった人々の食生活にもかつての牧
畜生活のリズムが維持されているのである。

# 第6章　ゴスポダリエ経営の論理と実際

　ここまでゴスポダリエを構成する資源と家畜飼養の現場について具体的に記述することで、現代ルーマニアの一山村において、どのように伝統的牧畜業が維持されているのかを明らかにしてきた。本章では、ゴスポダリエがどのような論理に基づいて経営されているのか、そしてその背後にある土地や労働の意味について検討する。その上で、高齢者によるゴスポダリエ経営における問題、村内で生じている変化について言及していく。


## 第1節　ゴスポダリエにおける循環経済

　伝統的なゴスポダリエは、成員が自立して生活することを前提とした。家屋や畜舎を中心とする建物群、牧草地や菜園、ウシやヒツジなどの家畜といった資源はゴスポダリエの成員によって管理、運営され、その生存を保障したのである。労働交換といった形で他からの労力を動員することもあるものの、結果的にはそれも自らの労働力と引き替えに得るものであるから、結局は成員の労働力が活用されていると捉えることもできる。また、ゴスポダリエで得られた畜産物や農産物は、その成員が消費するのが基本であった。畜産物から金銭を得る場合でも、それを利用するのはゴスポダリエの成員たちであった。

　詳しくは第3節で取り上げるが、現在のF村においては労力動員の方法や畜産物の消費に変化が生じている。それでもゴスポダルたちの思考や実践の根底には、ゴスポダリエはそこに含まれる資源の循環によって経営することができるという認識が存在しているようなのである。ここでは、こうした経営の論理を「循環経済」と呼んで、その特徴を明らかにしていきたい。

　例えば、この循環経済の論理では、ゴスポダリエにおける放牧地と肥

料の関係は以下のように説明される。ゴスポダリエで飼養している家畜が牧草を食み、家畜の出す糞尿をもとに厩肥を作る。厩肥を牧草地に撒き、牧草の生育を促進させる。そうして育った草を青草あるいは干し草という形で家畜が消費する。ゴスポダルたちは家畜、牧草、厩肥の関係をこのようなサイクルで捉えている。Ｆ村のゴスポダルたちが現在でも化学肥料を使用しないことは、既に述べた。その背景には、食物を有機的なものと化学的なものに分類し、伝統と近代とを対立させるという彼らの価値観があるのだが、さらに、彼らの選択を資源の循環という点から考えてみよう。

　ゴスポダルたちに化学肥料を使用しない理由について直接尋ねてみると、「ウシやヒツジの糞があるから必要ない」とか「化学肥料は高い」という答えが返ってくる。だがその一方で、筆者がその値段について尋ねると答えを濁してしまうことが多かった。詳しく話を聞いてみると、一度でも化学肥料を使ったことがある人もいなかったし、ハイパーマーケットや大型日用雑貨店で値段を調べてみた人もいなかった。家畜の糞があるゴスポダリエでは、最初から化学肥料が選択肢に含まれていないのである。したがって、「化学肥料が高い」という認識は、実際の値段が問題なのではない。伝統的な循環経済という経営の論理が強く意識されているため、本来は不必要である金銭的投資を行うことを無駄な出費、すなわち「高い」と感じるのである。

　ゴスポダリエは資源の循環によって経営していくもので、金銭的な投資をすることをなるべく避けようとするわけだが、こうした姿勢は道具の使い方や、設備の管理の仕方にもはっきりと表れる。

　例えば、Ｆ村のゴスポダリエを回ってみると、そこで使われている農具が非常に古いことに驚かされる。牧草を刈る大鎌を始め、刈った草を返したり運んだりするのに使うフォーク、ショベル、手斧、ノコギリ、ハンマー、家畜を繋ぐ鎖や首輪に付ける鈴に至るまで、ゴスポダリエの仕事に欠かせない道具がどれも古いのである。木製の柄だけは新しいものに取り替えてはいるが、鉄の部分は数十年前のものを使用している。

第6章　ゴスポダリエ経営の論理と実際

あるゴスポダリエで使われていた手斧の刃の部分には1960年という製造年が記されていた。刃先は砥石で手入れをされているが、それ以外の部分が錆びていることもある。また、鉄製の農具は重く、それを振るうにはかなりの力が必要である。年老いたゴスポダルがそれを振るうのは大変なはずだが、現在でも手入れをしながら使うのである。村内の雑貨店にはステンレスやプラスチックでできた農具が扱われているが、高齢者のゴスポダリエでそれらを見ることはまずない。

　また中には、新たに農具が必要になった時にも、購入せずに自作するゴスポダルもいる。50代のロボンツ・ミハイは、広大なゴスポダリエと丘の牧草地を利用して十数頭のウシを飼養している。これだけのウシを越冬させるには大量の干し草が必要であり、親族が集まって一度に作業する。筆者もこれに参加することになっており、日程の確認のために彼の元を訪れた。その時、ロボンツは皆で作業できるように数本のフォークを手作りしていた。

**写真6-1：ロボンツのフォーク**

133

なるべくまっすぐで握りやすい太さの木材の一端を直火で熱し、程よく曲げた状態で固定しておく。こうして反り返った側をフォークの刃先とするのである。手斧で2つに割って刃先を二叉にし、割れ目に木片を打ち込んで刃先を広げる。そのまま釘や針金で固定して、打ち込んだ木片が落ちないようにする。後はナイフで丁寧に削って先を尖らせればよい。彼は手製のフォークの出来に満足したようで、筆者に向かって「どうだ？」「いいだろう？」と何度も言い、通りすがった隣人たちにも同じ言葉を繰り返した。フォークは村内の雑貨店でも取り扱っているし、ブラショヴのハイパーマーケットに行けば多種多様な品物の中から選ぶこともできる。商店で購入せずに自作した理由を尋ねると、「金がかかる。自分で作ることが出来るし、こちらの方が良いだろう？」と筆者に同意を求めてきた。

　作業当日、筆者も彼の手製のフォークを使ったが、鉄製の刃を付けたものと比べると必ずしも扱いやすいわけではなかった。まず木を削った刃先では、集めた青草の束に突き刺して運ぶことができず、下から持ち上げることしかできない。そのため、このフォークは草をばらまいたり、ひっくり返したりする作業にしか使えなかったのである。また、柄の部分が短いため腰をかがめて作業をする必要があった。フォークに限らず、どのような農具でも自分の身体に合っていなければ作業はより一層大変なものになる。結局、彼のゴスポダリエでの干し草仕事に参加した人々は、自らが持参した鉄製のフォークを使っていた。

　ロボンツの事例では、フォークを作るのにかかった手間とその効果を考えれば、それが必ずしも得策だったとは言い切れない。しかし、そこからは彼らがいかに金銭を使うこと、特にゴスポダリエの農牧業に関わることに金銭を使うことに対して乗り気ではないかが分かる。

　金銭的な投資を惜しむのは農具に対してだけではない。次に、筆者が間借りしていたゴスポダリエで頻繁に行われていた柵の修理を取り上げてみよう。このゴスポダリエでは、敷地内にいくつかの柵を立てて空間を分けていた。彼らはウシを夏季移牧には出さずにゴスポダリエに

留めており、牧草地を採草地と放牧地とに分ける必要があったからである。その境に柵を立てていたが、ウシにとっては人間の設けた採草地と放牧地の区分は関係ない。保護されて長く伸びた採草地の牧草は魅力的なのか、ウシはそこに近づいては柵の隙間に顔を突っ込んでいた。また、ウシは柵に身体を押しつけるようにして境目の草を食むこともある。これが繰り返されれば柵は傾き、そのうち壊れてしまう。ひとたび柵が壊れると、そこから入り込んだウシが採草地の牧草を食い荒らしてしまう。そうなると越冬に必要な干し草の確保が難しくなってしまうのである。これはゴスポダルが非常に危惧する状況で、すぐに柵を修理せねばならない[19]。

写真 6-2：柵を修理するゴスポダル

---

19 そうであれば、何度も修理する必要がないように丈夫な柵を作れば良いとも思われる。しかし、夏季に家畜を留めるかどうか、どれだけの家畜を留めるかは年によって違い、必要とする放牧地の大きさも変わってくる。また、干し草を運ぶ際には労力を減らすために最短距離を通る。その際、途中にある柵は一旦取り除かねばならない。こうした事情から、状況に応じて動かすことのできる簡易的な柵の方が好ましいのである。

ここで使う柵は、1.5mほどの間隔で打った杭の間に2枚の横板を渡し、その上に板を斜めに打ち付けて補強して作る。釘で板を打ち付けずに針金で固定することによって、容易に取り外すことができるようにする場合もある。柵には、木材所で加工して長さや厚さを揃えた板ではなく、様々な木材を混ぜて使う。古い家屋や畜舎、納屋などを取り壊した後の板がここに含まれるし、伐採した木の太めの枝などが含まれることもある。このような木材は、柵を修理するのに使用する時のために敷地の片隅などに置いておく。木材が必要になると、それを物色して用途に合うものを選び出す。壊れた柵に使用していた木材は、可能であれば柵や果樹の囲いなどに利用するが、それもできなければ薪として暖炉の燃料とする。新しい木材は建物に利用するが、それを取り壊したら廃材を柵にし、それにも利用できなくなったら薪にする。薪を燃やした後の灰は草木を育てるための肥料となる。ここでも、資源を使い回していくという循環経済が見られるのである。ただし、都合の良い木材がないと、写真6-2のようにワイヤーやゴムホースを代わりとすることもある。

　杭と木材は釘や針金で固定するが、これらもまた古いものが使用される。このゴスポダリエでは、こうした釘や針金を使わなくなった古い鍋に入れてある。それらは錆びていたり曲がっていたりするものばかりなのだが、その中から使えそうなものを選び出しながら作業するのである。曲がりの酷いものはハンマーで何度か叩いてなるべく真っ直ぐにしてから板に打ち込む。釘先が鈍っている場合には、ヤスリで尖らせるという工程が加わる。鍋の中には新しい釘も何本か入っていたのだが、木材が堅くて古い釘では打ち込めない場合にのみそれを使うようにしていた。針金も同様に古いものばかりが使われていた。

　このようにゴスポダリエにおいては、廃材や古くなった道具も簡単に棄てたりせず、何らかの形で使い回そうとする。納屋や屋根裏などに古くなった道具が埃をかぶった状態で置かれていることも珍しくない。ゴスポダリエの畜産物が基本的に自家消費を目的としていることも、金銭的な投資を惜しむ理由の一つとなろう。現在のゴスポダルでは畜産物を

市場に出すことは少なく、定期的に多額の金銭を得ているわけではない。社会主義時代に国営の工場に勤めていた人には年金が支払われているが、それも高額ではない。こうした状況では、金銭的な投資をするだけの余裕はないし、現状で生活に困らないならば生産効率を高めようとはしないのである。

　ここまで見てきたゴスポダリエの循環経済では、資源を循環させて無駄を出さないことを基本とし、可能な限り金銭的出費を抑えるように努める。移牧に際してヒツジやウシをスタプンに委託する際や、草刈りや剪毛といった仕事を隣人などに依頼する際には金銭が必要となるが、彼らが考えている以上の金銭を要求されれば大きな不満を持つことになる。特に比較的大きなゴスポダリエを持つ高齢者は、循環経済を柱として生活していることを強調することもある。あるゴスポディナはしばしば筆者に対して、「（自分たちが）買っているのは、トウモロコシ粉、小麦粉、砂糖、それに（食用のヒマワリ）油だけだ」と話し、より多くの金銭を要求する人々や、ゴスポダリエを経営せずに必要なものを購入して生活する人々を強く批判することがあった。実際には、これら以外の食品や衣類も購入しているのだが、自分たちが家畜を飼って「伝統的な」生活を続けていると言うのである。こうした彼女の言説は、ゴスポダリエの重要性が減少し、貨幣経済が浸透した現状に反応したものともいえるだろう。また、昔ながらのやり方で懸命に働きさえすれば金銭投資は必要ないという考えが高齢者に広く見られることとも無縁ではないだろう。


## 第2節　ゴスポダリエ経営における土地の意味

　「伝統的な」ゴスポダリエは、そこで暮らす人々、建物群、家畜、農地、山林を含んだ財産のセットとして認識され、成員が自立して生活できることを前提とした。牧草地や林、家畜は成員の生活を支える生産財ではあるが、その意味は経済的なものに留まらない。ここでは、人々が土地にどのような意味を見いだしているのか、土地の扱いが人々の威信

にどのように結びついているのかに注目する。

## 1. 土地の歴史性

　F村において、個々の土地は歴史的な深みをもって理解される。すなわち、自分たちが所持し、利用している土地は自分たちの管理の上にのみ成り立っているだけでなく、そこを利用してきた先人の労力があってのものと考えているのである。これは定期的に人の手を加えなければ維持できない牧草地、特に斜面の牧草地を想像すれば分かりやすい。ゴスポダリエの斜面は主に採草地として利用されるが、落ち葉や枯れ枝を取り除き、下生えを刈らなければ、木々が密生、拡大して牧草地を保つことができないことは、既に述べた。ひとたび管理を怠れば、数年の内に牧草地が林へと変わってしまうのである。

　牧草地と比べれば時間の幅は狭いものの、果樹に関しても同じことがいえる。果樹園として一か所にまとめることはないものの、ゴスポダリエの「中庭」や斜面には数種類の果樹が植えられている。リンゴ、プラム、オウトウが多く、生食する他、焼き菓子や蒸留酒にする。しかし、冷涼な気候のため、冬ごとに肥料を与え続ける必要がある。気温の下がる晩秋になると、果樹の根元を覆うように畜糞を積み上げておく。春先までその状態を保ち、気温が上がり始める頃にそれを崩して周囲の牧草地に散布する。こうした作業を怠ると果樹が実を付けなくなるのだと人々は言う。

　牧草地であったり果樹であったりと、ゴスポダリエの資源は、現在の所有者だけでなく、かつて所有、利用していた人々の管理の元に維持されてきた。現在の住民もまた、このことを明確に認識している。そこで興味深いのは、何世代にも渡って先祖が所有して管理してきた土地だからという具合に、親族関係や婚姻関係と結びついた特定の場所として説明するよりも、地域全体のライフスタイルと結びついた形で多く語られる点である。自分の親や祖父母といった具体的な個人の名前を引き合いに出すこともあるが、「この辺りの人」や「昔の人」、あるいは「我々」

といった表現が持ち出されることの方が多いのである。この地域のコミュニティ的な土地利用を背景に、すべての住民が同じような生活を送っていたと彼らが認識しているが故の発言でもあろう。実際、伝統的な牧畜業は共有の牧草地を利用して、村中が同じスケジュールで行うものであったし、個々の住民によって所有されるゴスポダリエにしても、それを独占的に囲い込むのは干し草を育て収穫する季節に限られていたのである。

## 2. 土地の管理と評価

　自分が管理、所有する土地は、先人の労力のもとに存在するという歴史性を持つだけでなく、その状態は、所有者の管理能力、具体的には彼らの勤勉さを隣人たちが評価する際の指標でもある。例えば、施肥をしておらず牧草の育成が遅い、イラクサやドクニンジンなどの「雑草」が多く含まれている、草を刈るタイミングが遅く乾燥しきっているといった牧草の状態は、ゴスポダリエの資源の循環が上手くいっていない証であり、所有者は「怠け者」（*leneş*）とみなされる。隣人からのこうした評価は、ゴスポダルやゴスポディナの威信を酷く傷つける。

　しかし、こうした土地の状態に基づいた批評は、何もゴスポダルだけに向けられるわけではない。すでに家畜を放棄し、土地を農業に使う必要のなくなった人々に対しても向けられるのである。

　ブラン地域では、ヒツジやウシを中心とした牧畜を伝統的な生業としてきた。土地の多くは牧草地で、家畜が草を食む放牧地、干し草を作るための採草地として利用してきた。家畜を放棄するということは、土地がそのどちらの役割も果たさなくなるということである。定期的に人の手を加えないと、土地は荒れる。牧草が立ち枯れ、雑草が増えていく。現在のＦ村にはそのような牧草地が所々に見られる。

　放置された農地で生じているのが林の拡大である。放牧地としても採草地としても利用されなくなった牧草地が林に取って代わられるという現象で、繰り返しになるが、そのメカニズムは以下の通りである。ゴス

ポダリエの斜面にはブナやカシ、シラカバなどの落葉樹が多くみられる。それらの木々は葉や実を落とし、やがて芽を出す。「伝統的な」ゴスポダリエ経営においては、春先に落ち葉や枯れ枝を取り除き、夏には下生えを刈る。毎年、これを繰り返すことによって樹木の量、木々の間隔を維持する。これによって、斜面の木々の間に生えた下生えを刈って干し草にすることができるようになる。これらの作業を怠ると、若木がすぐに成長して数年後には木々が密生した状態になる。一度こうなってしまうと、その間で草を刈ることは難しくなってしまう。また、林の周囲での草刈りも行わないようになると、斜面の下方で樹木が増えていくことになる。

　こうして、家畜飼養を放棄あるいは縮小したゴスポダリエの斜面において、林が拡大し、木々が密生する。現在はペンション経営で生計を立てるかつてのゴスポダリエには、斜面の全面にうっそうとした林が広がっているものもある。高齢のゴスポダルやゴスポディナにとって、このような状態の斜面は好ましいものでなく、それを避けるために努力す

**写真 6-3：木に埋め尽くされた斜面**

る。家畜飼養を阻害するだけでなく、怠け者と隣人たちに見られたくないからである。

　F村の高齢者、特に現在でもゴスポダリエを保持し続けているような人々と接していて特徴的だったのは、家畜飼養と土地とを不可分の関係で捉えていたことである。言い換えると、家畜飼養を中心としたゴスポダリエ経営以外に土地利用に関するアイデアを持たず、これだけの土地を保持していれば、これだけの家畜を飼うべきという考え方をするのである。「森を管理し、家畜を飼い、子どもを育ててこそ人間だ」という言葉は、村の老人たちから幾度となく聞かされたもので、彼らの価値観を端的に表している。この言葉が具体的に意味するのは、林や牧草地を適切に調節し、それを活用して家畜を飼い、それを子ども達に引き継がせるということである。彼らは、自分が保持する土地を家畜飼養のために適切に利用することを重視しているのである。

　土地の「適切な」利用にこだわる高齢のゴスポダルたちにとって、土地の売却はスキャンダルでもある。どこの誰それが土地を売った、あるいは売るつもりであるといった話題に彼らは強い関心を持ち、近隣のどの土地が誰によって売られたのかをよく覚えている。ゴスポダルたちと村内を散歩した際、都会人の近代的な別荘のある土地が誰によって売られたのかを何度も聞かされた。逆に、土地を全く売らずにゴスポダリエ経営を続けているような住民は、「正しいことをしている」などと周囲から賞賛されたりもするのである。

　一方、ゴスポダルの子どもたちの世代では、土地を売却して多額の金銭を得たり、そこにペンションを建てて観光収入を得ようと考える人が多くいる。そのため、親子の間で土地を巡って諍いが生じることも多い。あるゴスポディナは、子どもと土地の売買について口論した後、「自分たちはずっと昔から土地を持ち、家畜を飼って暮らしてきた。土地を売ってしまったらどうやって生活するんだ」と筆者に言い聞かせるように話したことがあった。

　また、観光客の到来によって新たな問題が生じている。M谷の北西側

の尾根には幹線道路が走り、そこからは反対側の尾根の向こうにブチェジ山地を眺めることができる（写真6-4参照）。色とりどりの家屋の並ぶ谷間から丘、その先に連なる尾根は季節ごとに異なる表情を見せ、壮大な景観を創り出している。幹線道路脇の見晴らしの良い場所に車を停め、これを楽しむ観光客も多い。

**写真6-4：M谷の尾根から見るブチェジ山地**

　しかし、遠くに眺める景色の美しさと対照的に、その場の様子は酷いものである。足元に目をやれば観光客の捨てた空のペットボトル、空き缶、スナック菓子の空袋といったゴミが辺りに散乱しているのである。こうしたゴミは土地の所有者が片付けない限りそのままの状態で残される。元々、F村民たちは自分の牧草地であっても落ちているゴミを頻繁に取り除くということはなく、年に一度、春先に落ち葉や枯れ枝と一緒にきれいに掃除するだけだった。観光客の出すゴミは従来の生活とは比べものにならないくらい多く、また種類も異なるのであるが、村民はかつてと同じように土地を管理してさえいれば問題ないと考えている。す

なわち、施肥する前に落ち葉や枯れ枝を取り除く際にゴミも一緒に取り除けばよいということである。そのため、人が利用しない牧草地にゴミが捨てられてしまえば、それは何年もの間放置されたままになってしまうのである。


## 第3節　ゴスポダリエ経営の実際

### 1.　ゴスポダリエにおける労働力の低下

　伝統的なゴスポダリエは、利用できる土地の大きさ、家畜の種類と数、労働力のバランスをとりながら自給自足を目的として経営されるものであった。ここでは土地や家畜といった生産財に労働力を投入して畜産物を得るが、ゴスポダリエの労働力もまた「循環」するものとして考えることができる。すなわち、ゴスポダリエの生産システムの一端を成しているという意味で、労働力を投入して得られた畜産物を人々が消費し、それを活力に換えて再び労働力を投入するという食物連鎖的な循環を想定することができる。

　このようなゴスポダリエ内で見られる循環とは別に、ゴスポダリエとゴスポダリエの間でも労働力は交換されている。ゴスポダリエの仕事は基本的にそこで暮らす人々が担うものであり、日常的な作業の大半は彼らによって行われる。しかし、斜面や丘の牧草地での草刈り、干し草作りといった一度に多くの労働力を必要とする仕事では、外部の労働力が欠かせない。こうした労働力の動員は、互酬的な労働交換を基本としていた。互酬的労働交換とは、「農作業中に受けた労働扶助を、同じ作期のうちに、それと同じ種類・同じ量の労働扶助で返す」（足立1988:520）ことが前提で、サーリンズ（1984）の「均衡的互酬性（均衡のとれた相互性）」に基づく交換行為に分類される。協働の草刈りであるクラカなどはその典型であった。足立は、他の労力動員の諸形態として、親族道徳によって動機づけられ当面は返礼を期待されない「労働の贈与」、村民や友人の間での生産物・食事・酒などを見返りとして行う

143

「労働扶助」、さらに「賃労働」を挙げ、規模・信頼性・経済性において、互酬的労働交換が優位に立ってきたとしている（足立 1988:520）。F村においても、親族・隣人・友人との間で頻繁に行われるものであった。

　ここで重要なのは、この互酬的労働交換という方法でゴスポダリエ外から労働力を得るために、同じだけの労働力を相手に返す必要があるという点である。これは、いつどこに労働力を動員するかの問題であって、自らのゴスポダリエに動員される外部の労働力も自分たちの労働力を転換して一時的に大量に集めたものだと言える。このように考えれば、ゴスポダリエに動員される労働力のほぼすべてを、自分たちの労働力と捉えることができる。したがって、相手に提供できるだけの労働力（体力）が自分たちになければ、ゴスポダリエの外からの労働力も得ることができないのである。

　このことが、現在のF村において互酬的な労働交換に基づいた活動が減少している理由である。各ゴスポダリエ内の労働力が低下しているせいでもある。地域内でゴスポダリエの数が減少し、同じ条件にある人々の間でのやりとりの可能性自体が減少していることもあるが、それよりも各ゴスポダリエ個別の事情の方が大きいようにも思える。ここでのゴスポダリエは高齢の夫婦のみによって経営されていることが多い。彼らも多くの仕事に従事しているが、体力の低下と共にその量と効率は落ちている。どのゴスポダリエでも、自分たちの仕事をするので手一杯で、年老いたゴスポダルやゴスポディナが隣人のゴスポダリエで働くことは難しくなっているのである。

　こうした事情から隣人の間で行われる互酬的労働交換が減り、高齢者のゴスポダリエは他の方法で労働力を得なければならなくなっている。その際、ゴスポダルにとって最も理想的なのは、親族から労働の提供を受けることである。一定の近しい親族、具体的にはすべての子どもとその配偶者、その間に産まれた孫から提供された労働力は金銭に置き換えられないからである。これは、第4章で論じた草刈り人の補充について指摘した点と同じである。子どもが親の農作業を手伝うことは特に

高齢者の間では当然の行為とも考えられており、親は子どもに手伝いを強く期待する。しかし、結婚した子どもが都市に住んでいる場合も多いし、村内に残っていても既にゴスポダリエを手放しているのが普通である。日常的にゴスポダリエに関わらなくなった人びとは、そうした仕事を好まず、親への手伝いを渋ることも多い。そのため、自分たちが必要な時にいつでも子どもの労働力を活用できるわけではない。

そうなると、隣人や友人の労働力が求められることになる。まず、生産物や食事、酒などを見返りとする労働扶助という形が考えられる。近しい親族からの労働の贈与と同様に、この労働扶助は「手伝い」(*ajutor*) と表現され、金銭の支払いの必要な「仕事」(*lucru*) とは区別される。

ゴスポダリエにおいて誰かの手伝いを得た場合、それに対する返礼がその場で必ず行われる。調査期間中、筆者は幾つかのゴスポダリエで仕事を手伝っていた。特に大鎌を使っての草刈りができるようになってからは、「中庭」など平地での草刈りを頼まれるようにもなった。そうした場合、食事や酒などがかならず振る舞われた。下宿先で昼食を準備しているからと断ろうとしたこともあったが、「下宿先にはここで食べると電話しておくから」と言って強く勧められた。筆者としては、息を切らせて働く彼らの姿を見かねて自発的に手伝っただけなのだが、労働扶助と見なされたのである。

受けた労働に対して必ず返礼をすることが通例となっているため、返礼を受け取らないことは礼を失する行為でもある。これに関して、ブタ屠畜の際には以下のようなやりとりがあった。作業終了後、そこのゴスポディナが焼いたソーセージ・チョルバ・パンの食事を用意していた。作業に従事した親子と筆者に対してのものだった。それを見た息子は「ここでの食事は好きじゃない。早く家に帰って食べよう」と何度もせかした。しかし、父親は厳しい表情をして首を横に振り、3人で食事をとってから帰途についたのである。逆に返礼が断られた場面に遭遇したこともある。あるゴスポダリエで隣人の手伝いを得たことがあった。ゴ

スポディナは食事と酒を勧めたが、彼は「いらない」とそのまま帰ってしまった。その時、ゴスポディナは非常に困惑したような、がっかりしたような表情を浮かべていたのである。

しかし、現在では労働の提供を受けた場合の返礼を金銭で行うこと、すなわち賃労働の形を取ることが増えている。ゴスポダリエの仕事を賃労働で賄うことは1970年代頃から始まり、労働扶助と並行して行われてきた。現在は、オジやオイ、イトコといった間柄であっても、金銭の支払いなしには働いてくれなくなっている。

このようにゴスポダリエを経営する老人たちは、低下した労働力を金銭によって補わねばならない状況に置かれている。このような事情を踏まえれば、生計を立てるために最低限必要な数と種類にまで家畜を減らすのが妥当だと思われる。または、現在では毛や肉の出荷先が近辺になくなり現金収入を得ることが難しくなったヒツジを放棄し、乳を近隣都市の工場に出荷できるウシへと経営を転換することで、比較的安定した現金収入を得る方法も考えられる。他にも、経営規模を縮小することによって使用しなくなった土地を売って多額の金銭を得るという手段もある。要するに、労賃での支出を減らすために経営規模を縮小する、より高い現金収入を得ることのできる家畜のみを飼養する、余剰となった土地を売却して資本を得るといった方法をとることで、合理的な農業経営を行うことができるのではないかということである。

しかし、F村のゴスポダリエの現状を見てみると、こうした類の合理性をもって経営している例はほとんどない。まずゴスポダリエの多くは、労働力と金銭支出を考慮しつつも可能な限り多くの家畜を保持しようとする傾向にある。そして、自分たちで消費しきれない畜産物を近しい親族に分与する。次に、高齢者のゴスポダリエにおいては、ヒツジからウシへの経営の転換というものも見られない。飼養に必要な牧草の量という点からすれば、ヒツジ7頭がウシ1頭に当たるという説明が広くなされる。だが、7頭のヒツジを飼養するゴスポダルがそれを放棄して、ウシ1頭に置き換えることはない。その一方で、4〜5頭のヒツジと1頭の

第6章　ゴスポダリエ経営の論理と実際

ウシを飼養するようなゴスポダリエは存在する。これは、ゴスポダリエの多くが複数の家畜を同時に飼養する方が生活が安定すると考えるからである。一種類の家畜を集約的に飼養するよりは、ウシ・ヒツジ・ブタ・ニワトリといった具合に複数の家畜を保持することで「保険」をかけることができるのである。ゴスポダリエ自体が独立して生活することを前提とするものであるし、現在のゴスポダリエの多くも自家消費を目的として経営されているが故の考えであろう。

　そのため、金銭で人を雇ってでも草刈りをし、可能な限り多くの家畜を飼おうとするのである。このような考え方をするゴスポダルからすれば、彼らのゴスポダリエ経営は非合理的な余剰生産ではなく、土地を「適切に」管理、利用するものとして実行されていることになる。

　保持する土地に対して可能なだけの家畜を飼養することは「適切な」ゴスポダリエ経営であるが、そのための身体的・金銭的資本による制限を無視することはできない。自分たちに十分な体力があるわけではないし、子どもたちがいつでも手助けしてくれるわけでもない。どれだけ人を雇っても困らないほどの金銭があるわけでもない。このような事情から、飼養規模は縮小せざるを得なくなる。特にゴスポダリエから離れた丘陵地の「飛び地」や、ゴスポダリエ内でも斜面の尾根付近などの牧草地はまず利用されなくなる。自分たちがすべての資源を活用しきれていないことは、高齢者たちに複雑な感情を抱かせるようでもある。ある時、1人のゴスポディナが沈痛な面持ちで、自分のゴスポダリエの斜面を見つめていた。話を聞いてみると、「昔はもっと林が少なくて、上の方まで牧草地が広がっていた。今はこんな状態になってしまった。でも、今は夫と2人だけだからこれ以上はできない」と返ってきた。経営規模が縮小する中で、斜面の林が拡大、密生してしまっているのである。やむを得ない状況ではあるのだが、そのことを強く嘆くのである。

　ゴスポダルたちは可能な限り経営規模を大きく保とうとするものの、以前と比べて家畜の数が減っているのは確かで、ほとんど使用しないままになっている土地も存在する。特に、ゴスポダリエから離れた場所に

147

ある丘陵地の牧草地にその傾向が強い。こうした土地を近隣の住民に貸すことはよく見られるが、都会人に売ることは極力避けられる。また、それが自分の暮らすゴスポダリエの一部をなす場合には、切り売りすることはない。農業用地としての用途がほとんどなくなっている土地であっても、彼らはそれを所持し続けるし、可能な範囲内で掃除をしたり、草刈りをしたりと、どうにかして管理し続けるのである。

次に、高齢者のゴスポダリエがどのように経営規模を調整しているのかを明らかにするため、どれだけの家畜を保持し、それに関わる仕事をどのようにこなし、それから得られた畜産物をどのように消費しているのかを具体的に見てみよう。

## 2. ゴスポダリエにおける労働量と生産物

ペトレスク・ヨアンのゴスポダリエはM谷の南東側にある。その斜面は利用可能な平面の長さが200m以上、幅が50mほどあり、M谷では比較的大きな敷地である。現在、このゴスポダリエにはヨアンとその妻エリザヴェタが2人で暮らしている。彼らの間には1男3女がおり、全員が結婚して彼らのゴスポダリエを出ている。筆者が調査を行った2008年当時、彼らは1頭のウシ、13頭のヒツジ、十数羽のニワトリを飼養していた。

当時はこれだけの家畜を飼養するのみだったが、1990年代前半にはその生産規模はもっと大きかった。社会主義政権が崩壊した後、ルーマニアの農村部においてゴスポダリエの重要性が増していた。国家からの配給はなくなり、物資の不足とインフレーションに拍車がかかっていたため、ゴスポダリエでの自家生産が不可欠になったのである。工場の閉鎖で職を失う一方、村の男性たちはゴスポダリエに専念することができるようになっていたし、畜産物を供出する義務がなくなって生産意欲が高まってもいた。当時の彼らは3頭のウシ、25頭を超すヒツジ、さらには3頭のブタを飼養していた。世帯を共にしていた次女夫婦、さらに未婚の子ども2人がおり、これだけの家畜が必要だったのである。斜面では

尾根に至るまで全面で草刈りを行い、オタヴァも数度刈った。さらに丘に所有する牧草地でも草刈りを行い、大量の干し草を作った。ヨアンによると、当時は彼のゴスポダリエで飼養できる最大限の家畜を保持していた。この時期の彼らは、保持するすべての土地を最大限に活用して家畜飼養を行い、自給自足的に生活していたわけである。

　1990年代と比べると、現在のヨアンのゴスポダリエは経営規模を大幅に減じている。彼ら自身の手で丘の牧草地を利用することはなくなり、その近隣に暮らす友人に貸し出している。ゴスポダリエ内の農地もまた利用の程度を減らしている。尾根まで草刈りをすることはなくなり、下から4分の3程度まで刈るのみとなっているのだ。「中庭」などの平地ではオタヴァも刈るが、斜面では一度刈りのみである。ヒツジは伝統的な移牧を利用して飼養するため、ゴスポダリエにその姿を見ることができるのはクリスマス前後から復活祭が終わるまでに限られる。一方、ウシは移牧に出さず、一年を通してゴスポダリエに留めている。そうすればスタブンに委託するのに必要な金銭を抑えることができるし、夏季も乳を利用することができる。これは保持する家畜を減らすことで、ゴスポダリエ内に放牧地を確保できるようになったからでもある。

　表6-1は、2007年にペトレスク・ヨアンのゴスポダリエで行われた家畜飼養に関わる仕事の一覧である。季節ごとに仕事を列挙し、それぞれがどのような人によって担われたのかを「従事者」の部分で示している。「従事者（外部）」で挙げたのは、彼らのゴスポダリエの外からの労働力である。「動員形態」は、そうした外部からの労働力がどのようにして動員されたかを示している。互酬的労働交換では、同じ種類の労働が同じ作期のうちに返されていた。「贈与」と記されている部分は労働の贈与を意味する。これは親族道徳によって動機づけられており、必ずしも返礼を期待されていないものである。「労働扶助」では、労働を終えた後に畜産物や食事、酒が返礼として振る舞われる。「賃労働」では、仕事内容に応じて支払額を交渉する。労働が終わるとすぐに金銭が支払われる。

**表 6-1：ペトレスク・ヨアンのゴスポダリエの仕事一覧**

| | 仕事内容 | 従事者 | 従事者（外部） | 動員形態 |
|---|---|---|---|---|
| 日常 | 糞処理（ウシ） | ヨアン・妻 | | |
| | 搾乳（ウシ） | ヨアン・妻 | | |
| | チーズ作り（ウシ） | 妻 | | |
| | 放牧管理（ウシ） | ヨアン | | |
| 春期 | 糞処理（ヒツジ） | | 隣人 A | 賃労働 |
| | 斜面の清掃 | 妻 | | |
| | 施肥 | ヨアン・妻 | | |
| | 授乳介助（ウシ） | ヨアン | | |
| | 屠畜（子ウシ） | ヨアン | 次女夫・隣人 B | 贈与・労働扶助 |
| | 食肉処理（子ウシ） | 妻 | 次女夫・隣人 B | 贈与・労働扶助 |
| | 屠畜（子ヒツジ） | | 次女夫 | 贈与 |
| | 食肉処理（子ヒツジ） | 妻 | 次女夫 | 贈与 |
| | 剪毛（ヒツジ） | | 隣人 C | 賃労働 |
| 夏期 | 草刈り（平地） | ヨアン | | |
| | 干し草作り（平地） | ヨアン・妻 | | |
| | 草刈り（斜面） | | ロマ | 賃労働 |
| | 干し草作り（斜面） | ヨアン・妻 | 次女・次女夫・次女息子・三女・三女夫 | 贈与 |
| | | | 友人 | 労働扶助 |
| | | | 隣人 B とその妻 | 互酬的労働交換 |
| 冬期 | 給餌（ウシ・ヒツジ） | ヨアン | | |

　ゴスポダリエで行われる仕事に注目すると、そこに多くの人々が関与していることが分かる。日常的に行う作業と長期に渡る作業には、ヨアンと妻、つまりゴスポダリエの住民のみが従事している。ゴスポダリエ外の人々が関与するのは、屠畜・食肉処理・干し草作りといった一度に多くの労働力を必要とする作業である。その中で最も登場回数が多いの

150

が次女の夫である。ヨアンの次女夫婦は、彼らのゴスポダリエから川下に 400m ほどのところに住んでおり、日常的に様々なやりとりを行っている。

　また、隣のコムーナに住む三女も、夫と共に多くの人手が必要な作業、ここでは斜面での干し草作りに参加している。このような近しい親族の労働力は「贈与」という形で提供される。この「手伝い」は親子の間の道徳意識に基づいており、金銭に還元されるものではない。ある時、次女の息子が干し草作りを手伝うのを渋り、「いくらくれる？　お金をくれるならやる」と発言したことがあった。いくぶん冗談めかした様子もあったのだが、彼の両親は激しく怒って、作業に参加させたのだった。

　近しい親族による手伝いが終われば、ヨアン夫婦は感謝の言葉を何度も述べ、食事や酒を振る舞う。また、ゴスポダリエの畜産物、ウシのミルクやそれから作ったチーズを渡すこともあるが、これは定期的に分け与えているものでもある。このやりとりは結果的に労働力と畜産物とを交換しているかのようにも見える。しかし、ヨアン夫妻はそのような説明することはない。実際、手伝いを頼む際に交換条件を提示するわけではないし、食事や酒、畜産物は謝礼ではあるものの労働の対価として振る舞われるわけではないからである。

　表 6-2 はペトレスク・ヨアンのゴスポダリエで生産された畜産物の分配先の一覧で、彼らが自家消費する分以外の畜産物がどこに流通するのかを示している。この表でも明らかなように、畜産物は次女や三女といったゴスポダリエの仕事を手伝う子どもだけでなく、長女と長男にも分け与えられている。その理由として、ヨアンは「良いものがあったら、子ども達に分け与えるのは当然のことだ」と話し、彼の妻も「私がきちんと子ども達に分け与えていると書いておいてね」と筆者に冗談めかした。

　ゴスポダリエの畜産物を子どもに分け与えることを、ヨアンと妻は親としての義務と捉えているのだが、自分たちの仕事を手伝うこともまた子どもたちの義務と考えている。例えば、表 6-1 からも明らかなように

表 6-2：ペトレスク・ヨアンのゴスポダリエの畜産物の分配先

| 畜産物 | 形態 | 相手 |
|---|---|---|
| 牛乳[20] | 贈与 | 次女・三女 |
| | 売却 | 隣人 |
| | 売却 | 都市 Z の工場 |
| チーズ | 贈与 | 長女、次女、長男、三女 |
| 食肉（子ヒツジ）[21] | 贈与 | 長女、長男、三女 |
| 食肉（子ウシ） | 贈与 | 長女、次女、長男、三女 |

　彼らのゴスポダリエの仕事に対して、すべての子どもが手伝っているわけではない。特に都市で暮らす長女や長男、それぞれの配偶者がそれに加わる場面はない。また、比較的近隣に住む次女や三女にしても、彼らの求めにすべて応じるわけではない。実際に一覧表で示した翌年に行われた斜面での干し草作りに、三女夫婦は加わらなかった。当初は手伝う予定でいたのだが、雨天によって延びた作業日が彼らのバカンスと重なり、海水浴に行くことを選んだのだった。

　自分たちの望むように子どもたちが手伝ってくれない状況に対し、ヨアンや妻は「これは義務ではない。それぞれが自分の好意（*plăcere*）[22]でやるものだ」と何度も筆者に説明したが、強い不満を感じていることは確かだった。言葉の上では「義務ではない。自由だ」と言いつつも、強

---

20　長女と長男には牛乳が与えられることはほとんどない。村内で消費する牛乳はガーゼで漉すのみで加熱処理も防腐剤も加えないため、日持ちせず、隣県の都市に住む長女、県都ブラショヴで暮らす長男にそのまま分け与えることはできないからである。飼養している地域原産のウシの乳に脂肪分が多いことも、長持ちしない理由とされている。牛乳を与える代わりに、彼らが村を訪れる際には前もってチーズを多めに造っておき、手渡すのである。

21　子ヒツジの肉が次女に与えられないのは、彼女自身がヒツジを 2 頭所有しているからである。そのヒツジはヨアンのヒツジと一緒に飼養されており、毎春に産まれる子ヒツジも彼らのものとなるのである。

22　「プラチェーレ」（*plăcere*）は直訳すると、「喜び」や「満足」といった意味になる。例えばルーマニア語で「ムルツメスク」（*Mulţumesc*）と感謝の言葉を述べると、「ク・プラチェーレ」（*Cu plăcere*）と「喜んで（行った）」という意味の言葉が返ってくる。ただし、感謝されるまでもないと思った時には、"*N-ai pentru ce*"（直訳すると「（あなたは）何に対しても持っていない」）と言われることもある。

152

く吐き捨てるような口調であったり、怒りを押し殺したかのようであったり、拗ねたようにそっぽを向いてしまったり、非常に悲しそうな表情をしたりするのである。そうした様子からは、義務ではないと言いつつも、子ども達がそうしてくれることを強く期待し、それが満たされなければ失望や憤りを感じていることがうかがわれた。

　また、こうした彼らの内面は、周囲のゴスポダリエに対する批評にも表れる。ヨアンの妻と「中心地」の商店まで買い物に行った際、途中のゴスポダリエで3〜4人の中年の男女が斜面を往復して、落ち葉や枯れ枝を清掃していた。彼女は立ち止まってその姿を眺めると、「あれが正しいあり方だ。昔はああやって子どもが戻ってきて親の仕事を手伝った」と話した。こうした態度や彼らの語り口に触れると、「義務ではない」という言葉は自分たちを納得させるためのものでしかないと思わずにいられない。

　労働力を必要とするヨアン夫婦にとって最も良いのは、自分の子ども夫婦や孫が手伝ってくれることである。そうすれば金銭の出費もなくて済む。しかし、彼らがいつでも手を貸してくれるわけではないし、近代的な生活を志向する子どもたちがゴスポダリエの仕事を好まないことも十分に理解している。彼らは仕事の内容によって依頼先を変え、ヒツジの糞処理や剪毛といった、衣服が汚れ、酷い臭いのつく作業は近隣のゴスポダルに頼むのである。屠畜もまた、大きな労力を要し、血や臭いで汚れる作業である。ペトレスク・ヨアンのゴスポダリエでは、次女の夫がこの作業で主動的な役割を果たしている。料理を好み、常日頃から家族の食事を作っているという彼の嗜好にもよるのかもしれないが、従来、屠畜作業は男性の手によって行われるものでもあった。次女の夫自体は「体中に酷い臭いがつく」と顔をしかめるが、同時に「自分がやるしかない」とも言うのである。実際、子ウシや子ヒツジの屠畜作業を賃労働によって行う現場を見かけることもなかったし、そうするという話を聞くこともなかった。

　ヨアン夫婦の子どもたち以外に頻繁に登場するのが、隣人Bである。

彼は、ヨアンのゴスポダリエから川上側に一軒挟んだ場所にゴスポダリエを持ち、ヨアンより10歳ほど若い。ヨアン夫婦と日常的に最も親密に関わるのは、150mほど川下に住む次女夫婦であるが、ゴスポダリエに関するちょっとしたこと（農具の貸し借りや数分程度の手伝い）に関わるのが隣人Bである。彼は「最も近しい隣人」と表現される[23]。次女たちもまた、自分たちに余裕がない場合、代わりにヨアンを手助けしてくれる人物として考えている。実際、彼が子ウシの屠畜作業を手伝ったのは、男手が足りなかったために、「いたら呼んできて」と言われて筆者が頼みに行ったからでもある。このように、同じような条件にあるゴスポダリエ同士が近隣にある場合、現在でも互酬的な労働交換が見られることもある。

　高齢者のゴスポダリエには様々な場面で外部の労働力が動員されるが、賃労働も含め、その相手は誰でも良いというわけではない。まず欠かせないのが、実際に仕事を処理できる技術と体力的余裕である。例えば、隣人Bとペトレスク・ヨアンのゴスポダリエの間には隣人Bの兄の家がある。彼は、1960年代に結婚して土地を分与されたが、ブラショヴに住んで工場勤めをした。10年ほど前に定年となったのを機に村に戻って年金暮らしを始めた。また、ヨアンから日常的に牛乳を買っているが、その仕事を手伝うことは一切なく、実弟のゴスポダリエの仕事にもまったく関与していない。

　村内で見られる労働交換や賃労働に従事するのは、自らもゴスポダリエを持つような人々、あるいはそこに同居する家族である。表6-1中に登場する隣人Aと隣人Cは共に40代後半とまだ若く、都市で勤めを

---

23　日常会話や相手の呼称などからは分からなかったが、調査地域の婚姻関係や相続の歴史について聞き取ってみると、ペトレスク・ヨアンの妻と隣人Bとはイトコの関係にあった。つまり彼女の父親は、隣人Bの母親の弟だったのである。しかし、隣人Bとの関係は、親族の言葉ではなく、「隣人」あるいは「友人」という言葉で表現される。一方、次女の家のすぐ側にはヨアンの姉と妹が住んでおり、どちらもゴスポダリエを保持している。しかしながら、彼女たちと互酬的な労働交換を行う場面は一度も見られなかったし、そうしたことはないという。系譜的な近さより、地理的な距離の近さという実用的な理由が関係しているのだろうか。

持っているが、仕事が終わった後や休日に父親のゴスポダリエを手伝っている。一方、すでにゴスポダリエを手放したような人々は、高齢だったり、そうした仕事を好まなかったりする場合が多く、金銭や何らかの報酬のためにそれに従事することに積極的ではない。

　ただし、現在のゴスポダルのすべてが、ゴスポダリエ経営に必要な技術に習熟しているわけでもない。例えば、ペトレスク・ヨアンのゴスポダリエでの剪毛の際、筆者は隣人Bや他の近しい人の名を挙げて彼らに依頼しないのかと尋ねてみたが、ヨアンは彼らも刈ることができないのだと説明した。だがそれは年齢的な衰えではなく、その方法を学んでいないからだという。現在のゴスポダルのほとんどは60代以上である。彼らは社会主義時代には何らかの勤めを持っており、ゴスポダリエの仕事に専念するようになったのは民主革命後という人ばかりなのである。彼らの仕事の習熟度は当時のゴスポダリエへの関わり方次第であり、その知識や技術にはかなりのばらつきがある。また若い世代には、まったくゴスポダリエに関わったことがなく、草を刈ったこともないという人も多い。

　ゴスポダリエに関わる仕事が賃労働によって請け負われるようにもなった状況は、技術の「商品化」でもある。村の住民のほとんどがゴスポダリエで暮らしていた時代には、すべての人が当然のように身に付けた「当たり前」の技術だったものが、現在では「特殊」で「希少」なものとなっている。


## 3. ゴスポダリエの「余剰」生産

　このように高齢者のゴスポダリエは、外部の労働力に大きく依存して経営されるようになっている。中でも重要な役割を果たすのが、すでに別世帯を形成している子どもたちである。子どもが親のゴスポダリエを手伝うこと、また親がゴスポダリエを持たない子どもに畜産物を分け与えることは、それぞれ義務とされている。

　先に述べたが、高齢者のみで経営するゴスポダリエは、必要とする畜

産物や労働力が低下している状況にも関わらず、可能な限り経営規模を大きく保とうとしている。一見しただけだと、それは利益に繋がらない余剰を生産する非合理的な経営のあり方のように見える。しかしながら、子どもがゴスポダリエの仕事を手伝い、親のゴスポダリエの畜産物を定期的に子ども世帯に分与していることを踏まえると、子ども世帯を潜在的な労働力かつ畜産物の消費者と捉えることができる。そうすれば、ゴスポダリエの高齢者夫婦で消費しきれない畜産物は単なる「余剰」ではなくなる。

　先に挙げた事例で、ヨアン夫婦は労働力と畜産物とを交換していると説明したわけではなかったが、結果的には畜産物の贈与は子どもたちが仕事を手伝う動機になっている。例えば、干し草作りの手伝いを頼まれた次女は、筆者に向かって「私はそういった仕事が好きじゃないけど仕方ない。親からは肉を貰っているし、牛乳やらチーズやらも頻繁に貰っているから」と顔をしかめながら話したことがあった。また彼女の夫も、屠畜作業を終えた後の血と泥で汚れた服の臭いをかいで「酷い臭いがする」と顔をしかめつつも、「こうしたことは嫌いだが仕方ない。自分がやるしかない。義父母には色々なものを貰っているし」と話した。彼らはこうした仕事の手伝いを渋ったり、先延ばしにしたりするが、結局は出かけていく。かつてゴスポダリエを持っていた経験から、年老いたヨアン夫妻だけでは仕事をこなすことが難しいと熟知しているからでもあろう。そうした親を助けることを子としての義務と感じてもいるのだろうが、両者の間で行き来する労働と畜産物とを直接的に結びつけて説明する傾向にある。

　このように考えると、高齢者のゴスポダリエは、子どもたちの労働扶助を得て「余剰」を生産し、子どもたちへの分与をもって「余剰」を消費していることとなる。しかし、伝統的なゴスポダリエが成員の自活を目的として経営されるものであったことを考えると、この「余剰」の生産と消費は、従来のゴスポダリエの経営論理にそぐわないようにも思われる。子どもたちの側からしても、自身の現金収入によって十分に生計

第 6 章　ゴスポダリエ経営の論理と実際

を立てることができる状態にあり、親から与えられる「余剰」を必ずしも必要とするわけではない。では、この「余剰」の生産と消費にはどのような意味があるのだろうか。

　まず、「余剰」の生産と消費が親子間の紐帯を維持し、さらに強化するものとして機能しているのではないかと考えられる。子どもに畜産物を与えたり、親のゴスポダリエの仕事を手伝ったりすることは、義務を果たしているという満足感をもたらすものであるし、大きな喜びでもある。また、ゴスポダリエを経営する老親は金銭の出費なしに労働力を、子ども達は伝統的な方法で作られた畜産物を得ることができる。ゴスポダリエで生産された畜産物は有機的な食べ物として、商店で売られている化学的な畜産物よりも美味で健康的とされることはすでに述べた。伝統的な畜産物は、市場やハイパーマーケットでも購入できるが、ブランド化しているためかなりの高値が付いている。親がゴスポダリエを経営しているということは、そうした畜産物に安定してアクセスできるということでもある。

　ゴスポダリエ経営における子どもとの間の労働力や畜産物のやりとりには、自分たちに益のあるものを得るという経済的な意味と、親子間の道徳的な義務を果たすという情緒的な意味とを見いだすことができる。しかしながら、ゴスポダリエを持たない子どもの存在のみが、高齢者のゴスポダリエの経営規模を左右しているとは考えにくい。実際に子どもが手伝うかどうかは、彼ら自身の判断に委ねられているし、それ以外の隣人たちが重要な仕事を担う場面も多いからである。

　さらに、経営規模の大小に関わらず、ゴスポダリエ全般が抱えている問題を付け加えておきたい。表 6-1 で示した仕事の中には、かつてはゴスポダリエ内の人員のみによって担われていたにも関わらず、現在では外部の労働力に頼らざるを得なくなっているものがある。ヒツジの糞処理、子ウシや子ヒツジの屠畜、ヒツジの剪毛がそれに当たる。これらは、かつてはヨアンがこなしていた仕事であるが、体力の衰えによって困難になったものである。どの仕事も、経営規模に関わらず、家畜飼養に不

可欠のものでもある。家畜の頭数が少なくなれば仕事量は減るが、70歳を超えたヨアンにこなしきれるかどうかは分からない。すなわち、経営規模を縮小しさえすれば、老夫婦だけでも経営できるという問題ではないのである。

このような状況に置かれているにも関わらず、伝統的なゴスポダリエ経営を続ける理由はどこにあるのだろうか。それは、ゴスポダリエ経営の経済的な論理ではなく、観念的な論理に他ならない。すなわち、先に述べた土地が持つ歴史性と、それをどのように管理するかによって自身の評価が決まるという状況がゆえに、ゴスポダルは可能な限り伝統的な形でゴスポダリエを維持しようとするのである。

## 第4節　家畜飼養の変化

社会主義時代にも農業集団化を受けなかったことから、F村の家畜飼養は伝統的な様式を今も維持しているとされる。そして高齢者の多くは、従来の論理に従ったそれを経営することを重視している。だが、社会主義政権の崩壊から20年以上を経て、EU加盟も果たした中で、新たな家畜飼養のあり方が生まれてもいる。ここではF村で観察された2つの現象を取り上げる。

### 1. 畜群完全委託の増加

中小規模のゴスポダルからスタブンへの委託という形でヒツジ移牧を行ってきたブラン地域において、放牧地で畜群を管理、世話する者とその所有者とが異なることは珍しいことではなかった。しかし、それは村を離れる復活祭からクリスマスまでの期間に限られ、冬季にはゴスポダリエで所有者が群れを管理し、給餌や出産、授乳介助に従事してきた。要するに、移牧によるヒツジ飼養の中で、所有者自身が家畜を世話する期間と、被委託者が世話する期間とが季節的、周期的に繰り返されたのである。

しかし、近年のM谷では、これとは異なる形でのヒツジの委託関係が生まれている。つまり、所有者が他のゴスポダルにヒツジを完全に預け、そのゴスポダル自身のヒツジと自分のヒツジを一緒にスタプンに委託してもらうという形である。ここでは、夏の移牧の間の委託関係が二重に結ばれることになる。

これと似た委託関係は社会主義時代にも見られた。当時、都市に居住して賃金労働に従事する子どもにも村内の土地や家屋を分与し、そこにヒツジなどの家畜を加えることがあった。そうした場合、実際にヒツジが譲渡されるわけではなく、親がそのまま飼養を続けた。社会主義時代の産業化の過程で、都市の家畜所有者と農村の家畜管理者の間での委託関係が生じたともいえる。しかし、この現象に限って言えば、都市の投資家と農村の被雇用者というような階層の分化として理解することはできない。この委託関係は契約に基づいたものでも、金銭が介入するものでもなく、親子関係やキョウダイ関係に伴う義務と好意の中で発達した慣習だったからである。

だが、近年のヒツジの完全委託は、社会主義時代の状況とは異なる形で行われている。所有者の不在が委託関係を生み出すのではなく、所有者の個人的な事情、例えば体力的な問題や、家畜の臭いやそれに関わる作業を好まないといったことが直接的な要因となっているのである。したがって、ヒツジの委託関係は都市と農村の間ではなく、農村内で形成されることになる。夏季放牧の期間は別にして、ヒツジを飼養する現場に所有者が完全に不在になるわけではなく、委託先のゴスポダルに自分のヒツジの様子を尋ねたり、直接様子を見に行ったりすることもできるのである。

社会主義時代の完全委託が、都市で暮らす子どものライフスタイルを考慮して家畜の所有権だけを移譲した結果として生じたものであったのに対し、現在では実際に個体の受け渡しが行われる。委託している人々もまた、かつてのゴスポダルやゴスポディナであり、ヒツジを世話し管理していた。つまり、彼らはヒツジ飼養をやめるのに際し、すべての家

畜を屠畜したり売却したりせず、他のゴスポダルに委託するという選択
をしたのである。以下に、委託に至った過程について例を挙げてみよう。

事例1

　サプナル・マリアは、70歳の女性で、3年前に夫に先立たれてから一
人暮らしを続けている。2～3頭のヒツジ、1頭のブタ、10羽程度のニ
ワトリを飼養していたが、夫が亡くなったのを機にニワトリ以外のすべ
ての家畜を処分した。一人暮らしだとそれほど多くの畜産物を必要とし
ないからだが、それ以上に一人では牧畜仕事を処理しきれないという理
由が大きかったという。ゴスポダリエを経営する老夫婦は、体力の衰え
と共に規模を縮小していくが、ある一定の段階で家畜飼養をやめること
を考えている。実際に、夫婦の片方が亡くなることはその一つの機会と
なっているのである。特に男性が先立つことはゴスポダリエ経営におい
て問題で、ウシやヒツジの飼養に不可欠な草刈りができなくなる。

　マリアは、世話の容易なニワトリを「中庭」で飼い、2頭の雌ヒツジ
を近隣に住むスタブンに委託している。ヒツジを委託する場合、親や
キョウダイといった近しい親族に預けることが多いが、彼女の場合、そ
うした相手がいなかった。彼女には隣村に住む姉がいたが、すでに家畜
は手放していたし、亡夫の兄弟も同様であった。そこで彼女は移牧に際
してヒツジを預けていたスタブンに自らのヒツジを完全委託することに
した。彼のゴスポダリエは彼女の家のすぐ側にあって都合が良かったか
らである。

事例2

　40代のクリステア・エレアナは、自分の父親に2頭の雌ヒツジを預け
ている。彼女がゴスポダリエを放棄したのは2003年のことで、納屋を
改装して手袋工場を開いたのである。その際、十数羽のニワトリのみを
残して、ブタとヒツジを処分した。ただし、その内の雌ヒツジ2頭を彼
女の父親に委託することにしたのである。現在のM谷においては、彼

第 6 章　ゴスポダリエ経営の論理と実際

女の父親は比較的大きなゴスポダリエを維持しており、他の委託先を考える必要はなかったという。彼女が飼養していたヒツジは、元々は彼女の父親から相続した個体とその子孫であり、「元の場所に返しただけだ」とも話した。

　工場を経営していても、冬季にだけ戻ってくるヒツジを保持することは可能である。まだ 40 代である彼女の夫と大学生の息子がいるので、草の刈り手も問題がない。しかし、彼らがそうしないのは、日常的な生活空間に家畜がいることを好まなかったからである。家畜を飼うということは、獣臭さや糞尿の臭いと共に生活することを意味する。また、ヒツジの剪毛や屠畜は臭いや汚れが身体につく作業でもある。エレアナたちは近代的な生活を志向しており、ゴスポダリエを基盤とする生活を望まなくなっていたのである。

　マリアやエレアナの生活のあり方や考え方は、現在の F 村におけるゴスポダリエの減少という状況を生み出す背景となっているが、ヒツジの完全委託は、近代的な生活を志向することとゴスポダリエとが単純に相反するわけではないことを示してもいる。

　ヒツジを預けた後、所有者たちがヒツジの飼養に直接関わることはなくなる。しかし、委託者と被委託者となるゴスポダルとの間では、畜産物や飼料を定期的にやりとりすることがルールとなっている。夏季移牧において、スタプンは山の放牧地で造ったチーズを母村のゴスポダルの元へ配達する。完全委託したヒツジも、ゴスポダルのヒツジと一緒にスタプンに預けられて移牧に連れ出される。スタプンが山から運んできたチーズは、被委託者となったゴスポダルを介して、委託者の元へも届けられる。委託者が受け取るのは、自分が所有するヒツジの頭数に応じたカシュとウルダである。また、委託者は毎春に産まれる子ヒツジを得る。子ヒツジの肉は頭数に応じて分けるのではなく、委託者の所有する個体が生んだ子ヒツジという点が考慮される。通常、ヒツジが一度に出産する子ヒツジは 1 頭であるが、双子が産まれることもある。逆に、スタプンが所持するオスの数が足りずに種付けがなされず、出産しないこと

161

もある。こうした事情から子ヒツジの数は前後するが、ヒツジが生んだ子ヒツジは、何頭であろうともすべて所有者のものとなる。多くの場合、子ヒツジは飼養を委託されたゴスポダリエで屠畜され、食用としない部位を取り除いた状態で所有者の元に届けられる。

　子ヒツジの受け渡しに関するやりとりからも分かるように、ヒツジを委託されたゴスポダルは、どれが預かったヒツジかをしっかりと把握している。身体の大きさや毛色、角の形状から一頭一頭を識別するが、最終的にその証拠となるのは耳に刻まれた所有者マークである。また、所有者の区別は言葉の上にも表れる。ゴスポダリエでは家畜を育てることを一般に「飼養する」（*a creşte*）というが、家畜の所有状況について詳しく尋ねると異なる表現が出てくる。自分が所有するヒツジに対しては「所持する」（*a avea*）という言葉を使うこともあるが、預かっているヒツジに対しては「保持する」（*a ţine*）としか言わない。この「保持する」という表現は飼養の現場で頻繁に耳にするもので、自分で管理、世話する家畜に対して用いるのだが、そこに「所有している」という意味は含まれないのである。

　ヒツジの乳で造ったチーズや復活祭の馳走となる子ヒツジの肉は、都市郊外のハイパーマーケットでも購入することができる。しかし、それらよりも、伝統的な移牧の過程で生産されたチーズや子ヒツジの肉に高い価値が置かれるのは先に述べたとおりである。家畜飼養を放棄した後も、ヒツジを所有し続ける理由はここにある。一年を通じてヒツジを委託するという形をとっていても、その所有者でありさえすれば、「有機的」で美味しいチーズや子ヒツジの肉を入手することができるのである。先に挙げたエレアナのような世代の人々は、ゴスポダリエに関わる仕事を「（肉体的に）辛い」（*greu*）もの、「汚い」（*urât*）ものとして敬遠する一方で、そこから得られる畜産物に高い価値を置いている。ヒツジの所有権だけを維持して、その飼養をゴスポダルに委託することによって、こうした葛藤を処理することができるのである。

　しかし、委託者は無条件に畜産物を受け取ることができるわけではな

第 6 章　ゴスポダリエ経営の論理と実際

い。まず、預けたヒツジが冬を越すのに必要な干し草を自分で準備する必要がある。また、委託したゴスポダルがスタプンにヒツジを預ける時の費用も負担しなければならない。金銭の支払いはともかく、干し草を準備するのは骨の折れる作業である。敷地内に採草地を確保し、草を刈り、乾燥させ、干し草を作る必要がある。さらに作った干し草を、ヒツジを委託しているゴスポダリエまで運搬せねばならない。干し草の運搬には大型の荷車を利用するのが普通で、自動車やウマで引く。すでに家畜飼養を放棄した世帯では、荷を引くウマはもちろんのこと、荷車自体も持たないことが多い。そうすると、運搬のための設備も近隣のゴスポダルから借りるなどして準備せねばならないのである。

　このような干し草仕事は、家畜飼養を放棄して近代的な生活を志向する人にとって大きな負担ともなる。先に取り上げたサプナル・マリアとクリステア・エレアナの世帯では、どのように草刈りを行っているのだろうか。

　サプナル・マリアは、彼女の父親世代までの分割相続のため、小さな敷地しか持たない。大きさにすると 3000㎡程度の平地で、斜面を含んでいない。彼女が完全委託している 2 頭のヒツジの飼料に値する干し草を作るためには、この全面で草刈りを行う必要がある。しかし、老女が一人で暮らすこの世帯には草の刈り手がいない。大鎌を使った草刈りを男性の仕事とするのはルーマニアにおける慣習で、現在の F 村にも根強く残っている。マリア自身も自分で草刈りをするつもりはなく、そもそも刈った経験自体がない。そこで彼女は隣人を金銭で雇って草を刈ってもらっている。この牧草地程度の大きさであれば、男性一人でも丸一日をかければ刈ることができる。草を刈った後は、彼女が一人でそれを乾燥させる。こうして作った干草は、隣接するスタプンのゴスポダリエへ引きずっていけばよい。彼女が少しずつ作業するが、スタプンの雇う牧夫たちが手伝って一度に運ぶこともある。

　クリステア・エレアナの世帯では、干し草仕事は毎年の厄介事である。草を刈るのは彼女の夫と大学生の息子であるが、骨の折れるこの仕事を

163

彼らは好んではいない。何かと理由をつけては先延ばしにするが、牧草が伸びきってしまう前には作業を始める。イネ科の牧草が分げつを繰り返すと刈るのがより大変になるからである。採草地となるのは、家屋の裏の平地から斜面にかけてである。家屋の周辺にも草は生えるが、数十センチメートルまで伸びたところで定期的に刈られている。ただし、これは干し草としての利用を考慮したものではない。彼らの家屋の周囲には色とりどりの花を植えた花壇が設けられている。その美観を損ねる雑草として、これらの草は刈られているのである。こうした事情から、彼らが干し草作りのために利用する採草地は、人目につきにくく普段は立ち入ることの少ない裏庭と斜面になる。

　平坦な裏庭と斜面の緩やかな部分は毎年のように草を刈るが、その上の急斜面で草刈りをするかどうかは、毎年のように彼らの間で議論の元となる。エレアナは、斜面の上方の林の中まで刈ることを主張するのだが、彼女の夫は自分たちが預けているのはヒツジ2頭だけなのだからこれ以上は刈る必要がないと反論するのである。これは実際に草刈りをする者とそうでない者との考え方の違いに留まらない。幼少期からのゴスポダリエとの関わり方にも関係しているようにも思われるのである。現在でもゴスポダリエを維持していることからも分かるように、エレアナの生家はM谷では比較的大きな規模のゴスポダリエで、彼女もその生活のリズムの中で成長してきた。一方、エレアナの夫の父親は石工だった。その生家は、現金収入を中心とし、ブタとニワトリを飼うだけの小さなゴスポダリエでしかなかった。そのため、彼が大鎌の扱い方や草の刈り方、家畜の飼養方法を学んだのは結婚してからのことなのである。社会主義政権崩壊後のゴスポダリエ経営も彼にとっては必要だから仕方なくしていたことであるし、現在の草刈りも必要最低限で十分と考えるのである。これに対して、エレアナは土地の利用の仕方や評価について「伝統的な」考え方を持っている。例えば、牧草を刈らずに放置すれば、自分たちの管理不足を隣人たちに露呈してしまうと考えるのである。

　刈った草は広げて太陽の光に当てて乾燥させる。その過程はゴスポダ

リエでの干し草作りと同じであり、同じように三角錐型の棚を利用する。干し草作りの様子や干し草が乾燥棚にかけられている様子は、家畜を飼養しているゴスポダリエと変わらない。ただし、干し草は委託先のゴスポダリエにそのまま運び込むので、屋根裏に収納したり、乾草堆を作ったりすることはない。エレアナの世帯では近くに住むイトコから荷車を備え付けた自動車を借りて干し草を父親のゴスポダリエまで運ぶ。これには金銭の支払いが必要である。運び込んだ干し草を量ることはないし、預けているヒツジの数と干し草とを比べるようなやりとりも見られなかった。

## 2. ヒツジからウシへ

　F村のゴスポダリエ経営では、所持する牧草地の大きさとのバランスで飼養する家畜の種類と数とを決定するのが常であった。年老いたゴスポダルたちからよく聞かされたのは、「大きな土地を持っているならウマやウシを飼い、それが小さければヒツジを飼う。土地がほとんどなければブタを飼う」といった言葉である。ただし、これらの家畜は取捨選択するものではなく、追加していくものとして理解されている。牧草地をほとんど持たないゴスポダリエは、牧草の必要ないブタだけを飼養する。牧草地を持つゴスポダリエでは、ブタに加えてヒツジを飼う。そして、その牧草地が大きければさらにウシやウマを飼うといった具合である。

　現在でも、高齢者の経営するゴスポダリエは、伝統的な家畜飼養の序列に基づいて家畜を飼養していることが多い。牧草地が小さい人はヒツジのみを、ウシを飼っている人は同時にヒツジも飼養しているのである。ゴスポダリエ経営において、特定の家畜に集約するのではなく、多様な家畜を飼養することは生活の安定のために不可欠なことであった。

　しかし、現在のM谷においては、飼養する家畜の順序を考慮しないゴスポダリエ、具体的にはヒツジを飼養せずにウシを飼養するゴスポダリエも見られる。ヒツジにせよウシにせよ、ゴスポダリエで飼養するた

めには冬期の飼料となる干し草が必要である。先述の通り、牧草地の質や日当たり、天候などにもよるが、1ha の牧草地からは 2,000kg 前後の干し草を作ることができるという。そして一冬にこれだけの干し草があれば、7〜8 頭のヒツジ、あるいは 1 頭のウシを養うことができる。要するに、必要な干し草の量からすれば、ヒツジ 7〜8 頭がウシ 1 頭に当たるということになる。単純に数字のみを取り上げて考えてみると、本来であれば 1ha の牧草地を持つゴスポダリエであれば、7〜8 頭程度のヒツジを飼養することになる。しかし、現在、ヒツジを全く持たずに 1ha の土地でウシ 1 頭を飼養するという選択を行うゴスポダルも存在するということなのである。

　しかし、前節で指摘したように、このような経営方針は高齢のゴスポダルたちには避けられるものである。では、このようなゴスポダリエが登場している理由はどこにあるのだろうか。

　まず、こうしたゴスポダリエの選択には、自給自足を基本とした「伝統的」なゴスポダリエを、金銭収入を目的とした経営形態へと変化させるという意図がある。すなわち、「利益のない」ヒツジから「効率のよい」ウシへの移行である。筆者が集約的に調査を行った M 谷には、現在でも 34 のゴスポダリエが維持されているが、その内の 2 つはウシを飼養するのみで、ヒツジがいない。これらのゴスポダリエに共通しているのは、子ども夫婦が同居し、親のゴスポダリエ経営を手伝うのはもちろんのこと、その経営方針にも深く関わっていることである。

　ポペスクのゴスポダリエには、3 世代 6 人が暮らしている。30 代後半のツツレは獣医師、その妻は教師である。親夫婦は常にゴスポダリエに留まってはいるが、重労働のほとんどをこなすのは息子夫婦である。彼らがゴスポダリエの経営方針を大きく転換したのは 2005 年頃のことで、両親の体力の衰えもあって、ツツレのゴスポダリエ経営に関する発言力が強くなった。彼は、以前よりウシを中心にした効率的な牧畜経営を考えていたのだという。

　それまでのポペスクのゴスポダリエでは、1 頭のウシ、15 頭のヒツジ、

3頭のブタ、ニワトリ、さらに荷役のロバ1頭を飼っていたが、ヒツジとブタの飼養をやめ、ニワトリとロバだけを残して、ウシを3頭に増やしたのである。また元々は地元原産のウシを飼養していたのだが、数年前にそれをすべて乳量の多いホルスタイン種に替えた。地元原種のウシだと多い時期でも一日に10ℓを搾るのがやっとであるが、ホルスタイン種であれば20ℓ以上を搾ることができるという。ただし、ホルスタイン種は寒さに強くないため、飼養には細心の注意が必要である。夏季を除いてウシをゴスポダリエ内外の牧草地に放ったままにすることはなく、畜舎に閉じ込めておく。また、頻繁に身体を洗って健康状態にも気を使う。こうした対処は獣医師であるツツレの知識や技術によるところが大きい。

　彼らは、飲用したりチーズを作ったりして自家消費する分を除いて、ほとんどの乳を都市Zの工場に出荷している。工場からは1ℓにつき0.7レイ（40円弱）が支払われる。乳が苦くなる出産前の2か月を除いて、定期的に乳搾りを行う。3頭のウシに対して年に300日乳搾りを行い、平均して一日当たり20ℓの乳を搾ることができるとすれば、単純計算で1万8,000ℓの乳を得ていることになる。ただし、工場に出荷しても年に1万2,600レイ（65万円強）の収入となるだけで、これのみで生活できるわけではない。

　もう一つの事例、コドレアのゴスポダリエはまた異なる事情からウシを飼養している。このゴスポダリエの特徴は、40代の息子夫婦の経営するペンションを併設している点である。このゴスポダリエで飼養するのはウシ1頭と家禽であるが、息子はブラショヴに勤めに出ているし、同居する母親は高齢であるので、家畜の世話をするのは息子の妻である。ウシから得られた乳は、工場に出荷することはなく、新鮮な乳やそれから造ったチーズとしてペンションの宿泊客に提供するのを常としている。このような乳製品は都市からやってきた観光客にも人気がある。

# 第7章　ゴスポダリエの周辺を生きる人々

　ここまで、ゴスポダリエ経営の実態を明らかにしてきたが、現在ではゴスポダリエを経営する世帯は減少し、残るのも高齢者がほとんどいう状況にある。家畜飼養を放棄した、つまりゴスポダリエと呼ぶことができなくなった世帯は、何らかの現金収入によって生計を立てている。近隣の都市に勤め先があったり、村内で賃金労働に従事したりという具合に「勤め」を持つこともあれば、自身の家屋をペンションに改装して現金収入を得たり、あるいはこの両方を組み合わせるケースもある。また、高齢者の中にはゴスポダリエに代わる生活の糧を持たず、年金収入や子どもからの援助によって生活している人もいる。

　本章で扱うのは、こうした自らゴスポダリエ経営を行わない人々の生活である。まず彼らが家畜飼養を放棄するに至った過程を明らかにする。次に積極的にゴスポダリエを放棄した世代がどのように生活空間を作り替え、そこでどのように生活しているのかを、筆者が観察しえた具体的な事例を用いて描写する。そうすることで、こうした新しい生活を営む人々もまた近隣のゴスポダリエと密接な関わりを有していることを明らかにしていきたい。

## 第1節　家畜飼養の放棄

### 1. 高齢者による家畜飼養の放棄

　前章では高齢者のゴスポダリエ経営について記述した。彼らは、伝統的な方法と価値観とをもってヒツジやウシの飼養を続けているが、自分たちの体力の低下や活用できる労働力の不足から経営規模を縮小している。しかし、彼らがニワトリを除いたどのような家畜をも飼養できない状況に陥れば、それまで飼養していた家畜を手放さざるを得なくなる。

　高齢の夫婦が家畜飼養をやめる最も重大な契機は、一方の配偶者の死

である。実際にそうしたケースは多いし、ゴスポダリエを経営している夫婦が、そうなることを想定した発言をすることもある。つまり、夫と妻、そのどちらかが欠けてしまえば、それまでの生活を続けることができないと考えるのである。単純に考えても労働力が半減するわけであるし、活動の自由が制限されることにもなる。例えば、夏、干し草を作る時期には常に天候に気を配り、雨が降り出す前に乾かしている途中の草を乾燥棚に積み上げたり、小山にしたりせねばならない。冬に家畜がいるときには、その様子に気を配らねばならないし、特に出産前のウシやヒツジからは目が離せない。こうした事情から、長時間に渡ってゴスポダリエを無人にすることを避け、夫婦のどちらかが必ず留まる。そのため、毎週の日曜礼拝や買い物にしても二人で連れ立って出かけることはまずない。片方が欠けてしまえば、時期によっては買い物すら満足にできない可能性もある。

　またF村においては、高齢者ほど男女の分業が明確であることが多い。人手が少ないことから夫婦で一緒に仕事をすることも多いが、どちらか一人によってしか行われない仕事もある。ゴスポダリエ経営に直結する仕事としては、牧草の草刈りは男性の仕事とされる。草刈り鎌を扱うことができるのは男性だけとされているし、草刈りは非常に重労働だからである。草刈りを行う人の中に女性の姿を見ることはないし、女性のほとんどは草刈り鎌を振るったこともないという。希に草刈りを行う女性もいるが、それにしても「中庭」で少しの草を刈る程度である。一方、菜園の管理や食事の準備はほぼ完全に女性の仕事となっている。堆肥を混ぜて土を耕し、畝を作り、種や苗を植えるという菜園作りには男性も加わるが、野菜やハーブが育てばその管理は女性の手に委ねられる。食べ頃の食材を選んで、台所へと運んで、すぐに調理する。これらは、基本的に女性の仕事なのである。

　一時期、あるゴスポダリエに間借りしていた筆者は、そこで暮らす老夫婦に食事の準備を任せていた。ある日曜日、ゴスポディナは教会の礼拝に出かけたが、昼食の時間を大きく過ぎても戻ってこなかった。筆者

第7章　ゴスポダリエの周辺を生きる人々

もゴスポダルも腹を空かせていた。しかし、彼は「婆さんが戻ってくる
まで待とう。待ちきれなくなったら、娘の所に行って食べさせてもらお
う」と筆者の肩に手をかけて話すのだった。結局、その後すぐにゴスポ
ディナが戻ってきて食事の準備を始めたが、ゴスポダル自身はまったく
料理ができないと聞かされた。せいぜい作っておいた汁物を温め直した
り、チーズやベーコンを切ったりするくらいだというのである。

　老夫婦の多くは、こうした分業によってゴスポダリエを経営すること
を強く意識しているようである。実際、M谷のゴスポダリエで住人が一
人きりで経営しているケースは一つもない[24]。M谷には老人一人世帯が
12あったが、そのどれもが大きな家畜を飼養してはいなかったのであ
る。配偶者を失ってゴスポダリエを放棄した老人の中には、それを機に
子どもと寝食を共にするようになる人も多い。

　70歳のクライオヴェアヌ・ヨアナは、娘夫婦と2人の孫息子と5人で
暮らしている。娘夫婦は共働きで、食事や掃除、孫の世話は彼女の仕事
である。彼らの家屋は、二階部分が未完成であるものの、近代的な外観
と内装を持った大きなものである。彼女が夫を失って家畜を処分したの
は5年前のことである。現在の彼らの家屋は、その後に娘夫婦が古い家
屋を増改築したものだ。ヨアナの夫が死んだ時、娘夫婦はブラショヴの
アパートで暮らしていた。一人になったヨアナとF村で一緒に暮らすこ
とを考えて、家屋を改築したのである。その際、一時的にブラショヴの
アパートにヨアナが移ったが、一階部分の改築が終了してから皆で移り
住んできたのである。

　このヨアナのケースのように、老人たちの中には自分たちが年老いた
ら子どもが戻ってきて、世話をしてくれることを期待する人も多い。子
どもの方でも、老親がゴスポダリエ経営を続けることができる限りは
放っておくが、一方が欠けたり、働けないほど年老いてしまったら、自

---

24　ただし、M谷以外では老女が一人でゴスポダリエを経営している例も見られた。
　そのゴスポダリエでは近隣で暮らす子どもが頻繁に手伝いに来ていたし、飼養し
　ているのも草刈りを必要としないブタだけであった。

分たちが世話をすることになると話すことがあった。

　老夫婦の一方を欠くことが家畜飼養を放棄する契機となるのは、家畜飼養の後継者がいないからでもある。現在では、すべての子どもが平等に親の土地を相続する傾向が強くなっており、土地を相続したすべての子どもが老親扶養の義務を負う。しかし、親の敷地内で一緒に暮らす子どもであっても、その家畜を相続しようとする者はまずいない。その理由や背景については次項で述べるが、すなわち、老人たちは「ゴスポダリエの後継者」を欠いているわけである。自分たちに代わってその先も家畜飼養を続ける子どもがいないからこそ、自分たちの手に負えなくなれば家畜を処分するしかなくなる。

　次に、子どもにゴスポダリエを継承する意思がない故に、家畜飼養を放棄せざるを得なくなった例として、ロボンツのゴスポダリエを挙げてみたい。ロボンツは近隣の丘に広大な牧草地を持ち、そこで十数頭のウシを飼養して生計を立てるゴスポダルだった。ロミカというモルドヴァ人の人夫と共に谷間のゴスポダリエから丘へ通ってウシの世話をし、夏はそこに建てた小屋に泊まり込んだ。調査当初、筆者は彼の元を頻繁に訪ねたが、下宿先を遠い場所に変えてからは訪れる機会が減っていた。

　村中で草刈りを行っていた8月のある日、筆者は数か月ぶりに彼らの元を訪れた。丘の牧草地の一部は即席のバリケードで囲われて保護されていたが、草はほとんど刈られていなかった。小屋に近づくと側につながれたイヌが吠え始め、ロボンツが顔を見せた。ウシの姿が見えなかったので、ロミカと放牧に行っているのかと尋ねたのだが、ロボンツは頭を振って、もういないと言った。要領を得ないので詳しく話を聞くと、ロミカは彼の元を離れ、現在はブカレストの工場で働いているという。そして、働き手を失った彼は飼養していたウシをすべて売り払ってしまったのだ。それでも牧草を刈っているのは何故かと尋ねると、干し草を作って売るのだという。

　ロボンツには2人の息子と2人の娘がいる。娘はどちらも結婚しており、夫と共にロボンツと同じ家屋で暮らしている。彼女たちはゴスポダ

リエの一部を分筆され、新しく家を建てていた。それが完成すれば、住まいを移すつもりだという。長男は隣のコムーナpにある建築会社に勤め、次男は高校に通っている。長女はブラショヴ、次女は都市Y、そして彼女たちの夫はどちらもブラショヴにそれぞれが勤めを持ち、毎日通っている。2人の娘婿を含めて、すべての子どもがロボンツの家畜飼養を継承する意思を持っていなかった。また、その仕事を手伝う気もなく、子ども時代を過ぎると、丘の放牧地に行くこともなくなっていた。こうした事情から、彼はロミカを雇って家畜飼養を行っていたのである。そして、ロミカが去り、代わりの労働力を得ることができなかった彼はやむなくウシを売り払うに至った。ロボンツも彼の妻もまだ50代半ばであったが、2人だけでは以前と同じように牧畜経営を行うことはできないのだという。

　このように、根本的には労働力を確保できないことによってゴスポダリエの家畜飼養は成り立たなくなっていく。では、彼らが手放した家畜はどうなるのだろうか。ブタの場合、クリスマスに屠畜した後、翌春に子ブタを購入しないだけである。10歳を超えるようなウシの場合、獣医の診断を受けたうえで屠畜場に売却する。まだ乳を出し、子どもを産むこともできるメスであれば、動物市に連れて行く。ヒツジは自分たちで屠畜して食べてしまうが、場合によっては所有権を維持したままで他のゴスポダルに預ける。このヒツジの完全委託については前章で述べた。

　ゴスポダリエを経営する高齢者は、体力の低下と共に経営規模を縮小する傾向にあるものの、様々な形で労働力を確保して家畜飼養を続けていく。しかし、夫婦の片方が欠けると、それまでの生活を続けることが難しくなる。そうした中で家畜を放棄し、ゴスポダリエは消えていく。そしてその根底にあるのは、彼らの子どもや孫の世代がもはや家畜飼養を続けることを考えていない、すなわち「ゴスポダリエの後継者」がいないという状況に他ならない。

## 2. 若年者による家畜飼養の放棄

### （a）利益のない家畜飼養

　高齢者たちがやむを得ず家畜を放棄するのに対し、より若い世代は新しい生活を送ることを考えて家畜飼養を放棄する傾向にある。1990年代のルーマニアは、民主革命以降の政治的・経済的混乱期にあたり、インフレーションと物不足の状態にあった。その中で、多くの人が自身のゴスポダリエを経営することで必要な畜産物を確保した。役人・教師・警察官・軍人などは勤めを維持することができたが、そうした人々であっても家畜飼養に携わることで生活を安定させようとしたのである。

　そうした状況が変わり始めたのは、1990年代末から2000年代初頭にかけてのことである。国内の経済状況が安定を見せ始めたのと時を同じくして、家畜飼養を放棄する人々が出始めたのである。最も早い時期に家畜を手放したのは、小さなゴスポダリエである。そう呼ばれるのは、賃金労働と家畜飼養とを組み合わせた世帯で、資源の面でも家屋と中庭から構成される小規模なものである。牧草地を持たないことも多く、一年を通じて畜舎に入れておくことのできるブタを飼養した。こうした世帯がブタの飼養をやめ、現金収入によって生計を立てるようになったのである。

　この頃には、外国資本のハイパーマーケットがルーマニア国内に進出し始め、ブラショヴにも数店舗が展開された。輸入食品も多く陳列され、季節を問わず必要なものを必要な時に手に入れることができるようになった。現在ではブラショヴ市内に数多くのハイパーマーケットが立ち並んでいるし、そこまで行かなくとも、途中の都市Yにもスーパーマーケットがある。コムーナpの外れにも小さなスーパーマーケットがある。ハイパーマーケットやスーパーマーケットの存在は、F村の人々の生活を大きく変えるものでもあった。自家用車を持つ人は週に何度か買い出しに行くし、バスを利用して買い物に行く老人もいる。

　政治的・経済的に不安定な状況において、ゴスポダリエを持ち、家畜を飼養することは自分たちの生活を保障することにつながったのだが、

状況が変わったのである。M谷で暮らす40代のある男性は警官で、ブラショヴの警察署に通勤している。現在は賃金収入のみによって生計を立てているが、2003年ごろまでは3頭のブタを飼養していた。彼は当時のことを、「必要だからブタを飼っていただけだ。今はハイパーマーケットに行けば何でも買うことができる」と話すのである。

　ハイパーマーケットに行けば、必要なものを必要な時に必要なだけ手に入れることができる。しかし、それには当然ながら現金が必要である。現在、40代から50代に達するような人々は、民主革命を機に工場が閉鎖されて以来、ゴスポダリエに専念することとなったが、2000年前後には新たな職を得ることができるようにもなっていた。外国資本の工場が通勤範囲内に建てられたのである。また、住民の中にはドイツやイタリア、スペインといった西欧諸国に出稼ぎに行く人も見られるようになった（杉本2012a）。彼らはゴスポダリエ経営と賃金労働を組み合わせて生活していたが、次第に賃金労働に重点を置くようになっていった。

　このような生活環境の変化の中、自家消費を目的とするゴスポダリエの家畜飼養が「利益のない」（*nerentabil*）ものと考えられるようになった。社会主義時代の家畜飼養は国家との契約の下に行われており、定められた畜産物を国家に供出して金銭を受け取っていた。そのシステムが崩壊した後は、畜産物はすべてゴスポダリエのものとなった。これは彼らの生産意欲を向上させる状況であったが、安定した現金収入を得ることを不可能にする側面もあった。F村の場合、都市Zにあった牛乳工場は民営化されて維持されたが、羊毛や子ヒツジに関しては安定した出荷先を失うこととなった。かつて羊毛は重要な衣類の原料で、セーターやベスト、靴下など、住民の多くが自分たちで作った毛織物を身に着けた。カーペットやベッドカバーなども自分たちで編んだものだった。しかし、現在では既製品の衣類を身に着けることが多くなった。羊毛の用途がなくなりつつあるのである。

　社会主義的な生産システムの崩壊以降、ゴスポダリエ経営は自家消費の側面が強くなっていたが、新たな社会状況の中でその意義が変化しつ

つある。金銭があれば必要なものを手に入れることができる状況におい
て、近代的な家屋や家電、衣類、食料、新しい車などを求める人々に
とっては、現金収入に結びつかないゴスポダリエ経営は魅力的なもので
はなくなっている。また家畜飼養は現金収入を生み出さないだけでなく、
幾ばくかの出費を伴うものでもある。ウシやヒツジを移牧に出すのにも
金銭が必要だし、ブタを肥育するのにも飼料費がかかる。こうしたこ
とから、家畜飼養は「利益のない」仕事として放棄されるに至ったので
ある。

### (b) 家畜飼養の「汚れ」

　こうした経済面だけでなく、家畜飼養に関わる仕事自体が嫌われると
いう側面もある。多大な労力を必要とするという理由だけでなく、それ
に伴う悪臭や汚れを嫌う発言をする村民も多い。彼らが頻繁に用いる
のが、「ミゼリエ」（mizerie）という言葉である。辞書には「貧窮、貧困、
惨状、災難、汚れ」といった意味が載っているが、彼らの日常会話の意
味するところは「汚れ」である。

　包装紙や雑誌の切れ端などの小さなゴミ、埃や塵、何となく雑然と
していて汚らしい様子などを指して、ミゼリエという言葉は使用される。
ただし、この言葉はゴスポダリエの伝統的な生活、そこでの家畜飼養と
結びつけられることが多い。その言葉の指す範囲は広く、汚れた家畜、
その糞、糞で汚れた畜舎、干し草の屑、屠畜作業の際に出る血、さらに
はゴスポダルや牧夫の汚れた服などが含まれる。

　ゴスポダリエのミゼリエについて、筆者の目の前でちょっとした口論
が起こったことがある。クリスマス前のある日、筆者はブタの屠畜作業
を観察しに出かけた。下宿先に戻ってくると、そこの 40 代の女性に
「どうだった？　たくさんのミゼリエが出たでしょう」と尋ねられた。
彼女は、すでに家畜飼養を放棄し、賃金労働によって生計を立てている。
屠畜の現場は、流れ出たたくさんの血が雪と混じり、赤黒い泥で埋め尽
くされていた。作業に当たった人々の衣服は血や泥でべっとりと汚れて
いた。しかし、筆者が口を開くより早く、たまたま同席していた彼女の

第7章　ゴスポダリエの周辺を生きる人々

母親が、「これは伝統的な仕事だ」と言った。この母親は現在も家畜飼養に携わるゴスポディナでもあった。娘は「でもミゼリエが」と話を続けようとしたが、母親は「聞いて」と大きな声で筆者の注意を引き、「ミゼリエを出さなかったら、何を食べる？」「商店で食べ物を買えば、ミゼリエは出ない。でも伝統的な方法は自然かつ有機的で、より良いものだ」とじっと筆者の目を見て言い聞かせるように話したのだった。

　この会話の内容からも分かるように、ゴスポダリエの家畜飼養はミゼリエと切り離せない。「中庭」で屠畜作業を行えば、そこは大量のミゼリエと臭いで埋め尽くされる。その後のソーセージ作りを台所で行えば、そこも同様である。ゴスポダリエのミゼリエを嫌う人も[25]、そこで生み出される畜産物の価値は認めている。彼らもまた食物を「化学的なもの」と「有機的なもの」とに分ける考え方をもっており、ゴスポダリエの畜産物を「有機的で健康に良く、美味しいもの」と考えているのである。しかし、それを手に入れるまでの肉体的負担や生活空間を満たすミゼリエを考慮し、現金収入で生活することを選んでいる。

　ただし、ヒツジやブタを処分した場合でも、ニワトリのみを飼養するケースは多い。ニワトリからは卵と肉を得ることができる。ニワトリを屠畜し、食肉にするまでにはやはりミゼリエが出る。血抜きが必要であるし、毛を抜くのは手間のかかる作業である。先に挙げた40代の女性もニワトリを飼養している。彼女も嫌々ながらこうした作業をしている。彼女に言わせれば、「ニワトリだけでこうした仕事は十分」なのである。より多くのミゼリエの出るブタやヒツジに比べれば、ニワトリは許容範囲ということのようである。また、ヒツジも所有権だけを持ち、親のゴスポダリエに預けている。復活祭には、自身のヒツジが生んだ子ヒツジを受け取るのだが、屠畜作業は完全に親のゴスポダリエで済ませ、調理

---

25　ミゼリエを嫌う態度と「衛生観念」とはまた別のものである。M谷では、骨付きの鶏肉を手で食べることを「ルール」と言い、その他のものを手づかみで食べることがあった。これはゴスポダリエ、近代的な世帯を問わず同じである。しかし、食事前に石けんなどを使って丁寧に手を洗うということはないし、収穫あるいは購入した野菜や果物を洗うということもほとんどなかった。

177

の前段階にしてから運んでくる。復活祭用の子ヒツジをスタブンから購入する人は多いが、そうした場合も、屠畜作業はスタブンのゴスポダリエで済ませておくのである。

　このように、様々な事情から村内のゴスポダリエは減少している。後継者のいない高齢者夫婦のゴスポダリエは、多くの場合、配偶者を亡くすことを機に家畜飼養をやむなく放棄する。より若い世代になると、家畜飼養が金銭的収入に結びつかないという経済的理由、またそれに伴う多大な労力や「汚れ」を避けるという理由から、新しい生活に営むようになっている。

## 第2節　近代的な生活空間

　筆者が集約的に調査を行った M 谷では、様々な様式の家屋が連なるように建っている。その外観は様々で、伝統的な木造家屋もあれば、社会主義時代に建てられたコンクリート造りの家屋、近年に新築・改築された近代的な家屋が含まれる。高齢者が自らの住居に対して金銭をかけることはなくなっているが、30代後半から40代にかけての若年層は家屋の改築や新築、その内装、家具や電化製品の購入に積極的な姿勢を見せるからだ。ここでは、彼らによって生み出された近代的な生活空間、その住居や敷地内の特徴を明らかにしていく。

### 1.　住居

#### （a）家屋の外観と建築過程

　近年に増改築した家屋はその外観が特徴的で、伝統家屋や社会主義的家屋と容易に区別が付く。二階建て、時には三階建ての建物は、平屋を基本とする伝統家屋や社会主義期の家屋と比べて目に付くものである。真っ白な漆喰で塗られた壁面も、緑や茶、グレーのペンキで塗装した粗いセメントの壁や板張りの壁とは対照的である。木材と白い壁とを組み合わせたログハウス風のものもあるし、壁面を薄いピンクや黄色に塗っ

第7章　ゴスポダリエの周辺を生きる人々

ているものもある。

　一見すると、こうした家屋は農村に新たに持ち込まれた近代的なものものようにも映る。だが、その基となっているのは古い伝統的な木造家屋、あるいは社会主義時代に建てられた家屋で、それを増改築したものがほとんどなのである。居室や台所を増築したり、屋根を壊して二階、場合によっては三階建てにしたりしている。

　古い家屋を増改築するのに際し、用いられる資材も変化している。例えば、古い木造家屋の屋根はこけら板で葺かれていたが、社会主義時代にはこれが赤煉瓦に変わった。そして近年に改築された家屋の屋根は薄くて軽いトタンへと変化している。

　さらに特徴的なこととして、木材が再び多く使用されるようになった。社会主義時代、ブチェジ山地やピアトラ・クライウルイの山麓に広がる共有林は国有化された。森林管理局の下に樹木の伐採が行われ、製材工場で木材が加工されるようになったのである。製造された木材は、国家の管理の下で国内に流通した。かつて、ブラン地域のゴスポダリエは森林の使用権を持ち、必要に応じて樹木を伐採することができたのだが、森林が国有化されると、それも不可能になった。そのため、社会主義時代に建てられた家屋では木材が少なく、レンガやセメントが中心となった。木造の伝統家屋を増改築する際も同様で、コンクリートで部屋を増築したり、表面を覆ったりしたものが現在も残されている。当時、彼らが木材を利用するには、取り壊した家屋や畜舎に使用されていたものを再利用するしかなかったという。

　社会主義政権の崩壊から15年以上が経過した筆者の調査当時でも、森林をどの村落やコムーナに返還するのか、使用権を誰に与えるのかといった問題に解決策が見つからず、森林は国有の状態のまま残されていた。それでも民営化した製材工場から木材を直接購入することができるようになった。広大な丘や山の麓の土地を個人所有する住民の中には小規模な木工所を持つ人もおり、そこから木材を入手することもできる。このようにして準備した木材が、建材として再び利用されるようになっ

179

ている。木の家はコンクリートと比べて暖かく、多くの村民がそれを好んでいる。

**写真 7-1：近代的に改築した家屋**

　近代的に様変わりした家屋は、都会人が新築した別荘と大差ないように見える。しかし、農村住民の家屋は、基となった古い家屋の名残を留めている。部屋の間取りもそうであるが、外観から判断できる目印もある。それは屋根に設置された十字架である。伝統的な木造家屋や近年に増改築された家屋は切妻屋根の形状をとることが多い。この棟の両端、あるいはその片方に金属や木で造られた十字架が取り付けられているのである。十字架は十字を模っただけのシンプルなものもあれば、彫刻や装飾をあしらったものもある。これは家を守護するための呪術的な意味を持ったシンボルで、「これを付けておくと神様が雷から護ってくれる」と説明する老人もいた。損失していないかぎり、伝統家屋には必ず設置されているし、古い畜舎や社会主義時代に建てられた家屋にも見られることがある。この十字架は、家屋を増改築する際も捨てずにとっておき、

第7章　ゴスポダリエの周辺を生きる人々

新しい屋根にまた設置するのである。対照的に、都会人が新たに土地を買って新築した別荘には、このような十字架が見られない。

　もう一つ特徴的なのが、二階部分へと続く階段が屋外に設置されていることである。こうした家屋は、古い平屋の一階部分をほとんどそのままにして二階や三階部分を建て増しするため、そこに至る階段を屋外に付けざるを得ないのである。ただし、一階部分をも大幅に増築した場合には、屋内に階段が設けられることもある。それでも多くの新しい家屋の階段は屋外にあるため、日本で見られる二世帯住宅のような雰囲気がある。実際、将来は自分たちが一階、子ども夫婦が二階に住めばよいと考えている住人もいるし、普段は使用しない二階部分を観光客に貸している人もいる。

　家屋を増改築する際、屋根の解体、柱や壁の建設といった作業については建築業者を呼ぶ。作業は数週間に及ぶが、その間の昼食は依頼主が準備する。しかし、その後の作業、内装だけでなく電気系統や水回りに至るまで、住人が自らの手で行うことが多い。ある 40 代男性は、「人に頼むと金がかかる。自分でやれば資材を買ってくるだけで良い」と筆者に話した。彼らは平日の夜や休日などにゆっくりと時間をかけてこうした作業を行う。そのため、村内には改装を終えた一階部分で居住し、二階部分は数年間に渡って作業を続けることも珍しくない。M 谷を歩いていても、漆喰を塗った一階とは対照的に、二階の外壁が板張りのままになっている作業途中の家屋が多くみられるのである（写真 7-2 参照）。

　このような話を聞き、実際に彼らの作業を見ることは驚きでもあった。専門家ではないにも関わらず、電気の配線や配水管を通し、漆喰を塗り、タイルを貼るといった様々な作業を一人でこなすからである。他にも一人で自動車を修理したと胸を張るゴスポダルもいた。こうした総合的な技術を身につけているのは 40 代から 50 代、要するに社会主義時代に幼少期から教育を受け、工場で働いた経験を持つ人々である。彼らの技術について尋ねると、「学校や職場で自然と身についた。自分たちはプロではないが、一通りのことは自分でできる」と答えが返ってきた。こう

181

した技能もあってか、可能な限り金銭をかけずに自分たちで作業する人が多いようだ。

**写真 7-2：改築途中のままの家屋**

　一方、これより若い 30 代前半までの人々となると、異なる方法で家屋を増改築する傾向にある。彼らは、自分たちで時間をかけて作業をすることはなく、すべてを業者に任せる。ある時、30 代の夫婦が古い家屋を増改築した。建築業者とは別に左官屋を呼んで、バスルームを仕上げた。妻の方は「3 日間で 700 レイ（3 万 7,000 円程度）。高くないでしょ」と言ったが、それを聞いていた 10 歳年長の姉夫婦は、口をへの字にして黙り込んでいた。彼らの世代からすれば、自分たちでできることに金銭を使うのは理解できないことのようである。

　**(b) 間取り**

　古い木造家屋は、小さめのホールの左右に部屋が設けたものが多かった。すなわち、横に連なった三部屋の中央が若干狭いのである。こうした間取りは、近代的に改装された住民の家屋にも見ることができる。こ

第7章　ゴスポダリエの周辺を生きる人々

れはもちろん、伝統的な家屋を基に増改築した痕跡である。以下に実際
の間取りの例を挙げておく。

　先に提示した写真7-1は、金銭収入によって生計を立てる40代前半
のクリステア・アウレルの家屋である。彼は民主革命の少し前に結婚し、
古い伝統家屋を増改築して暮らし始めた。数年前に二階部分を増築した
が、現在もその内装工事を続けている。この家屋の一階では、古い家屋
の三部屋をそのまま居室として利用している。戸口を入ると小さな入り
口ホールがある。そこを抜けると真っ直ぐな廊下が続く。この右側に並
ぶ三部屋が基となった部分である。真ん中の部屋が両脇の部屋と比べて
狭いのは、そこがかつてホールだったからである。そこから両隣の部屋
へ続くドアをふさぎ、廊下からそれぞれの部屋に入るドアを付けた。こ
れらの部屋の反対側にはバスルームと台所が増築された。バスルームは
浴室とトイレとを兼ね備えたユニットバスである。かつてのゴスポダリ
エではトイレや台所は「中庭」に別々の小屋を建てて設置するものだっ
たが、それらが家屋の中に設けられるようになっている。

　もう一つ特徴的なのがテラスの存在である。この家屋では入り口から
真っ直ぐに伸びた廊下の先にテラスが設けられている。テラスは見晴ら
しの良い場所に造られる。この家屋の場合、「中庭」だと急峻な斜面に
視界が遮られるため、その反対の通りに面した側にテラスがある。ここ
からは、開けた谷間とその先の斜面、さらにブチェジ山地を眺めること
ができるのである。多くの場合、テラスは建物から外にはみ出すのでは
なく、その内側に造られている。頭上に上階や屋根があり、雨が強く吹
き込まない限りは濡れないようになっている。通常、テラスには大人数
で利用できるテーブルが置かれている。祝祭日に親族が集まると、ここ
で昼食をとるのである。

（c）ホール

　伝統的な木造家屋の玄関ホールは応接間としての役割も果たしており、
十分な広さがあった。しかし、近代的に増改築された家屋の場合、単に
玄関としての役割しか果たさないようになっている。クリステア家では、

183

幅 2.5m、奥行き 3m ほどの狭い空間である。彼らはここに洗濯機、冷蔵庫、食肉保存用の冷凍庫を並べて置いている。また、壁面には複数のフックが付いており、冬にはコートや帽子を掛けることができる。

### (d) 台所

　玄関を通り抜けた来客が案内されるのが台所である。単なる調理場としてだけでなく、カウチやテーブルを備えた食堂でもある。ここはダイニングキッチンとして機能しているのである。クリステア家の場合、6畳間ほどの大きさの部屋で、L 字型のシステムキッチン（ビルトインキッチン）と同じく L 字型のカウチとが対角線上に配置されている。カウチの前には食卓を置く。カウチは木製で、座部にはクッションが組み込まれてある。詰めれば大人が 4 人座ることができるが、人が多くなければそのような座り方はしない。反対側に置いた背もたれのない椅子にも人が座ってテーブルを囲む形となるのである。

　ここではキッチンの設備もまた完全に近代化されている。食器類を収納する大きな戸棚、広い作業台、シンク、三口のガスコンロとオーブンが設置されている。ただし、コンロは、都市のようなガス管の設備が整っていないのでブタンのガスボンベを使用せねばならない。またオーブンは肉料理や焼き菓子を作るのに欠かせない。このような設備の他にも、様々な調理用家電が揃えられている。電子レンジは近代的な設備を整えた家庭の多くで見られるし、トースターやコーヒーメーカーを持つ場合もある。ルーマニアの村落部でコーヒーといえば、インスタントコーヒーを煮詰めた「トルコ風」（*cafea turcească*）に多量の砂糖を加えたものが出てくる。しかし、近代的な生活を志向する人の中には、コーヒーメーカーで抽出したコーヒーを好む人もいる。

　現在の F 村では、儀礼の時以外にパンを自家製することはなく、購入したものを食べるのが一般的である。村の商店で売られているパンは 1 種類で、表皮が硬く中身の柔らかいフランスパンに近い食感である。ブール、すなわちボール状で、1cm ほどの厚さにスライスされて売られている。このパンを一切れずつそのまま食べるのが普通だが、時おり

トーストして食べる人もいる。パンは適当な大きさにちぎってから口に入れる。そうすると多くのパン屑がテーブルに残されることになる。食事前、彼らは必ずテーブルクロスを敷いておき、それで包むようにしてパン屑を片付ける。「中庭」にパン屑をばらまけば、ニワトリが啄んで処理してしまう。

　台所は、食事を作ったり食べたりするだけでなく、住人が多くの時間を過ごす場所でもある。テラコッタ製のストーブがあるのもそのためで、冬には常に温かく保たれている。テレビも備え付けられているので、それで何らかの番組を見ていることもある。食事を終えた後もすぐにその場を離れることは珍しく、朝食後にはコーヒー、昼食後には茶を飲んでゆっくりと過ごす。手が空いた時や休日などにも、ここに人が集まっている。仮眠をとる時を除けば昼間に寝室に行くことはほとんどない。

　筆者自身も彼らと共に台所で長い時間を過ごしたが、特徴的だったのは彼らが座る位置である。台所では、誰かは必ずストーブの脇に置いた椅子に座る。人が多くてカウチに座りきれない時だけでなく、一人でいる時も必ずそこに座る。これはアウレルや妻のエレアナだけでなく、彼らの親がここにいる時も同様であった。ストーブのすぐ側で暖かいということもあるが、彼らがそうする理由は別にもある。この席の側にある窓を通して外の様子を確認しているのである。

　M谷を縦貫する車道からクリステア家を訪れるには、橋を渡り、隣人の牧草地の脇を通っていく。ストーブの脇に座れば、窓から橋までを見渡すことができるのである。台所で過ごしている際も、ストーブ脇に座っている人が、誰それが出かけていった、あるいは帰ってきたなどと口にするのが何度も聞かれた。また、そこに見たものが両親や隣村に住む三女の自動車であった時には、「母が来た」などと皆に告げる。そうしてしばらくすると、実際にクリステア家に姿を見せるのである。ただし、橋に来客の姿を見たからといって、何らかの準備をするわけではない。何の目的でやって来るのかを色々と類推したりはするものの、持てなしの準備をしたり、外に出迎えにいったりもしない。来客がこうした

親族の場合、玄関でひと声かけてから台所まで勝手に入ってくる。

このように、台所は料理を作り、消費する場所であると共に、居間でもあり、応接間でもあるのである。

(e) クリステア家での食事

毎日の食事は、この台所で調理され消費される。次に筆者が10か月近くに渡って下宿していたクリステア家の食事について記述していこう。そこからは、彼らのライフスタイルだけでなく価値観が垣間見える。

朝食は9時半から10時半くらいの間に食べることが多い。彼らは夫婦で小規模な手袋工場を経営し、近隣に住む3人の女性を従業員として雇用している。彼らがこのような時間に朝食をとるのは、自営業であるが故に時間を自由に使うことができるからである。数年前まで夫のアウレルはブラショヴの工場に勤めていたが、その時は朝早くに一人で食べていたのだという。この朝食の時間はゴスポダリエの生活でも同じであり、この地域の人の生活スタイルにあったものであるようだ。

日によって若干のバリエーションがあるが、簡単な肉料理・卵料理・パン・牛乳という組み合わせは基本的に同じだった。肉料理の内容は季節によって大きく変わる。復活祭の後なら子ヒツジの肉を食べるし、クリスマス後の「ブタの季節」にはスラニナやソーセージなどの豚肉を食べる。ソーセージはフライパンで焼き、スラニナは加熱しないままで食べることも多い。

現在のクリステア家は十数羽のニワトリを飼うのみで、すでにゴスポダリエではなくなっている。食肉なども都市の食肉店やハイパーマーケットで購入している。しかし、近隣で暮らす妻の両親が経営するゴスポダリエから季節ごとに様々な畜産物を得ている。そのため、ゴスポダリエの生活と結びついた食事のサイクルが彼らの食卓にも表れるのだろうし、ルーマニア正教とも結びついた伝統的な食生活が彼らの嗜好に深く根を下ろしてもいるのだろう。親から貰った肉があればそれを食べるが、なければ自分たちで購入したものを食べる。スラニナやソーセージも購入するが、彼らの購入品で多かったのがハム類 (*mezeluri*) である。

第7章　ゴスポダリエの周辺を生きる人々

ハムは豚肉を使ったものが多い。また、前日の食事の余り物が出ることもあった。豚肉や羊肉のグリルや、「キフテレ」（*chiftele*）と呼ばれる小さな平たい肉団子を焼いたものが並んだりもする。

　卵料理も朝食に欠かせない。卵は目玉焼きにしたり、ゆで卵にしたりする。目玉焼きはひっくり返さずに片面だけを焼く。ゴスポダリエでは多量の油を使い、時おり油を表面にかけるようにして焼くので、揚げたような状態になる。しかし、ここではそのような焼き方はせず、アウレルは「この方が健康に良い」と話していた。ゆで卵は半熟の状態にする。少しだけ殻を割り、小さなスプーンで掬って食べる。このような食べ方は高齢者の食卓では見られないものであった。

　クリステア家で飲む牛乳もまた、親のゴスポダリエから貰ったものである。ウシを飼養するゴスポダルの中には搾りたてをそのまま飲む人もいたが、彼らは火にかけるか電子レンジを利用して必ず加熱する。温まった牛乳はそのまま飲むこともあれば、インスタントコーヒーを溶かして飲むこともあった。コーヒーを混ぜた牛乳を彼らは「カプチーノ」と呼んでいた。また、普段は県都ブラショヴで暮らす小学生の甥が夏休みに彼らの所に滞在する。彼は朝食に市販のコーンフレークを食べることを好んでおり、それにもこの牛乳を使用していた。

　都市部のハイパーマーケットには様々なメーカーの牛乳が売られており、金銭さえ出せばいつでも手に入れることができる。しかし、アウレルたちが市販の牛乳を購入するのは希である。その理由は味である。F村で飼養されている地域原産のウシの乳は脂肪が多く、濃厚で美味しい。それに比べると、成分を調整した市販の牛乳の味は薄く、飲む気がしないのだという。一般にウシは出産が近づくと乳量が減り、味が変化する。そうなると、親から牛乳を貰う頻度も少なくなるし、貰った牛乳の味も普段とは異なるものになる。ある時、出産前のウシの乳が食卓に並んだが、一口飲んだアウレルは「苦い」と言ってそれ以上口を付けようとはしなかった。このようにある時期にはゴスポダリエの牛乳を得ることができなくなるのだが、彼らは市販の牛乳を購入することもなく、水や

187

コーヒーを代わりにして我慢する。

　肉料理・卵料理・牛乳・パンの他、チーズ類が食卓に並ぶこともある。多いのはゴスポダリエでも作られるカシュとウルダである。カシュはスライスしてそのまま食べるが、古くなったものは小麦粉をまぶしてからフライパンでカリカリに焼くこともある。ウルダはハーブと混ぜてペースト状にし、そのままあるいはパンに塗って食べる。クリステア家で消費するカシュやウルダには親のゴスポダリエから貰ったものも含まれるが、それだけでは足りず市場で購入している。また、夏期には山の放牧地で作られるブルンザ・デ・ブルドゥフやブルンザ・デ・ブラドを食べることもある。親のゴスポダリエに完全委託してはいるが、彼らは2頭のヒツジの所有者であり、これらの特別なチーズを入手することができるのである。彼らはこれらのチーズが届けられるのを楽しみにしている。

　昼食をとるのは正午を大分回ってから、15時前後になることが多い。昼食はまず汁物、次にメイン料理という順で食卓に並ぶ。この2つが同時に出されることはなく、汁物を食べ終わった人からメイン料理が出されることになる。パンは最初からテーブルに並べられており、なくなると棚から補充される。

　汁物は「チョルバ」（*ciorbă*）あるいは「スパ」（*supă*）である。F村の住民はこの2つの言葉を分けて使用するが、その区別は難しい。ある人は「肉を使うのがチョルバ、使わないのがスパ」と説明したが、スパと呼ぶものに肉が入っていることもあるし、野菜のみのチョルバもある。作り方や内容物からすると、野菜を細かく切ってハーブと一緒に長時間煮込んだものをチョルバ、汁が澄んでいて軽い味わいのものをスパと呼ぶようである。

　チョルバには鶏肉を使うことが多く、野菜はジャガイモ・ニンジン・タマネギ・キャベツ・トマトなどを多く入れる。様々な野菜が使用されるが、全体にトマトの分量が多いため、その味が強く出る。内容物から特定の名前で呼ばれるチョルバもあり、若鶏の肉を使ったものは「チョルバ・デ・プイ」（*ciorbă de pui*）、キャベツがメインのものを「チョル

バ・デ・ヴァルザ」（*ciorbă de varză*）、インゲンマメなら「チョルバ・デ・ファソーレ」（*ciorbă de fasole*）と呼ぶ。またウシの内臓を使った「チョルバ・デ・ブルタ」（*ciorbă de burtă*）はクリスマスの馳走の一つである。チョルバは一度にたくさん作り、数日に渡って食べることが多い。

　野菜のみを使ったチョルバはポストの期間に多く食べられるものでもある。ポストはルーマニア正教会によって定められ、乳製品や卵を含めた動物性の食品の摂取が禁じられる。村の高齢者にはこれを遵守する人が多いが、クリステア家でも一定の節度をもって守っている。数日程度のポストはそのまま守り、クリスマス前と復活祭前の長いポストはすべての期間ではないがすべての水曜日と金曜日、さらに直前の1週間程度は毎日守る。水曜日と金曜日を守るのは、教義ではすべての水曜日と金曜日がポストに当たるからである。ポストの期間は動物性の食品はとらないので、先に挙げた朝食のメニューも変わり、サラダなどにして食べる野菜が中心となる。

　肉を使わないことの多いスパもまた、ポストの期間によく食べられる汁物である。まず「ガルーシュテ」（*găluşte*）と呼ばれるラグビーボール状に練った粗い小麦粉と細長く切ったニンジンを入れたスパが挙げられる。通常、小麦粉には卵を混ぜ、人によってはラードを加えたりするが、ポストの時期であれば、これらの食材は使わない。

　他にも「タイツェイ」（*tăiţei*）と呼ばれる麺のみを具材としたスパがある。小麦粉と水を練って生地を作り、それを手動の製麺機にかけて麺にする。1mmほどの非常に細い麺で、コシや粘り気がないため、数センチメートルの長さでブツブツと切れる。麺をすするというのではなく、スプーンですくって食べる。タイツェイのような料理が古くからあって抵抗が少ないのか、クリステア家では汁物としてインスタントラーメンを食べることがある。タイやベトナム製のもので、彼らの仕事が忙しい時には重宝していた。袋から取り出した麺をスープ皿に載せ、付属の粉末調味料をかける。湯を入れた後は蓋をして、数分待つだけである。興味深かったのは、インスタントラーメンであっても彼らはスプーンで食

べていたことである。長い麺をスプーンの縁で押し切って短くして食べるのである。

　また、復活祭前のポストでは、多くの「緑のもの」（*verdeṭuri*）を食べる。このポストが始まるまでの冬の期間、すなわちクリスマス以降の「ブタの季節」には多くの食肉を消費する。アウレルの説明によると、「緑のもの」を多く食べることによって、肉を食べることによって汚れた血をきれいにするのである。現在でも高齢者はこうした食事の習慣を続けており、非常に健康的なことだと考えている。クリステア家では3月下旬にイラクサ、その後にホウレンソウを食べる。高齢者の世帯では、他にもビートの葉（*foi de sfeclă*）、スイバやギシギシ（*măcriş*）なども食用にし[26]、人によってはタンポポの葉（*foi de păpădie*）なども食べたという。こうした料理は初春、3月の後半から4月初頭にかけての時期にのみ食べられるもので、「緑の食事」（*masă de verde*）と呼ばれる。

　イラクサは中庭や牧草地に自生しているものを摘んでくる。漢字で「刺草」と書くように、イラクサの茎と葉にはギ酸を含むトゲがあり、触れるとヒリヒリとした痛みが生じる。しかし、その若芽を摘んでスパにするのである。

　では、クリステア家における緑の食事の様子をみてみよう。3月後半のある日の午後、アウレルは妻子と一緒にイラクサを摘みに行った。場所は裏庭から斜面の下方にかけての草地である。彼らは軍手を用意しており、その一つが筆者にも手渡された。何気なく歩いているだけでは分からなかったが、注意深く足下を見るとあちらこちらにイラクサが生えていた。彼らが摘むのは5cmに満たないような若芽である。アウレルが「これが良い」とちぎったイラクサを妻のエレアナに手渡したが、彼女は「それは赤い。好きじゃない」とかぶりを振った。のぞき込んでみる

---

26　70歳代のあるゴスポディナは、ビートの葉やギシギシを使ったチョルバの作り方について説明してくれた。どちらも未成熟なうちに葉を摘み取り、洗ってから茹でる。その後、牛乳や卵と一緒に煮込んでチョルバにする。ビートの葉に関しては、タマネギも加える。未成熟の葉を使うことによって非常に美味しいチョルバが出来上がるという。

と、確かに葉が赤紫色に変色していた。結局、彼らが集めたのは全体的に緑色の鮮やかな若芽だけで、葉も柔らかく触っても痛みを感じなかった。イラクサを食用にできるのは1週間ほどの短い期間に限られている。

**写真 7-3：イラクサの若芽**

　イラクサは水で洗ってから、鍋でくたくたになるまで煮詰める。それに少量の塩と小麦粉を加え、スプーンで鍋の底を擦るようにしてかき混ぜる。こうしてとろみをつけたものを「ザマ・デ・ウルジチ」(*zamă de urzici*) と呼ぶ。クリステア家ではこれをパンに載せて食べていたが、高齢者のゴスポダリエではコップに入れてそのまま喉を鳴らして一気に飲み干していた。実際に口に入れてみると、青臭さが強いものの苦みは余り感じられなかった。

　汁物を食べ終えると、次にメイン料理を食卓に並べる。全員が食べ終わるまで待つことはなく、食べ終わった順に次の料理に取りかかる。ゴスポダリエの昼食はメニュー、調理方法ともにバリエーションが少なく、ブタやヒツジの肉を焼いたものにジャガイモやママリガを付け合わせ、

191

夏場はキュウリやトマトなどのサラダ、冬場はキャベツやキュウリ、赤ピーマンの酢漬けを付け足すくらいである。しかし、クリステア家のメイン料理は非常にバラエティに富んでいた。以下、大まかな分類ごとにその特徴を記述していこう。

最も頻度が多かったのが、肉をフライパンで焼いたり、グリルで加熱したりしたものである。ブタやヒツジ、ニワトリの肉が多く、「ミティテイ」（mititei）あるいは「ミチ」（mici）と呼ぶヒツジの挽肉を小さな俵型に成型したものを買ってくることもあった。ただし、牛肉が食卓に出ることはほとんどなかった。親のゴスポダリエから得た子ウシの肉を焼くことはあったが、ハイパーマーケットや食肉店で牛肉を購入して食べることはほとんどなかった。これはクリステア家やF村に限ったことではなく、ルーマニア全体でも牛肉の消費量は少ない。古くから市場に出るのは年老いた乳牛の肉であり、固くて美味しいものではなかった。現在ではアルゼンチンなどから牛肉を輸入するようになっているが、食べ慣れていないせいか調理法も少なく、積極的にそれを購入する人は少ない状況にある。

肉の調理はシンプルに塩とコショウのみで、ママリガやジャガイモを付け合わせにする。クリステア家でママリガを食べる頻度は少なく、ジャガイモを様々な形で調理していた。最もシンプルなのは一口大の大きさに切ってグリルするものである。他には薄くスライス、または細く短冊状に切ってから焼く。短冊状に切ったものは、多めの油で焼いてフライドポテトのようにすることもある。また、ジャガイモは茹でた後に潰してマッシュポテトにもする。特に水や植物油（ヒマワリ油）を加えてかき混ぜ、滑らかな半液体状にしたものは「ピレウ」（pireu）と呼ぶ。このような付け合わせは肉料理と同じ皿に盛りつける。

肉に一手間加えてから焼く料理としては、「シュニッツェル」（şniţel）が挙げられる。その名の通り、ドイツやオーストリアの肉料理に由来しており、調理方法も同じである。ただし、使用するのは豚肉である。木製のステーキ用ハンマーを何度も強く打ち付けて肉を薄く伸ばし、小麦

粉、卵、パン粉を順につけ、フライパンで両面をこんがりと焼く。シュニッツェルはルーマニア料理のレストランで普通に食べることができるものだが、ゴスポダリエで作ることはないという。こうした料理にも、近代的な生活を志向するクリステア家の特徴が表れているのである。

　「トカナ」（tocană）は肉をトマトソースなどで煮込んだ料理である。ブタやヒツジの肉を小さく切って数時間煮込むが、ソースが多い時もあれば少ない時もある。皿の上にピレウを平たく盛り、その上からトカナをかけることもある。トカナは牛肉でも作られ、子牛の肉も焼くのでなく、トカナにされることが多かった。また、購入してきた骨付きの鶏モモ肉もグリルにする他、トカナにした。鶏肉は両手で掴んで食べるので、手がソースまみれになる。テーブルには手を拭くための布が置かれており、皆で同じものを利用する。

　コメもまたメイン料理の献立の一つである。F村ではポストの時に食べられることが多いが、クリステア家では筆者が同居していたせいかコメ料理を食べる機会が多くあった。コメは商店で購入する。パッケージを見るとイタリアやエジプトからの輸入品で、日本の一般的なコメと比べると粒が一回り小さい。鍋を火にかけ、湯が沸騰したところで、コメを袋から直接流し入れる。後は肉や野菜、ハーブと一緒にコメが柔らかくなるまで煮込むのである。全体的に水分が多いため、出来上がったものは粥のような状態となる。

　しかし、筆者の滞在中にクリステア家で作られるコメ料理も変化していった。アウレルは日本でのコメの炊き方について筆者に詳しく尋ね、筆者が実演することもあった。コメを研ぎ、水加減を調節し、時間を計って加熱し、さらに蒸らしたのである。筆者と同じ作り方をすることはなかったものの、水の量を減らし、最後に蒸らすことで欧風のピラフに近いものになった。その後も彼は調整しながら調理し、たびたび筆者に感想を求めた。この変化は、アウレルが筆者に気を使ったというより、自分でもその方が良いと思い、さらに好みに合うように手を加えた結果でもある。

193

アウレルはコメ料理に肉を加えていたが、F村では肉を使わないのが普通で、ニンジンやタマネギ、ハーブ類だけを加える。その他にも、ライス・プディング（*budincă de orez*）を食べる人が多い。鍋で牛乳を煮立て、コメ、さらに砂糖を大量に加えてドロドロになるまで煮る。中にはリンゴを加えたり、クルミを加えたりする人もいる。ポストの時期には、牛乳ではなく水で作ればよい。

　クリステア家ではパスタがメイン料理となることがあった。大抵はスパゲティかマカロニ、ペンネで、ハイパーマーケットで購入する。マーケットでは瓶詰めになったソースも売られている。当初、アウレルは吟味しながらそれを使うこともあったが、最終的には水分を少なく作ったトカナをかけるようになった。

　肉料理にはママリガやジャガイモが欠かせないが、コメやパスタをメインとする時はこうした付け合わせは省かれる。しかし、肉料理の時と同じようにテーブルにはパンを並べておく。どちらも炭水化物なので筆者には奇妙に思えたが、彼らはコメやパスタを口に運んでからさらにパンを囓って、同時に咀嚼したりもしていた。最終的には皿に残ったコメやソースをパンでこすり取るようにして食べるのである。

　昼食のメインは肉料理であるが、ポストともなればそれを食べることはできない[27]。そうするとコメを肉や牛乳を使わずに調理したり、パスタに野菜だけのソースをかけたりして食べることになる。ジャガイモと野菜だけを食べることもある。こうしたポストの期間には「魚の開放」（*dezlegare de pește*）と呼ばれる日が設定されている[28]。この日になると、村の商店にもマスやイトウといった魚が並ぶ。しかし、クリステア家では

---

27　現在では、ダイズで作ったシュニッツェルのようなポストのための食品も市販されている。こうした食品を食べる住人もいるが、クリステア家では「一度試したものの美味しくなかった」と言って購入することはない。

28　2008年の場合、以下の16日が「魚の開放」の日である。3月25日・4月20日・6月24日・8月6日・8月15日・11月21日・11月22日・11月23日・11月29日・11月30日・12月4日・12月6日・12月7日・12月9日・12月13日・12月14日。

第7章　ゴスポダリエの周辺を生きる人々

こうした魚は鮮度が悪いとして、ハイパーマーケットで冷凍の魚を購入している。頻繁に食卓に並んだのはタラやパンガシウス[29]などの白身魚で、塩コショウをかけて焼く、あるいはグリルするといった具合にシンプルに調理していた。

　食事中の飲料についても触れておく。昼食は汁物とメイン料理が順番に出されるが、食事中に茶やアルコール、あるいは水などを準備しているわけではない。高齢者のゴスポダルなどでは、小さなショットグラスにツイカが入っており食事前に飲み干すことがあったが、クリステア家においてはこのようなことはなかった。アウレルがそれほどアルコールを飲まないせいもあるだろうが、飲む場合でもビールやワイン、ウィスキーが多かった。彼や妻のエレエナは食事中に何かを飲むことはほとんどなかったが、大学生の息子や小学生の甥はメイン料理を食べながらジュースを飲むこともあった。ファンタやコーラなどの清涼飲料水を彼らは好んでいた。しかし、食事が終われば必ず茶をゆっくりと飲む時間が設けられる。茶は市販のティーバッグで入れることが多い。ハーブやフルーツの茶ばかりで、紅茶や緑茶などを飲むことはなかった。また、季節によっては庭や斜面で摘んだミントやカモミールで茶を作ることもある。

　朝食、昼食の時間が遅いことから、夕食の時間も自然と遅くなる。クリステア家の場合、20時を過ぎるのが普通で21時を回ることもある。ただし、朝食や昼食の時と異なり、皆が台所に一度に集まるわけではない。各自が好きな時に好きなものを食べるようになっている。筆者はアウレルと一緒に食べることが多かったが、彼が自分の食べたい時に筆者の分の夕食も準備してくれていたのであろう。

　夕食は簡単なもので済ませることが多く、チーズ、野菜やフルーツのサラダが中心である。夏によく食べたのは、トマトとキュウリを適当な大きさに切り、ヒマワリ油をかけてよく混ぜ合わせ、最後にすり下ろ

---

29　パンガシウスはベトナムなどで養殖されているナマズ目の淡水魚である。

195

したカシュをかけたサラダだった。興味深いことに夕食時にのみパンを
トーストしてウルダを塗って食べることがあった。肉類を食べることも
あったが、ハムやサラミ、生のままのスラニナなど火を使わないものが
多かった。また、リンゴのパイを食べたり、「クラティテ」（*clătite*）と
呼ばれるパンケーキを焼いたりすることもあった。

　ここまでクリステア家での食事のメニューについて記述してきたが、
彼らは様々な食材を調理して食べており、特に伝統的な農村生活では食
べていなかった料理も多くみられる。その理由は、調理を担当するアウ
レルの嗜好にある。彼自身が調理することを好み、TV 番組や料理本な
どで見聞きした料理を実際に作ってみたりする。そうする時でも自分た
ちの口に合うようにアレンジを加えていく。パスタソースのように、市
販品の味が気に入らず、自らの手で作るようになったケースもある。つ
まり、メニューの幅は広がっているが、基本的な味の好みはそれほど変
わっていないということであろう。また、年間の食事のサイクルも従来
の伝統的なリズムが維持されている。

### (f) 寝室

　クリステア家の住居の様子に話を戻そう。寝室にはベッドと大きな木
製のタンス、大画面のテレビが置かれている。クリステア家の場合、部
屋の中心にダブルサイズのベッドを配置している。これは彼らの世代の
住居に見られる特徴の一つでもある。高齢者の家屋で見られた寝具はど
れもソファベッドで、社会主義時代に購入したものであった。家屋を近
代的に増改築する人々は、同時に家具類を新調する。ハイパーマーケッ
トでは安価な家具を扱っているし、イケア（IKEA）のような家具販売
店もある。ベッドはマットレスになっており、掛け布団の上には羊毛の
編み物をかける。これは結婚前にエレアナと彼女の母親が手で編んだも
ので、紅色に染色されている。

　エレアナやアウレルは毛織物に高い価値を置いている。彼らの説明に
よると、羊毛は外気に左右されず、常に同じ温度を保つのだという。し
たがって、どんなに寒い時期に羊毛に触れても冷たさを感じることはな

い。これが化学繊維との大きな違いなのである。こうした理由から、彼らはベッドに毛織物をかけるし、ベッドの下にも羊毛のカーペットを敷くのである。

ベッドは買い替えたものを使用しているが、タンスは以前から使用しているもののままである。彼らが結婚する時に揃えたもので、大型の木ダンスである。社会主義時代の製品であり、同じようなものは他の家屋で見ることもあった。重厚な造りになっており、現在こうしたものを買うとすればかなりの費用がかかるという。新しく増築した部屋のために大量生産の家具を購入するのはそれが単に安いからなのだという。寝室に置かれたテレビは 50 インチほどの大きなものである。韓国製のものであったが、これも価格が安いからだという。クリステア家の二階へ続く階段の屋根にはパラボラアンテナが設置してあり、衛星放送を楽しむことができるようになっている。

### (g) 客間

古い家屋が基になった三部屋は、一つが夫婦の寝室、中央の若干狭い部屋が息子の私室となっている。残りの一つは客間で、クリスマスや復活祭などに村を訪れたエレアナの姉夫婦や弟夫婦が利用する。普段は使用しない客間であるが、様々な装飾が施されている。壁一面に置いたタンスには飾り棚とガラス戸が付いており、磁器の人形やティーセットを飾っている。

ソファベッドはソファの形にしてあり、上にサリカを掛けている。サリカはツルカンという長毛種のヒツジの毛を編んだもので、片面が 10cm ほどに揃えられた毛になっているのが特徴である。かつては結婚する娘に母親が与えるものであったが、現在ではこれを造ることができる人が減っており、こうした慣習は見られなくなっている。客間のサリカは、エレアナが結婚する時に母親から貰ったものだという。

### (h) 浴室

浴室には、欧米の一般的なものと同じようにシャワーと一緒にトイレが併設されている。便器は腰掛けタイプの水洗式である。頭上に水をた

めるタンクがあり、紐を引けば、流れ落ちる水が排泄物を押し流す。F村の谷部では1990年代末に上水道が整ったが、下水道の設備はまだない。家庭の排水がどうなっているのかを尋ねると、地下に浄水槽が設置されているのだという。M谷のペンションや近代的な家屋は水洗トイレを持つが、どこもこうした設備を整えている。浄化した水は川へと流されることになる。

便器の隣には浴槽とシャワー、洗面台が設置されている。浴室内にボイラーがあり、シャワーと蛇口から湯が出るようになっている。ボイラーは高さ2m弱、直径50cmほどの円筒形で、薪を燃料とする。薪を割るのが面倒でもあるのか、クリステア家ではシャワーを利用するのは週に一度、土曜日に決められていた。空気が乾燥しているので頻繁に身体を洗う必要はないからだと、アウレルは言う。土曜日の夜になると、皆が順番に連続して浴室に入る。筆者あるいは大学生の息子が最初で、次にアウレル、最後にエレアナという順序は変わらなかった。

### (i) 貯蔵庫

古い伝統家屋では、地下に食料の貯蔵庫が造られることがあった。それを増改築したクリステア家にもこうした貯蔵庫が残っている。古い家屋では玄関ホールに地下貯蔵庫に降りるためのハシゴがあった。現在は完全にそこを塗り込め、新たに屋外から入る入り口を作っている。

地下貯蔵庫 (*beci*) は4m四方程度の大きさで、若干天井が低い。20wほどの電球が一つぶら下がっているが、中は薄暗く夏でもひんやりとしている。貯蔵庫には冬の間に消費する保存食を置いておく。かつてはソーセージやスラニナ、ラードに浸けて瓶詰めにした肉なども置いていたが、現在は冷凍庫に保存するようになった。ただし、ハイパーマーケットに行けば時期を問わずこうした食材を手に入れることができるので、大量の食料を長期に渡って保存することは少なくなっている。

現在のクリステア家で地下貯蔵庫を利用するのは、冷蔵庫に入りきらない大きな食物くらいである。例えば、復活祭の馳走となる子ヒツジの肉が挙げられる。屠畜した子ヒツジは皮を剥ぎ、内臓のほとんどを取り

除く。食肉店でも同じ状態で販売されている。数日間ではあるが、村民たちは、こうした子ヒツジを地下貯蔵庫に吊して保管しておく。また使用する頻度の高いジャガイモは大量に購入しておく。社会主義時代と比べればジャガイモの消費量は減っているものの、現在でも重要な食料であり、貯蔵庫に保管しておくのである。

　他にも、自分たちで作った保存食を瓶詰めにして地下貯蔵庫に置く。最も一般的なのは「ムラトゥリ」（*murături*）と総称される酢漬けである。キャベツ・キュウリ・ニンジン・トウガラシ・セロリ・赤ピーマンの他、「ゴゴネレ」（*gogonele*）と呼ばれる未成熟のトマトを酢に漬けて瓶詰めにする。種類ごとに瓶を分けることもあるが、数種類を同じ瓶に詰めることもある。リンゴやプラムなどの果実は蒸留してツイカにするが、大量の砂糖と一緒にコンポートにもする。また、この地域でもよく見られたのが「ザクスカ」（*zacuscă*）である。これはナス・タマネギ・赤ピーマンなどを細かく切って油と一緒に漬け込んだもので、家庭によって内容物が異なる[30]。酢漬けのキュウリも入れるという人や、甘みを加えるために蜂蜜を少し入れるという人もいた。これはパンに塗って食べ、独特の苦みがある。

　これらの保存食は各家庭で秋に作っておき、冬の間の重要な食料とする。特にザクスカの味にこだわる人は多く、アウレルとエレアナもそうである。ある時、彼らの食卓に市販のナスのザクスカの瓶が置かれてあった。彼らの会話からすると、エレアナの弟の妻が買ってきたものだった。アウレルは味見して、「美味しくない」と顔をしかめた。次に瓶を筆者の前に置き、「パンに塗って食べてみろ」と言うので、そうしてみることにした。コクがなくぼやけた味わいだったが、取り立てて問題があるとも思えなかった。しかし、エレアナも戯けたような口調で「これはもう食べない。自分たちで作ったザクスカにする」と言うので

---

30　ザクスカは、ロシア語の zakuska に由来すると思われる。ロシア料理におけるザクスカは「前菜」と訳し、多種多様な料理を含むが（沼野・沼野 2006）、ルーマニアではこのペーストのみを指す。

あった。

## 2. 「中庭」

### (a) ニワトリの飼養

　現在でもゴスポダリエの「中庭」は、ウシやヒツジが草を食んだり、大きな乾草堆が立ち並んでいたりと「牧歌的な」空間として存在している。ルーマニアの社会学者ヴォイクは農村を特徴付けるものとして家畜の存在を挙げ、中でもニワトリをそのシンボルとした（Voicu 2007:16）。しかし、M 谷の人々は、ニワトリを飼養することが農村生活の一端をなすとは考えていないようである。

　ゴスポダリエという言葉は、物質としての家屋を指すと共に、自立して生活できるだけの資源のセットを意味するものであった。ただし、F村さらにブラン地域においては、ウシやヒツジ、ブタといった大きな家畜を保持しない限りゴスポダリエと認識されない。こうした家畜を飼養している人は「ゴスポダリエを持っている」「自分はゴスポダルだ」などと言うが、ニワトリだけを飼っている人は「ゴスポダリエを持っていない」「ここはゴスポダリエではない」などと言うのである。

　実際、大型の家畜を飼養するのとニワトリを飼養するのとでは、「中庭」の雰囲気も全く異なる。大型の家畜を入れようと思えば、その畜舎も大きなものが必要となる。ウシ・ウマ・ヒツジを飼養するとなれば、牧草地を管理して、草を刈り、干し草を作らねばならない。干し草を収納するためには広い屋根裏を確保せねばらないし、そこに入りきらなければ乾草堆にして保管する。「中庭」をうろつく家畜はあちらこちらで糞尿をするし、特に夏は獣臭が酷くなる。これと比べるとニワトリの鶏舎は小さいもので良いし、糞や臭いにしてもウシ・ヒツジ・ブタと比べれば微々たるものである。

　クリステア家もすでにゴスポダリエではないが、15 羽程度のニワトリを飼養している。15 羽「程度」としたのは、その数が頻繁に変動するからである。ニワトリは半月からひと月に一度くらいの頻度で屠畜し、特

200

に雄は若鶏（*pui*）の状態でも食用にする。また、雛も動物市で購入したり、自分たちで卵から孵化させたりする。「中庭」では、様々な成長段階にあるニワトリを飼養しており、その数も一定ではないのである。

クリステア家の鶏舎は車庫の脇に併設した小さな部屋に設けてあり、毎朝、ニワトリたちを「中庭」へ放す。人が鶏舎の中まで入り、一羽残らず追い出すのである。ただし、雛だけはカゴに入れておく。タカやネコにおそわれる危険性があるからである。木材と網とでできたカゴをひっくり返して、中に雛を閉じ込めておけば、地面を啄むこともできるし、陽の光も受けることもできる。日差しが強すぎる時には、織物を網の上に置いて日陰を作る。

写真 7-4：かごに入れた雛

餌として麦を与えるが、その際には「プイプイプイ…」という声を発してニワトリを集めてから撒くようにする。その他にも、調理の際に出た野菜の屑、食事の後のパン屑、食べ残したリンゴの芯も「中庭」に投げ捨て、ニワトリの餌とする。日中、ニワトリは「中庭」を自由に歩き

回り、落ちたままになっている麦や小さな虫を探しては啄む。このように運動させることによってニワトリの肉や卵の味も良くなると考えられている。日が沈む前にはニワトリを鶏舎に戻す。手を広げて背後から鶏舎に追い込んでいくが、脇をすり抜けたり、鶏舎の入り口を通りすぎたりすることもある。そのため、時間をかけずに鶏舎に入れるためには数人がかりになってしまう。

　ニワトリは「中庭」を自由に動き回るが、敷地から出ないように隣人同士で注意する。ただし、クリステア家の場合、それ以上に気にしているのが前庭の花壇である。彼らの前庭は家屋と通りの間の小さな空間で、最も人目につきやすい部分である。エレアナはこの場所に花壇を作って頻繁に手入れしている。植えるのは近隣に自生している花ではなく、購入したバラやパンジーなどである[31]。色とりどりのゼラニウムは鉢植えのまま「中庭」に美しく配置する。秋頃には花はすべて枯れ、冬には雪に埋もれてしまうので、花壇は初夏になってから毎年作るものとなっている。他にも二階のテラスや階段の脇、家の中でも日当たりの良い窓際に鉢を並べており、夏には家中を花で飾るのである。

　ニワトリを「中庭」に留めるのは、前庭の花壇に入り込まないようにするためである。日中、エレアナは「中庭」に面した手袋工場で作業をするが、時おりそこから出てきては、大きな声を出しながら手を振り回してニワトリを前庭から遠ざける。それでも、花壇をニワトリが踏み荒らしたり花びらを啄んだりすることがあり、筆者の間借りしていた部屋まで彼女の怒声が聞こえてくることもあった。

### (b) 畜舎の改築

　「中庭」に畜舎がないことも、クリステア家の印象をゴスポダリエと異なるものにしている。手袋工場を始めるまでは、ここもブタとヒツジを飼養するゴスポダリエだったのだが、現在、それらを収めていた畜舎

---

31　ゴスポダリエでも購入した植木鉢の花を「中庭」などに飾る人がいるが、家畜に食い荒らされないように上から木の板を立てかけたりしているので、それほど目に付いたりはしない。

はどこにも見あたらない。体力の低下から家畜飼養を放棄せざるを得なくなった高齢者の敷地では、家畜の姿はなくとも畜舎がそのまま残されているものである。その屋根裏に干し草が残っていることまである。

しかし、クリステア家では家畜飼養を放棄して間もなく、畜舎を取り壊し、同じ場所にガレージを建てた。汚れや臭いが酷かったため、畜舎に飼養していた木材は切断して薪にした。彼らが畜舎をすぐに取り壊したのは、新たにガレージを建てるつもりだったからだが、そこに残った家畜や糞尿の臭いを嫌ったためでもある。彼らと多くの時間を過ごす中で、隣人のゴスポダリエから漂う家畜の臭いを嫌う発言や仕草をする場面を度々見かけた[32]。彼ら自身が家畜を飼っている時でさえ、それらは耐えられないものだったと言う。

「中庭」に立て直したガレージは大きなもので、自動車2台を収納することができる。通常、F村の自家用車は「中庭」や車道脇に駐車することが多く、屋根の付いた専用のスペースを用意している人は希である。しかし、アウレルは自動車を雨ざらしにするのは良くないと考え、ガレージを建てたのである。クリステア家には2台の自動車があり、1台は社会主義時代末期に購入した古い国産車である。現在のルーマニアにあった古代の国名「ダチア」（Dacia）を冠したこの車は、都市部では見かけることも少なくなったが、農村部では今でも現役で走っている。色と細部にバリエーションがあるが、どれも基本的な型は同じである。その所有者たちは自分で修理しながらこれに乗り続けているが、構造がシンプルなのでそうすることができるのだ。手袋工場関係の運搬や買い物など、アウレルは日常的にこの車を使用する。通常の乗用にまったく問題はないが、暖房設備がないので、冬には車内でも厚いコートを着込んだままである。

もう1台の自動車は息子の18歳の誕生日のプレゼントとして購入し

---

32　アウレルは冗談を交えて以下のような話をしたことがある。ブラショヴから自家用車で帰る途中、ヒッチハイクをしていた牧夫を乗せた。その牧夫にこびり付いた獣臭はかなり酷く、車から臭いが消えるまでに1週間かかったという。

たものである。使用する機会は限られているが息子が望んだので買い与えたとアウレルは言う。こちらは「ダチア・ロガン」（Dacia Logan）と呼ばれるもので、1998 年にダチアを傘下におさめたフランスのルノーによって開発された。輸入車と比べて安価なため、農村部でも多く見かけるようになっている。しかし、彼らにとって高額なことに変わりなく、この自動車を買うためにアウレルは母親から相続した丘陵地の牧草地をすべて売却した。彼らが暮らす M 谷から車で 30 分近く離れた場所にあり、もはやヒツジを飼わない彼らにとっては使い道のない土地でもあった。しかし、それを売ってしまうことには抵抗があったようで、アウレルは何度も「仕方がなかった」と話した。

　クリステア家の手袋工場も「中庭」に面している。家屋の正面脇、隣家との境に建てられた細長い平屋で、三分の二ほどが工場、残りが納屋となっている。かつての納屋を増築して現在の形にしたものである。壁面は白い漆喰で、赤茶色のトタンとレンガで屋根を葺いている。レンガは取り壊した畜舎に使われていたものである。家屋の脇を通り抜けて「中庭」に出ると、左手に家屋・手袋工場・納屋と続き、右手奥にはガレージが見える。畜舎や乾草堆のない空間は、ゴスポダリエとは異なり、すっきりとしているものの無機的な印象を与える。

### （c）新しい設備

　その他クリステア家の「中庭」には、従来のゴスポダリエにはなかった設備がある。一つはバスケットボールのリングで、車庫正面の壁にバックボードと一緒に取り付けてある。現在の彼らが利用することはなくなっているが、以前は息子が友人を連れてきて一緒に遊んだという。他にも隣家との柵際に木製のブランコがある。2 人が座って乗ることができ、前後に揺れるようになっている。ハイパーマーケットで購入したものをアウレルが組み立てたという。誰かがこれを揺らして遊ぶ姿を見ることはなかったが、多くの人がベンチ代わりに利用していた。クリステア家の人や親族、友人が 2 人でブランコに座ったり、その周囲に人が集まって話をしたりすることが度々あった。

第7章　ゴスポダリエの周辺を生きる人々

　これらは新しいものであるが、より便利になるように、あるいは楽に
なるように置き換えたものもある。「中庭」の外れ、納屋の裏には固定
式の電動ノコギリを設置してある。台の中央に直径30cmほどの丸刃が
取り付けられており、下部のエンジンとベルトで繋がれている。納屋の
中に配電設備があり、500wの電力がある。

　ここでは伐採して運んできた木を適度な大ききまで切断する。クリス
テア家の斜面で伐採、あるいは隣人から購入した木は、1mほどの長さ
に切断してから「中庭」に運び込む。太さは30cm程度のものが多いが、
40cmを越えるようなものもあり、かなり重い。これを一つずつ台の上
に持ち上げてから、ノコギリに押し当てるようにして30cmほどの長さ
にに切断する。太すぎるものは、さらに縦に二等分する。後は必要に応
じて手斧で割って薪にする。これらの木は暖炉の燃料となるもので、機
械を使って薪割りのしやすい大きさにまで切断しているのである。これ
がなければ、二人で挽くノコギリを使って行わねばならない作業である。
ゴスポダルも含めた他の住民の中には、こうした作業にチェーンソーを
使う人もいる。

　また、アウレルは筆者の滞在中、新たに網焼き料理用のかまどを作っ
た。網焼き料理は祝祭日に人が集まった際に必ず饗されるもので、豚肉
や羊肉の厚切り・ソーセージ・スラニナを網焼きにする。クリステア家
でも人が集まる時には必ず調理していた。これには脱着式の脚の付いた
バーベキュー用のグリルを使用する。網焼き料理のことを「グラタル」
(*grătar*) と呼ぶが、それを焼くグリル、さらにはアウレルが作ったかま
ども同じようにグラタルと呼ぶ。

　アウレルがかまどを作ったのは、雨でも問題なく調理できるようにす
るためである。通常、グリルは「中庭」に置いて調理するため、雨が降
れば火加減の調節が難しくなるし、何より食材が濡れてしまう。料理
に強い関心を持つ彼は、これを嫌ったのである。かまどはレンガで作り、
表面をコンクリートで覆った。かまどは頂上部が円く、アルファベット

205

の U をひっくり返したような形をしている[33]。これに角型の煙突が付いている。かまどの内部は上下に分かれており、上に脚を外したグリル、と下に薪を置く。このかまどを作ったことにより、雨でも問題なく調理できるようになったし、風に左右されず安定した火力を得ることができるようになった。

### (d) 新しい柵

このようにクリステア家の「中庭」は、家畜飼養を前提としたゴスポダリエとは異なる空間として構成されている。彼ら自身もこれを強く意識しており、それによって隣のゴスポダリエと摩擦が生じることがある。彼らの「中庭」は柵を挟んで隣家の畜舎と面している。そこではウシとヒツジが飼養されている。アウレルたちはそこから漂ってくる家畜の臭いに辟易していた。畜舎の扉を開け放したままにしないようにと日頃から言っているのだが、守ってくれないと度々こぼしてもいた。

また彼らに言わせれば、隣人は「怠け者」である。前庭はまだきれいにしているものの、裏側には多くのミゼリエがあるからだ。実際、彼らの「中庭」や家屋の裏側はきれいなものではない。トタンに葺き替える前の屋根に使われていたと思われる古いタイルが割れて散乱しており、細かい塵なども多い。さらに、使っていない自転車や道具が錆びた状態で放り出してある。おそらくタイルは家屋を改修した際、屋根から放り投げたままになっているのだろう。

アウレルは、隣人がミゼリエをきれいにしないことを不満に思っており、「君の家の裏は自分たちの家の表でもある。自分たちのところに来た人々がそれを見る。そこをもう少しきれいにしてくれ」と文句を言ったこともあるという。それと同時に、「自分たちの家屋の裏はマリアナ（反対側の隣人）の表に当たる。あそこに来た人々からそこが見えるから、自分たちは裏まできれいにしている」と強調する。彼の家屋の裏と

---

33　ここでは形状から「かまど」という表現を用いたが、これで直接的に火を焚くわけではない。

反対側の隣人との間の柵には1mほどの幅しかないのだが、落葉樹があるため多くの落ち葉や枯れ枝が積もる。彼らはこれをきれいに取り除くのである。

　こうしたアウレルの感覚は非常に興味深い。自分の家の周りをきれいにする理由の1つとして他人の目を気にしているのである。さらには自分たちの敷地内の隣人から見える場所を気にし、また自分たちから見える隣人の敷地内の様子を気にしている。ここでいう他人には近隣住民も含まれるが、それ以上に彼が意識しているのは都市から来る人の目である。クリステア家には、祝祭日になれば都市で暮らす親族がやって来るし、手袋工場の原料や製品の運搬のために取引先の人が定期的に訪れる。そうした人々に自分たちの生活がどのように見られているのかを非常に気にするのである。

　このようにアウレルは、隣人に対して以前から不満を感じていた。ある時、彼は一つの解決策として、柵を作り直すことにした。敷地を区切る柵の修理は、隣り合う人同士が資金や労力を出し合うのではなく、そ

**写真 7-5：作り直した柵**

れを必要と思った片側の住人が自発的に行うことについては既に述べた。事前に相談することもほとんどない。そのため、どちらもが修理を行わず、壊れたままになっている柵もある。

クリステア家と隣のゴスポダリエとの間の柵は古いが、杭に鉄を利用していることと、幅と長さを揃えた製材された角材を使用していることから、堅固な印象を与えるものだった。15年以上前にアウレル自身が建てたものだが、破損箇所もほとんどなかった。しかし、アウレルやエレアナは板の間隔を問題にしていた。風の強い日には、柵の隙間を通って隣家のゴミが自分たちの「中庭」に入ってくるからである。以前の板は4cmほどの隙間があったのだが、アウレルはこれを2cm弱にまで縮めて柵を作り直したのである。

また、柵の向きにも工夫が施された。M谷で柵を作る場合、横板と縦板は住居の外に向けて取り付けるのが普通である。したがって、敷地の境界をなす柵の向きを見れば、どちら側の住民が作ったものであるか分かる。外を歩く人からは等間隔に並んだ縦板だけが見えるので、整然として美しく映る。古い柵もアウレル自身が作ったと言う通り、横板と縦板は隣人の側を向けて取り付けていた。しかし、新しい柵ではそれが逆になっていたのである。そのことについて彼に尋ねると、「普通は外側に付けるが、そうするときれいに見えるのは隣人の方だ。今回は内側に付けて自分たちの「中庭」からきれいに見えるようにする」との説明が返ってきた。

## (e)「中庭」を管理すること

このようにクリステア家の「中庭」は、彼ら自身の美意識に基づいた空間として構成され、かつての家畜飼養と切り離されたもののように見える。しかし、彼らの「中庭」の管理は、ゴスポダリエにおける土地管理と考え方を同じくしている。まず、その管理は一年を通じて同じようになされるわけでなく、夏と冬とで切り替えられる。谷に雪が積もり始めれば、すべてのものが覆い隠され、当然ながら草花で美しく飾ることもできない。この時期、暖房の燃料のために多くの薪を割るので、多く

の木屑がでる。昼間に雪が溶ければ舗装されていない道には泥濘ができるし、その上を走る自動車は泥だらけのままで「中庭」に入ってくる。この時期の「中庭」は美しいものではないが、彼ら自身もそうしたものとして受け止めている。

「中庭」を美しく整え始めるのは雪が消え、気温の上がり始める春先である。薪を割る機会も少なくなるし、ミゼリエをきれいにして、花壇を作り始める。こうしたサイクルはゴスポダリエの生活と変わらない。ゴスポダリエでも春になれば斜面をきれいにし、菜園を作り、敷物を洗って中庭に干す。畜舎に溜まった糞を取り出し、家畜の身体をきれいに洗う。アウレルやエレアナが隣人を非難するのも、そこが家畜飼養を行うゴスポダリエだからではない。ミゼリエを片付ける季節になったにも関わらず放置する「怠け者」だからである。

M谷においては、目に見える土地の状態によって所有者の管理能力が判断される。ゴスポダリエの場合、牧草地の様子がその指標の一つとなった。すでに家畜飼養を放棄し近代的な生活を志向するクリステア家の場合、「中庭」の様子をその指標として重視しているのである。そこをどのような空間として構成するか、特にミゼリエをきれいにすることで土地をきちんと管理していると判断するのである。また、住民の年齢によってその管理能力の評価基準が変わることも同じである。自分たちの親のゴスポダリエに多くのミゼリエがあることを年寄りだから仕方ないと容認する一方で、まだ30代である隣人に対してはまだ若いのにと非難を強めるのである。

### (f) 菜園と斜面

家畜飼養をやめ、賃金収入によって生計を立てるようになった世帯では、食料のほとんどを購入するが、小規模ではあっても菜園を維持している。クリステア家も同様で、「中庭」の端に幅3m、奥行き5mほどの大きさの菜園がある。その周囲は、現在も木製の柵で囲ったままである。これは「中庭」で放し飼いにしているニワトリが入り込まないようにするためである。菜園を作るタイミングや栽培する野菜などはゴスポダリ

エと変わらない。キャベツ・タマネギ・ニンジン・ニンニク・ホウレンソウの他、イチゴを植える。これらは必要な時に摘み取ってそのまま台所へと運び、調理する。

　毎春、菜園を作るためには肥料が必要である。クリステア家では鶏舎に残った糞を集めて利用するが、それだけでは十分と言えない。しかし、マーケットで化学肥料を購入して使うこともない。足りない分は親のゴスポダリエから分けて貰うのである。肥料に金銭をかけたくないからでもあるし、化学肥料よりも畜糞の方が美味しい野菜ができると考えているからでもある。必要なもののほとんどを金銭で購入できるようになった現在でも、自分たちで野菜を作る理由もここにある。市場で手に入るものより、堆肥を用いて自分たちの手で作った野菜により高い価値を置いているのである。

## 3. 斜面

　ゴスポダリエの斜面は落葉樹の林と牧草地からなり、落葉樹は主に暖房や料理器具の燃料として、牧草地は家畜の放牧地や採草地として利用する。すでにヒツジを手放したクリステア家では牧草地を利用する必要がなくなっているかに思えるが、そうではない。「中庭」にヒツジが戻ってくることはなくなったが、彼らは今も変わらずヒツジの所有者だからである。前章では一年を通じてヒツジを他のゴスポダルに委託する関係が増加していることについて触れたが、彼らもまた自分たちのヒツジ2頭を親のゴスポダリエに完全委託しているのである。これによってヒツジの飼養に直接携わることなく、自分たちが所有するヒツジが生んだ子ヒツジを復活祭の時に受け取ることができるが、その飼料となる干し草を運び込まねばならない。あるいは金銭を支払う必要がある。そのため、アウレルたちは、自分たちの斜面で草を刈って干し草を作り、それを親のゴスポダリエに運んでいるのである。すなわち、ゴスポダリエを保持しない現在でも彼らは干し草仕事を主体的に行わねばならない状況にあるということである。

第7章　ゴスポダリエの周辺を生きる人々

　ゴスポダリエでは、斜面で草刈りを行う前にも様々な仕事がある。ま
ず林の中の落ち葉や枯れ枝を取り除き、施肥をする。クリステア家では
一家総出で仕事にあたるが、施肥は一切行わない。大きな家畜を飼って
いない彼らにはそうするだけの畜糞がないからである。また、菜園のた
めには少量の堆肥を親のゴスポダリエから分けてもらっているが、斜面
に撒くことができるほどの量があるわけでもない。一方、彼らが嫌う化
学肥料を購入しないのみならず、近隣のゴスポダリエから畜糞を買うこ
ともしないのである。それは、彼らが牧草の育成をそれほどシビアな問
題と捉えていないからでもあろう。

　自分たちの手でヒツジを飼養していれば、栄養価の高いオタヴァ、す
なわち二番刈りが欠かせない。出産後の母ヒツジに与えることで乳の
出が良くなるからである。現在のクリステア家では草は一度刈るのみ
で、オタヴァを作らない。親のゴスポダリエにも干し草を運び込むのみ
で、オタヴァを持ち込むことまででも求められていないのだという。こう
した事情から、斜面の牧草地に肥料を施すことを重視しないというわけ
である。

　自分たちの敷地内で作った干し草を親のゴスポダリエに運び込めば、
彼らの干し草仕事は終わりである。クリステア家の干し草の運搬作業に
おいて興味深かったのは、作業を終えてすぐに入浴の準備をしていたこ
とである。屋根裏に干し草を詰め込む際、隙間がないようにするため、
人が中に入って足で草を踏みつけながら収納する。体中が干し草まみれ
になるし、暑い夏の日の作業であるので、汗をかいた肌に細かな草が張
り付き不快感を増す。共に作業した筆者もすぐにでもシャワーを浴びた
い気分だった。通常、彼らが入浴するのは土曜日だけだったのだが、そ
れ以外に入浴したのは、この干し草仕事をした日だけであった。

　干し草仕事の際に身体にまとわりつく細かな草や埃、泥もまたミゼリ
エである。彼らの生活空間は、従来のゴスポダリエ経営について回るミ
ゼリエを排除するように気を配られている。やむを得ず行う干し草仕
事にはミゼリエが伴うが、それをすぐに洗い流すことで生活空間に持ち

211

込まないようにしている。特にエレアナはミゼリエに敏感で、筆者たちの身体に付いた汚れを落とさないうちは家屋内に入ることは許されなかった。

　ここまで見てきたように、家畜を飼養していないクリステア家の斜面では、施肥を行わず、オタヴァも刈らない。また、預けているヒツジも2頭だけなので、多くの干し草は必要ないと考えて、斜面での草刈りも傾斜が急になっている部分では行わない。これは、彼らが自分たちの敷地内において必要最低限の労力で干草作りを行っているということである。その一方で、土地管理に対する複雑な感情が彼らの言動に表れることもあった。

　例えば、妻のエレアナが、近隣のゴスポダリエの斜面と比べては、「自分たちの斜面は緑色になっていない」などと自嘲気味に話すことがあった。斜面に肥料を撒かなかったために、隣家のゴスポダリエと育成状況に差が表れていたのである。彼女自身もゴスポダリエの仕事は好きではないと言い、家畜の臭いや屠畜作業で出る汚れに顔をしかめるのだが、その一方でゴスポダリエの生活への愛着はアウレルよりも強い。現在のクリステア家がある土地は、かつてエレアナの父親、その前は祖母の所有する土地であった。当時、飼っていた家畜や仕事の様子などを彼女から度々聞くことができたが、非常に楽しそうに話すのであった。

　しかし、そうした思い出は彼女を苛むこともある。斜面には5本のプラムの木があり、かつてはその実をもいで食べたり、蒸留してツイカを造ったりしたという。ある時、彼女はそれらの樹木を見やって「祖母が生きていた頃、10年ほど前まではここに実がついた」と人差し指と親指で小さな輪を作って見せ、「その実でツイカ（蒸留酒）を作っていた」と筆者に語った。続けて木の根を指差すと「ここに糞を積んで、周りもきれいにしていた。しかし、今ではそうしたことを全くしていない。だからもう実はつかない」と言った。沈鬱な表情は、そうした管理を怠った自身を責めているかのようにも見えた。現在、彼女は家畜を飼養しておらず、果樹に施す畜糞がないという事情もある。しかしながら、肥料

を購入してまで管理する気はないと言うし、プラムが欲しければハイパーマーケットや市場で購入すればよいとも考えている。そうではあるものの、実を付けなくなった果樹が彼女の心を苛んだりもするのである。

　ここまでクリステア家の事例に基づき、F村において家畜飼養を放棄して近代的な生活を志向するようになった人々の生活空間、すなわち住居、「中庭」、斜面について述べてきた。村内で暮らす30代後半から40代の夫婦のうち、現在もゴスポダリエを経営するのはごく僅かで、ほとんどが日常的に家畜飼養に従事することはない。彼らは金銭収入を元に近代的な生活を志向し、自分たちの敷地を牧畜と切り離した空間として再構成している。その一方で、食事の内容とサイクル、伝統的な畜産物に価値を置くこと、斜面などの牧草地に関する考え方などに、ゴスポダリエを経営する人々と類似した価値観を見ることができる。これは、かつてゴスポダリエを経営していたという彼らの経験と、ゴスポダリエの生活のリズムが色濃く残る農村に彼らが暮らしているためでもあろう。

## 第3節　観光業への投資

　F村を含めたブラン地域が観光地として発展しつつあることはすでに何度か触れた。次に、近年の観光地化に対して、人々がどのように対応しているのか検討していく。

### 1.　観光地化の影響

　ブラン地域までは、県都ブラショヴからバスに揺られて1時間ほどの道のりである。F村はコムーナqの一部をなすが、その北接するコムーナpには、国内有数の観光地となっているブラン城がある。この城は13世紀にチュートン騎士団によって建設されたとされ、その後はハンガリー王のものとなった。中世以降はブラショヴ市の管轄となり、トランシルヴァニア公国とワラキア公国（後にはルーマニア王国）との関所としての役割を果たした。

現在のブラン城は、「ドラキュラ城」として国内外から多くの観光客を集めている。実際には、アイルランドの小説家ブラム・ストーカーが「吸血鬼ドラキュラ」のモデルとしたワラキア公ヴラド三世[34]が、この城に住んだという史実はなく、城内の説明書きにもそのことが記載されている。しかし、ほの暗い回廊、秘密の抜け道、複数の中庭を持つ堅牢な城が森の中にそびえ立つ様は小説のイメージに近く、1980年頃からファンが訪れ始めた。2006年、政府から城を返還されたかつてのルーマニア王女イレアナの息子ドミニクが改修を始め、ブラン城はルーマニアの重要な観光資源となった。

　ブラン城の入り口前には多くの土産物屋が並んでいる。そこで売られているのは民芸品やTシャツなどで、ヴラド三世や「吸血鬼ドラキュラ」をモチーフにした商品も多い。近隣の住民が毛皮やチーズなどの畜産物を売る露店を出していることもある。外国人の観光客も多く、英語やフランス語が頻繁に聞こえてきたりもする。

　しかし、ブラショヴやブカレストから週末やバカンスにブラン地域に通うルーマニア人観光客は、このブラン城を目当てとしているわけではない。彼らの最大の目的は、美しい自然や牧歌的な風景を見ながらバーベキューを楽しみ、ゆっくり過ごすことにある。特に夏場には、幹線道路脇の草地が観光客で埋め尽くされる。こうした人々は地域内のペンションに泊まるが、片道で4時間以上かかるブカレストからでも日帰りすることもある。このような観光客が増え始めたのは2000年代に入ってからのことで、現在のM谷では彼らを対象としたレストランやペンションが建ち並んでいる。

　都市住民の経営する大型のペンションの他、村民自身が経営する中小

---

34　ヴラド串刺し公（Vlad Țepeș）の名で知られるヴラド三世自身も、父親であるヴラド悪魔公に因み「ドラキュラ」（Dracula）と呼ばれていた。ヴラド悪魔公はルーマニア語で「ヴラド・ドラクル」（Vlad Dracul）と言い、その息子が指小詞を伴って「ドラクラ（ドラキュラ）」と呼ばれたのである。悪魔公の謂われについて以下のように説明する村民がいた。ヴラド悪魔公は、竜を描いた鎧を身につけていたが、それを見た農民は竜を知らず悪魔（*drac*）だと思い込んだというのである。

第7章　ゴスポダリエの周辺を生きる人々

写真 7-6：ブラン城前の様子

規模のペンションも増えている。例えば、F 村の隣村 H には複合リゾート施設がある。広大な土地を持つかつてのスタプンが建てたものである。ロッジ風の大きな宿泊施設がいくつも建ち並び、レストラン、テニスコートやアスレチック施設も備え、釣りやスキー、サイクリングを楽しむこともできる。季節を問わず多くの観光客が訪れ、駐車場はブカレストナンバーの自動車で溢れている。

　このような大型のペンションは、村民の新しい雇用先にもなっている。客室係・清掃員・レストランのウェイターやウェイトレスとして働く人が多い。また、夏や冬の休業期間には、中学生や高校生がここでアルバイトをしている。その他、村を訪れる観光客を見込んで、畜産物を売るようなゴスポダルもいる。自身のゴスポダリエが車道に面している場合、そこに机を置いてカシュやウルダを並べておく。中には、ペンションやブラン城前の広場などで畜産物を売ったりする人もいる。

　多くの観光客が村を訪れるようになったことで、新たに金銭を得る機会を得た反面、「よそ者」(*străini*) によって平穏を乱されていると感じ

215

る人も多い。まず、人々が口々に不満を述べるのが、ひっきりなしに車道を行き来する観光客の自動車である。クリスマスや「リベリオン」（revelion）と呼ばれる年末や新年にかけての時期、復活祭、さらには週末になると、彼らの自動車が朝早くから夜遅くまで、道路を行きかう。そうした車がかなりのスピードを出していることを不安視する人もいる。特に小さな子どもを持つ親や祖父母は、子どもを一人で車道に出すことを避けている。

　ペンションに泊まる観光客の行動が問題になることもある。その一つが騒音で、夜中まで大音量の音楽が辺りに響き渡ることもある。筆者が下宿をしていた家から牧草地を挟んで100mほど離れた川岸には数軒のペンションが立ち並んでいた。夜の12時を過ぎているにも関わらず、大音量の音楽が聞こえてくることも一度や二度ではなかった。

　また、水道水の供給不足という問題も生じている。F村を含めたコムーナqでは、住民の出資によって2000年代初頭に上水道の設備が整った。これによって蛇口をひねれば水が出るようになった。谷では問題ないのだが、近年になって丘では頻繁に水道が止まるようになった。その原因はペンションだという。観光客を泊めるペンションでは各部屋にシャワールームを備えている。同じような時刻に観光客がシャワーを使うことによって、丘まで水が行かなくなっているというのである。上水道の建設当時、このような状況は想定されていなかったのである。

　さらに、クリスマスや復活祭の礼拝にまで観光客が押し寄せることに不満を持つ村民も多い。筆者も参加した「ウンヴィエレ」（inviere）と呼ばれる復活祭前夜の礼拝の様子を簡単に紹介しておこう。ウンヴィエレには「復活」という意味があり、文字通りキリストの復活を祝した儀礼である。復活祭の当日、深夜0時から行われる。

　夜の11時半を回る頃、筆者は下宿先の家族と一緒に車でF村の中心部に建つ教会に向かった。月明かりもなく外は完全な闇に包まれていたが、車のヘッドライトには教会向かって歩く人々の姿が次々と照らし出された。教会周辺の道にはずらっと車が駐車されていた。100台以上あ

るのではないかと思われた。教会の前には人だかりができており、建物の正面から門の外まで人で埋め尽くされていた。ほとんどが都市からやって来た観光客のようだった。高級な毛皮のコートや派手な装飾品、濃いメイクの女性などは村民の中には見かけないものである。教会正面に集まる人の中には、墓石の上に立っている人もいた。

　深夜0時を回ると鐘の音が響き始め、司祭が現れた。ドアの前に設けられた祭壇で礼拝が始められた。礼拝が進むと、人々がロウソクを手に司祭の前まで進み始めた。司祭から火を分けてもらうことが、この儀礼の重要な一部をなしている。だが、あまりの密集状態にそこまでたどり着くことはできず、参拝者同士で火を移していた。火を貰うことだけが目的という観光客もいるようで、すぐに帰途につく姿も見られた。時間が経つにつれ参拝者は少なくなっていった。礼拝の最後には教会の中に入って祝福を受け、火の付いたロウソクを親族の墓に供える。この頃には観光客の数はかなり少なくなっていたが、F村の住民だけでも相当数がいるので、混雑は変わらなかった。

　筆者の下宿先の人々は親族を探していたが、あまりの混雑に最後まで見つけることはできなかった。このような状態に、村民は不満を感じている。ある男性は、数年前からこうした祝祭日に教会に行くことをやめてしまったと言う。「本来、教会とはそこに住んでいる人々のためのものだ」というのが彼の言葉で、かつてのウンヴィエレはきちんと教会の中で行い、司祭は参拝者の持つロウソクに一本ずつ火を付けたのだという。観光客が大勢やって来る現状を不満に思う人は多く、彼のようにそれが理由で礼拝に行かないと言う人もいるのである。

　他にも、観光客の行動が牧畜業の妨げとなっている場合も幾つかある。一つがゴミの問題で、車道脇の牧草地に空き缶やペットボトル、ビニル袋などが捨てられている。特にブチェジ山地やピアトラ・クライウルイを望むことができる見晴らしの良い場所には、特に多くのゴミが散らばっている。これらのゴミは草の育成や草刈りの際に邪魔になる。

　また牧草地に関しては、観光客が育成中の採草地に入り込んでしまう

という問題もある。毎年4月23日から10月27日の間は、採草地を保護して育成を促し、草を刈って干し草を作る期間というのが、村民の共通認識である。この期間、彼らは隣人の牧草地に入ることを避け、やむを得ず横切る場合でも、すでにできている道を広げないように慎重に歩くのである。こうしたルールを理解しない観光客は、牧草地に入り込み、刈る前の牧草を踏み倒してしまうのである。また、宿泊せずに日帰りする観光客も多く、勝手に住民の敷地に車を停め、網焼き料理を楽しんだり、日光浴をしたりしている。

このように、村の観光地化は住民に新たな収入の可能性をもたらすと共に、それまでの生活を乱すという側面も持っている。

## 2. 土地の売却

ブラン地域の観光客は何度も繰り返して訪れることが多く、その中には自身の別荘を持つに至った者もいる。ブカレストやブラショヴといった都市からやって来る人々を、観光客であろうが、別荘を持つ人であろうが同様に、村民は「都会人」（*oraşeni*）と呼ぶ。1kmほどの長さのあるM谷においても、2008年当時で7軒の別荘を数えることができた[35]。これらの別荘が建つ土地は、それを所有していた村民が「都会人」に売却したものである。ここでは、こうした土地がどのような経緯で「都会人」の手に渡ったのかについて明らかにする。

F村の土地は、共有地や教区の土地を除けば、すべてに個々の所有者がいる。土地は基本的に個人の名前で登録されており、結婚する際などに夫婦の連名で書類を作ることがなければ、夫あるいは妻個人の所有物のままである。夫が自分の親から分与された土地は彼が、妻が自分の親から分与された土地は彼女が所有するのである。土地の利用は夫婦で平等になされるが、その相続や売却といった処分に関しては所有者の領分

---

35 これらはブラショヴやブカレストで暮らす都会人が余暇のために定期的あるいは不定期に訪れる別荘を数えただけで、都市住民が経営するペンションやレストランなどを含んでいない。

第7章　ゴスポダリエの周辺を生きる人々

とされる。

　例えば、前節に登場したクリステア・アウレルはこのルールについて以下のように話した。「数年前、自分は丘の土地を売って、新しい車を買った。そこは自分が所有していた土地で、一人で手続きをした。金を貰った後、公証役場に行ってサインをしてそれで終わりだ。今、自分の妻は敷地の端の土地を売りたがっている。でも自分はそれを望んでいない。この土地は結婚する時に2人の所有物として登録した。2人の意見が異なるから、そこの土地は売っていない。」

　すなわち、土地を最終的にどうするかは所有者の判断に委ねられるのである。所有者が一人であれば、その意思に従って土地が処分されるが、複数いる場合には、総意でない限りは売却することができない。しかし、彼は個人的に所有している土地でも、売却に際して家族の同意が必要であることを強調する。個人が所有する土地に対しては、その配偶者とすべての子どもが相続する権利を持つ。そのため、事前に彼らの同意を得ることが重要で、彼自身はその過程をきちんと経たのだと言うのである。

　しかしながら、妻が個人的に所有する土地に対して、夫の意思が強く反映されることもある。トランシルヴァニアの農村部を扱った民族誌では、家庭の中で父親が強い権力を持っていたことがしばしば指摘されている（Beck 1979; Kligman 1988）。土地の所有に関しても、たとえ妻が所有する土地であっても、夫の名で登記[36]がなされる場合もあった（Beck 1979:209）。村で住民と多くの時間を過ごす中で、「日本では家族の長は誰だ」と問いを投げかけられ、「家族の長」がどのように振る舞うのかについて議論することが度々あった。そこからルーマニアの事情についての話題へと発展していった。そこでなされる話はステレオタイプ的なものが多かったが、家長としての夫の権力が常に強調された。「夫は威張り、妻は隅で泣く」というルーマニアの言い回しについて触れる人も

---

36　トランシルヴァニア地方で土地登記が開始されたのは、1848年にオーストリア帝国領となった後、1860年代以降のことである（Verdery 1996:146）。

219

いた。

　F村においても、土地の売買について意見が分かれた場合、最終的には父親や夫の意向が優先されるようである。先に触れた男性の場合でも、夫婦で共同所有する土地の売却についての意見が異なるのだが、土地を売らないという彼の主張が通っている。この場合は土地を売っていないのだが、逆に夫の意思によって土地が売却されることもある。その際、夫が地域外の出身者である場合には、その決定に親族が不満を持つこともある。次にそういった例をみてみよう。

　ガルカ・ギョルギナは他県の大学を出た後、別の県の都市で就職し、そこで結婚した。結婚する際、丘陵地にあった父親の牧草地を相続したが、祝祭日を除いてF村に戻ってくることはなかった。彼女に土地の使い道はなかったので、父親が採草地として利用し続けた。しかし、ブラン地域で観光地化が進み、土地を高く売ることができるようになると、彼女はすぐさま相続した牧草地を売却した。その際、そこを利用していた父親に相談がなかったこと、売却を進めたのが土地所有者ではない夫であったことに、両親や兄弟は不満を感じていた。この夫がブラン地域の出身者ではなく、地元の事情に通じていないことも、彼らには納得がいかなかったようだ。本人に対して直接文句を言ったりすることはないものの、売却から数年が経過した現在でも時おり話題にしては彼らを非難するのである。

　ギョルギナの例でも分かるように、村内の土地を売却するのはそこに住み続けている人だけではない。都市に居住している村の出身者が、村内に持つ土地を売却することもあるし、親の死後に誰も住まなくなった土地を都市で暮らす子どもが売却することもある。村民であろうと、現在は都市で暮らしている人であろうと、土地を売却する理由は一度に多くの金銭を入手できることにある。土地の値段は立地や売った時期によって異なるが、先に挙げた男性は、約1haの土地を売って4,000ユーロほどの金銭を得たという。彼の土地は丘にあり傾斜が付いていることから、それほど高額にはならなかったが、これで新しい車を買うことが

第7章　ゴスポダリエの周辺を生きる人々

できたという。他にも近代的な家屋に増改築するための資金を得るためであったり、新しい家電一式を揃えるためであったり、子どもの進学費用を得るために土地を売却する。

「都会人」との土地の売買において、現在では不動産業者を介するケースも増えているが、以前は個人的な売買がほとんどであった。「都会人」が土地を売らないかと直接訪ねてきて、交渉に至るという形から始まり、やがて住民の側でも土地を売りたい場合に「売り地」(teren vândut) の看板を立てるようになった。連絡先を併記した看板が村の所々に立っているし、今でも村を訪れた「都会人」に土地を売る気がないかと尋ねられることがあるという。

「都会人」が購入した土地には幾つかの傾向がある。一つは幹線道路沿いの敷地という点である。そうでなくても「楽に入っていくことができる脇道」の側に立てられていることが多い。これは、自動車が通過できるだけの幅があるというだけでなく、アスファルトで舗装されていることも含む。この地域では、夏の午後になると頻繁に激しい雨が降る。舗装されていない道路には巨大な水たまりができ、道全体がぬかるみとなるのである。これは雪解けの時期も同様である。そうなると四輪駆動のSUVでもない限り、通り抜けることは用意ではない。そこに傾斜が付いていれば尚更である。自家用車で別荘を訪れる「都会人」にとって、これは重大な問題である。そのため、幹線道路から外れた土地や、舗装されていない山道の先にある土地などは買い手がつきにくくなる。

また、「都会人」の別荘は建物とその周辺の庭だけで構成され、「伝統的」なゴスポダリエと比べるとその敷地面積はかなり狭い。また、林や牧草地からなる斜面を含まないものが多い。村民にとって斜面は、家畜飼養だけでなく暖房の燃料となる薪を得るための場所として欠かせないが、必要なものをすべて購入して別荘に持ち込む都市民にとってはそうではない。逆に、不必要な土地までを購入すれば費用がかさんでしまうことになる。

例えば、ある「都会人」の別荘は、川岸から続く平地のみを敷地とし

221

ている。一人暮らしをしていた親が死去した後、子どもが売りに出した
のだが、斜面は売れ残ったのである。現在、その斜面は隣に住むゴスポ
ダルが賃借して、自身の斜面と繋げて採草地として利用している。

　このように別荘の敷地は、舗装された幹線道路やそれから分かれた小
道の脇にあり、家屋と庭のみから構成されている。これは土地を購入す
る「都会人」の要望に合わせたものであるが、同時に土地を売る村民、
特に自分たちが居住する敷地の一部を売却する人々の事情をも踏まえて
いる。

　「都会人」に斜面やそれに近い場所を売ってしまうと、自分たちの住
居の背後に彼らの別荘が建つことになる。そうすると、出入りの度に彼
らが自分たちの敷地を横切ることとなる。あるいは、彼らが行き来する
ための道を新たに作らねばならない。親しくない「都会人」が自分たち
の住居を横切るのは、彼らにとって不快なことであるし、新たな問題が
生じる可能性もある。そもそも隣人同士というのは、所有地の境界や通
り抜けなどの行為、家畜の管理などを巡って問題の生じやすい間柄でも
ある。このことは、先に取り上げたクリステア家と隣人の問題を見ても
明らかである。

　近代的な別荘や高価な自家用車などが村の若い世代の羨望の対象とな
ることはあるものの、観光客を含めた「都会人」の印象は良いもので
はない。新たな現金収入の機会をもたらしはしたものの、村民は「都
会人」によって自分たちの生活を乱されていると感じているのである。
ひっきりなしに車道を走るブカレストナンバーの車、牧草地に残される
大量のゴミ、自分たちの敷地への無断侵入、真夜中に響き渡る大音量の
音楽、クリスマスや復活祭の礼拝に教会に押し寄せてくることなどは既
に記述したが、彼らの不満を挙げていけばきりがない。

　別荘を持った「都会人」は、村民の隣人ともなる。しかし、彼らが周
囲の人々と緊密な交流を持つことはほとんどない。筆者自身が彼らの姿
を見ることも数度しかなかったし、村民でも彼らを見かけることは多く
ない。村民に近隣の別荘を指さしながらそれを所持する「都会人」のこ

第 7 章　ゴスポダリエの周辺を生きる人々

とを尋ねてみても、その名前やどのような人なのかについて明確な回答
を得ることはできなかった。

　このように村民は、村を訪れる「都会人」に対してネガティヴなイ
メージを持つが、彼らが別荘を持った後でも両者の間に親密な人間関係
が形成されることは希で、そのイメージを変えるような機会は少ないの
である。このような点を踏まえれば、土地を売却する村民は、都会から
来る「隣人」が問題の生じやすい場所に住むという状況をあらかじめ避
けようとしていると考えることもできる。自分たちの暮らす家屋から離
れた場所や、車道に近い部分などであれば、都会人と自分たちの生活に
距離を置くことができる。しかし、斜面やその側の土地を売ってしまえ
ば、都会人が自分たちの敷地を横切ることとなる。村民が土地を売却す
る際には、このような事柄が配慮されてもいるのである。


## 3.　ペンションの経営

　土地を「都会人」に売却することで一度に多額の金銭を得ることが
できるが、観光客に宿泊場所を提供して定期的に金銭を得る村民もい
る。ブラン地域を訪れれば、大きさや外観も様々なペンションが目に入
る。地域のガイドブックには、こうしたペンションが住所や電話番号と
共に紹介されているし、近年では農村地域のツーリストを対象にした
ウェブサイトにも数多くのペンションが紹介されている。このサイトは、
ルーマニア語以外に英語・フランス語・ドイツ語・イタリア語・スペイ
ン語・ハンガリー語と多言語に対応しており、ペンションの部屋数や値
段の他、内装や設備を写真で確認でき、専用フォームで予約までできる
ようになっている。F村を含めたコムーナ q のページには、200 を超す
ペンションが掲載されている。

　筆者が集約的な調査を行った M 谷でも、15 のペンションがあった。
その内の 1 つはブカレストに住む「都会人」が経営しているが、残りは
すべて村民が自身の住居を改装したり、増築したりしてペンションとし
たものである。これらのペンションは新しく、清潔な印象だが、特に太

223

い丸太と白い漆喰の壁というログハウス風の外観が特徴的である。「都会人」の別荘や改装した村民の家屋と見分けが付かないペンションもあるが、車道に看板を出している。看板にはペンションの名前、電話番号が明記されるが、単に「宿泊」(*cazare*)とだけ書いた看板が出ていることもある。観光客もまた自家用車で訪れるため、どのペンションも車道に面した場所に建っている。その内の2軒は脇道の少し先にあるが、幅員は十分で自動車で訪れるのに問題はない。

**写真 7-7：M谷の村民が経営するペンションの一つ**

　村民がペンションを経営することは、同じ敷地内に観光客のための宿泊施設と自分たちの住居とを併存させるということである。その形は様々で、住民が暮らす家屋とペンションとが別棟になっていることもあるし、同じ建物の一階が住居で二階や三階がペンションになっているものもある。
　観光客を泊める部屋は、家具・家電・内装に個々の違いはあるものの、ダブルサイズのベッドとシャワールームとを備え付けることが基本であ

る。シャワールームにはトイレの設備もあるが、普通はバスタブがない。食事を提供しないペンションが多く、宿泊客が自分で食材を持ち込んで調理できるように共同のキッチンが設けられている。

宿泊費は部屋単位で、50〜100レイ（2,650〜5,300円程度）の間が多い。部屋にTVやクローゼットがあったり、食事のできるテラスがあったり、網焼き料理専用のかまどや子ども用の遊具があったりと、オプションのついたペンションは宿泊費も割高である。バカンスや祝祭日は曜日を問わず、それ以外の期間は金曜日の午後から月曜日の朝にかけて観光客は訪れる。1泊だけで帰る者もいれば、金曜日の仕事を終えた後にやって来て、月曜日の朝まで滞在し、そのまま職場に行く客もいるという。ペンションの部屋数や値段にもよるが、毎月数千レイの収入にもなるという。あるペンション経営者は、1泊70レイ（3,710円程度）の部屋を4部屋持っており、毎月2,000レイ弱（10万6,000円程度）の収入を得ることができ、特に夏のバカンスや冬のバカンスにはひと月の収入が5,000レイ（26万5,000円程度）を超えたこともあると話した。

ペンションに宿泊する「都会人」が、村民と親密な交流を持つ機会は少ない。しかし、ペンションによっては、「牧歌的な雰囲気」を提供することを売りの一つとすることもある。

ルチェスク・コルネリアは60歳代後半の女性で、一緒に暮らす息子夫婦がペンションを経営している。夫が存命していた5年前までは、ブタを飼養していた。彼らの敷地は狭く、別に牧草地も持たなかったため、ヒツジやウシを飼うことができなかった。夫の死後、彼女は同じ敷地内の別家屋で暮らす息子夫婦の元へ移った。そして、古い家屋を近代的なペンションに増改築した。現在、息子はブラショヴに通勤しており、その妻がペンションに関わる仕事に従事している。コルネリアが観光客と日常的に接する機会は少ないが、クリスマスや復活祭の際には地域の伝統料理を作って振る舞っている。その際、近隣に住む料理自慢の友人を呼んで手伝ってもらう。これが好評で、毎年のようにこれを目当てにして訪れる観光客がいるという。

ペンションとゴスポダリエとを組み合わせて戦略的に経営しているような例もある。コドレア・イオンと妻は共に70歳代の夫婦で、長らくゴスポダリエを経営してきたが、体力の衰えと共に飼養する家畜の数と種類を減らしていた。彼らは自分たちの老後を心配し、都市で暮らしていた末妹のニコレタが村に戻ることを望んでいた。その要請を受け、彼女は2005年に夫と娘を連れて生家に戻った。彼らは自分たちが暮らす家屋を親が暮らす古い家屋の横に建てたが、その二階部分をペンションにすることを考えていた。

　ニコレタの計画を聞き、イオンは自身のゴスポダリエ経営を転換することにした。当時飼養していたブタとヒツジを処分したのである。ブタは飼料費が高く付くし、何よりペンション経営をするのに臭いが問題となった。そこで彼らは、ヒツジを処分してウシを飼養することにした。一年を通じてウシを手元に置いておけば、乳製品を宿泊客に提供することもできるからである。ニコレタはそうしたゴスポダリエの畜産物を好む「都会人」がいることを知っていたのである。当初、イオンはそうした計画を好ましいものと思わなかったそうだが、せっかく娘が戻ってきてくれたのだから好きなようにさせようと考え直したのだという。こうして現在、彼らは1頭のウシのみを飼養している。そして、宿泊客に搾りたての牛乳や、イオンの妻が造ったカシュやウルダを提供している。

　観光客に宿泊場所を提供しているのは、こうしたペンションだけではない。状況によっては、ペンションという表示を出していない民家が観光客に部屋を貸すこともあるのである。クリスマスや復活祭などにはF村に多数の観光客が押し寄せ、すべてのペンションが満員になることもある。そうした時、空き部屋がないか尋ねてきた観光客に対し、こうした民家を紹介するのである。彼らは空き部屋に観光客を泊め、臨時収入を得ることができるのである。中には、そこが気に入り、電話をかけて予約してくる観光客もいるのだという。こうした臨時収入はやはり魅力的なものであり、現在ある空き部屋を観光客に貸したり、あるいは家屋の改築が終了すれば増える予定の部屋を貸そうかと考えていると話した

226

第7章　ゴスポダリエの周辺を生きる人々

りする住民もいたのである。

　このように村を訪れる観光客に宿泊場所を提供することによって、村民は現金収入を得ることができる。「都会人」の行動を不快に感じてはいても、こうした金銭は魅力的であり、今後もペンションや部屋を貸すことを考える人は増えていくだろうと思われる。

# 第8章　ゴスポダリエからファミリエへ

　本章では、現在の農村で生活する人々の社会関係に注目する。前章で明らかにしたように、現在では人々が家畜飼養を放棄することで、村内のゴスポダリエは減少の一途を辿り、「伝統的」な農牧業と直接関わらずに生活する人々が増えている。こうした変化の中で、ゴスポダリエとゴスポダリエ、またゴスポダリエを持たない人々との関係はどのように持続または変容しているのだろうか。家族と親族は持続または変容しているのだろうか。かつてのゴスポダリエの財産はどのように相続されていくのだろうか。ここでは、これらの問題について、筆者が知りえた具体的な事例を通して明らかにしていきたい。

## 第1節　農村家族の変容

### 1. 生活単位の変容

　F村のM谷では、現在も伝統的なゴスポダリエの姿を見ることができる。柵で囲われた一連の財産を基に家畜飼養を行い、そこで暮らす人々が経済活動と居住を共有する一つの世帯である。しかし、幾つかのゴスポダリエの生活に注目すると、一つの敷地内に複数の世帯が存在していることが分かる。ゴスポダリエを経営する老親の世帯と賃金労働によって生計を立てる子どもの世帯とが併存しているのである。

　ゴスポダリエの敷地内に複数の家屋のあるケースは相当数に上るが、これは近年に生まれた新しい現象というわけではない。社会主義期、それ以前の「伝統期」でも、ゴスポダリエに家屋が2つ並ぶことはあった。親夫婦と子ども夫婦が別の家屋に居住したもので、特にゴスポダリエに娘が残った場合にこうすることが多かった。子ども夫婦は夫の姓を名乗るのが普通であったから、このようなケースで親夫婦と家屋を別にするのも当然と考えられていたようである。かつてそうした状況で結婚生活

を始めた老人は、「一つのゴスポダリエの中に義父の家族（*familie*）と自分の家族（*familie*）がいた」と話した。姓の異なる二組の夫婦は、居住を分け、社会集団として別個のものとして認識されていたということである。

　ただし、こうした親夫婦と子ども夫婦であっても、経済単位としては一つのものとして機能していた点が重要である。彼らは共に家畜の世話をし、共に干し草仕事をし、共に一つの菜園を管理し、共に畜産物を消費した。誰かが都市での賃金労働に従事して得た金銭もまた、彼ら全員の収入となったという。また、彼らは食事を共にすることを常とした。すわなち、複数の核家族がそれぞれに家屋を持っていても、共同で一つのゴスポダリエを経営したのである。一つの敷地内で暮らす人びとが一つの経済単位、つまり世帯であった。

　娘が生家に残った場合、親夫婦と姓が異なり、住居を別にし、社会集団としても別物のものとして自認したのだが、彼らは親のゴスポダリエの一員としてその経営に深く参与した。それが可能になったのは、子ども夫婦はゴスポダリエの継承者であり、やがてゴスポダルおよびゴスポディナになることが想定されていたからである。親夫婦が持つ農牧業の資源は自らの将来を支えるものであり、その維持に関わるのも当然であろう。住居を別にし、世代で姓を違えていても、ゴスポダリエの経営や継承という点からすれば、彼らは一つの「直系家族」、一つの世帯であったといえる。

　しかしながら、現在、敷地内の複数の家屋が意味する内容は変化しつつある。そこでは、ゴスポダリエ経営を行う親夫婦と賃金労働に従事する子ども夫婦とが、別々の世帯として経済的に分離しているのである。収入や支出を一緒にすることもなく、何らかの祝祭日を除き食事を共にすることもない。ここでのゴスポダリエ経営は、老夫婦のみで暮らすゴスポダリエと基本的には変わらない。日常的に行う家畜の世話と牧草地の管理は親夫婦のみで行い、子ども夫婦は農繁期の草刈りや干し草作り、屠畜作業を手伝うに過ぎないのである。そうして得られた畜産物は、親

夫婦から子ども夫婦へと分け与えられる。子ども夫婦は労働力を提供し、親夫婦は畜産物を贈与する、すなわちサーリンズのいう「一般化された相互性（一般的互酬性）」（サーリンズ 1984:232-234）の形がここに見られるのである。一つの敷地で暮らす2つの核家族は、ゴスポダリエの経営と継承のための「直系家族」として機能してはいないといえよう。

　このように、別の世帯を形成し、彼ら自身も「別々に暮らしている」などと表現するのだが、周辺の隣人たちはこれを別の2つの集団として認識してはいない。例えば、そうした人々の敷地を指して、「あそこには誰が住んでいるのですか」などと尋ねると、親夫婦のみ、特に父親の名前が返ってくることが多い。その父親が亡くなっていれば、息子ではなく妻の名前が挙げられる。このように、家屋を別にしたり、収入と支出を別にしていたりすることに関係なく、子どもの核家族が親夫婦の一部として認識されているのである。

　その理由は、複数の家屋の間が柵で区切られていないことにある。柵で囲まれたひとまとまりの土地の中に、ここではそれを便宜的に敷地と呼んでいるが、2つの家屋が建っているからである。結婚する子どもに親が自身の暮らす敷地の一部を分与する場合、端から分け、新しく柵を立てて敷地を分けていく。元の敷地が広ければ、2人3人と子どもたちに分与していくこともあり、その度に家を建て、新しい柵で土地を区切っていく。しかし、最後に結婚する子どもに対しては、その限りではない。親と同じ家屋で暮らすことも多いし、新しく家を建てるとしても、親の家屋のすぐ側が選ばれる。両者を分断するように柵を立てることもない。つまり、これらの家屋の出入り口は同じ「中庭」に面し、それを共有することになる。このような形がとられるのは、この子どもが親に残された財産の相続人であり、その代わりに年老いた親の世話をすることが期待されているためである。特に、親の片方が亡くなった後に子どもの家屋に移り住むことが想定されてもいる。実際に、そのような形が採られたケースは多い。つまり、現在は別世帯を形成していても、いずれは再統合される可能性があるということである。

ただし強調しておきたいのは、こうした子ども夫婦は親の財産を相続し、親の老後の世話をするのだが、親のゴスポダリエの継承者ではないという点である。彼らは親のゴスポダリエの仕事を手伝いもするが、将来的にそれを引き継ぐつもりはない。若い世代が家畜飼養を放棄するに至った状況については、前章第1節ですでに詳しく述べた。簡単に振り返っておくと、現在の家畜飼養のほとんどは自家消費に留まり金銭収入の手段となっておらず「利益のない」仕事となっていることと、さらに家畜飼養には多大な労力や「汚れ」が伴うことから、ゴスポダリエで生活することを望まなくなったのである。両親が年老いてしまったり、片親が亡くなってしまったりして家畜飼養を続けることができなくなれば、それまで飼養していた家畜を処分することとなる。

　ここで述べた敷地内の複数の家屋をめぐる変容は、図8-1と図8-2のように表すことができる。図8-1は、「伝統期」、社会主義期およびその崩壊期の居住と労働の関係を示したもので、親夫婦と子ども夫婦が別の家屋に居住していても、ゴスポダリエの敷地内で一つの経営体として機能していた。図8-2で示した現在の関係を見ると、子ども夫婦が、家畜と牧草地という生産手段に主体的・直接的にアクセスするのではなく、親への労働扶助を経て畜産物の分与を受けていることが分かる。つまり、彼らはゴスポダリエの敷地内で暮らしながらも、世帯を別にしているのである。

　このように、親のゴスポダリエの敷地内で暮らす子ども夫婦は別世帯を形成することが多く、農牧経営体としてのゴスポダリエの一部でもなく、その将来的な担い手でもない。彼らのゴスポダリエの資源への働きかけは、親を介してのみ行われるのである。彼らはゴスポダリエの後継者ではないが、老親の終末期や死後のケアを担うことが期待されている。

　こうした変化を受けてか、現在のM谷においてゴスポダリエという言葉が何らかの集団、例えば、ゴスポダリエを経営する親夫婦、またはその敷地内で暮らす子どもの核家族を含めた居住集団を指して用いられる場面に出会うことはなかった。次に、村の生活の中で人々の集まりが

どのような言葉で表現されるのかについてみてみよう。

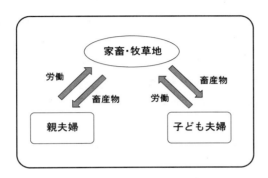

**図 8-1：居住と労働の従来の関係**

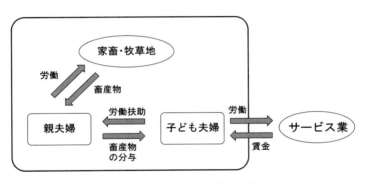

**図 8-2：居住と労働の現在の関係**

## 2. ファミリエの範囲と機能

### (a) ファミリエの示すもの

　F村の住民が最も小さな人々の集まりを指して頻繁に用いるのが、「ファミリエ」（*familie*）という言葉である。英語の family にあたり、広く家族と捉えることができる。このファミリエという言葉は様々な文脈で用いられ、それに応じて様々なレベルのまとまりを指す。夫婦と未婚の子どもからなる核家族を指す場合もあれば、複数の核家族のまとまり

を指す場合もある。先に取り上げた一つの敷地内の2つの核家族もまとめてファミリエと呼ぶことがある。

　住民たちの日常会話において、ファミリエという言葉は様々な意味をもって使われるのだが、「あなたのファミリアは誰ですか」などと尋ねると、ある一定の明確な範囲を答えることが多い。質問に対する彼らの答えは、核家族や同じ敷地内で暮らす人々に留まらず、近しい親族とその配偶者までを含めるのである。

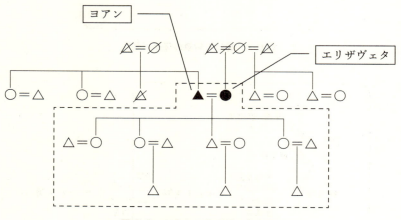

**図8-3：ペトレスクのファミリア**

　例えば、筆者の滞在先の一つのだったゴスポダリエの老人ペトレスク・ヨアンの場合、彼と妻のエリザヴェタ、同じM谷で暮らす次女の核家族、隣村で暮らす三女の核家族、ブラショヴで暮らす長男の核家族、隣県の都市で暮らす長女の核家族といった人々を列挙した。その一方で、M谷内に住んでいる彼の姉妹、甥や姪を加えることはなかった。近隣で暮らす彼の次女に同様の質問をした際にも挙げた人物は同じであった。図8-3は、ヨアンとエリザヴェタを中心とした系図である。破線で囲っている部分が、彼にとってのファミリエである。特徴的なのは、子ども

世代はすべての核家族を含むのに対して、親世代は一つの核家族に限定されているという点である。実際にヨアンが自分の姉妹を自身のファミリエとして挙げることはなかった。

つまり、一組の夫婦とすべての子どもの核家族を含めた範囲が「自らのファミリエ」として認識されているのである。これは同じブラショヴ県の農村で1970年代に調査を行ったキデックルの記述と同じである（Kideckel 1993:43）。

このようなファミリエの一面について考える際に看過できないのが、言語の問題である。ルーマニア語では、既知の対象や特定の対象を指す場合、名詞の後に定冠詞語尾が結合する。女性名詞であるファミリエであれば、eが定冠詞語尾aに置き換わり「ファミリア」（*familia*）に変化する。したがって「私のファミリエ」という表現は文法的に誤っており、常に「私のファミリア」という形で語られるわけである。これを踏まえ、ここでは、親夫婦とすべての子ども夫婦および孫という特定の範囲を指してファミリアの語を使うものとする。

このようなファミリアは、個人的に認識されるに留まらない。その成員によって「私たちのファミリア」として表現され、特定の名前で他と区別されることもある。先に挙げた事例の場合、子どもや孫からも「ペトレスクのファミリア」と自称される。ペトレスクというのは親夫婦の姓で、娘の核家族は異なる姓を持つが、親の姓をもって称する。このことは、老夫婦および彼らの資産がファミリアのつながりの根拠をなすのと同時に、周期的に再編されるファミリアの「一時代」を切り取った表現でもある。こうしたファミリアの周期性について次に見ていこう。

成員の年齢の幅や家族のサイクルにも左右されるだろうが、基本的にはファミリアは2世代の核家族の集まりによって構成される。上の世代には一組の夫婦による核家族、下の世代としてその夫婦のすべての子どもの核家族が含まれる。これは、出自集団のように特定の祖先に連なる成員を世代が進むごとに増やすという論理に基づく関係ではなく、2世代から3世代の範囲をサイクルに従って区切っていくものと考えること

ができる。

　個人の一生をモデルにして、このサイクルを説明してみよう。その人物は、幼少期から青年期にかけて「祖父のファミリア」に含まれる。両親、祖父母に加え、祖父母の子どもと配偶者、さらにその子どもたち、この人物から見ればオジ・オバ・イトコをも含めた範囲である。祖父母が亡くなり、自分が結婚する頃になると、ファミリアの範囲が変化する。両親と自分の配偶者と子ども、さらにキョウダイとその配偶者、子どもがファミリエの範囲となる。これは「父親のファミリア」ということになる。また、同時に配偶者の父親のファミリアとのつながりも意識するようになる。一方、オジやオバ、イトコたちはまた自身のファミリアを形成し、この人物の父親のファミリアには含まれない。そして自分の親が亡くなり、子どもが結婚する頃になると、「自身のファミリア」を意識するようになる。自分の子ども・配偶者・孫を含むが、自分のキョウダイたちはそこから外れていくことになる。やがて自分が死ねば、子どもたちがそれぞれのファミリアを形成していく。

　ファミリアは親夫婦を起点として、そのすべての子どもの核家族を含んだ範囲として認識される[37]。親から見れば、ファミリアは自分たち夫婦と子どもという狭い範囲に限られたものであるが、子から見れば、自分たちの立場は2つのファミリアに関わるものとなる。結婚した夫婦にはそれぞれの親が存在する。二組の親夫婦は互いに「クスクリ」（cuscuri）と呼ばれる間柄となるが、自分たちのファミリアの成員として相手を認識するわけではない。しかし、子ども夫婦はどちらの親夫婦にとってもファミリアであり、その間でバランスを取らねばならない。

---

37　ファミリアは特定の期間の特定の範囲を指すだけでなく、エゴを中心としたキンドレッドの様相を示すこともある。先に取り上げた「ペトレスクのファミリア」について考えてみよう。これはヨアンを中心としたものであるが、彼の妻エリザヴェタが「自分のファミリア」を挙げる際にはまだ生存中の母親を挙げることを忘れない。また子どもの配偶者は、自分の親やキョウダイをも挙げる。一方、彼の子どもが、配偶者の親を挙げるかどうかはそれぞれの状況にもよる。次女は夫の母親を挙げることをしばしば忘れ、時おり思い出したように彼女の名を挙げるのだが、夫の母親と一緒に暮らしている三女は義母の名を必ず挙げるのである。

236

この二組の両親を表す言葉として、「大きな両親」(*părinţi mare*) と「小さな両親」(*părinţi mici*) という表現がある。前者が夫の両親、後者が妻の両親を指している。これは表現上の問題であって、どちらが子ども夫婦にとって重要であるとか、優先すべきであるとか、また両親同士の関係でどちらが上に立つというものではない。子ども夫婦がどちらとより密接に関わるかは、彼らの結婚までの経緯やその後の生活といった事情に左右される。例えば、どちらの親と共住あるいは同じ敷地で暮らすのか、別の敷地に家を持つ場合はその土地が元々誰のものであったのか、どちらの親と地理的に近いのか、キョウダイ内での夫婦それぞれの立場、また親が存命かどうかといった事情である。

こうした事情は、「ペトレスクのファミリア」においても同様である。まずヨアンとエリザヴェタは、長男夫婦からすれば「大きな両親」となるが、娘夫婦から見ると「小さな両親」である。同じファミリアとして認識している人々は、祝祭日に集まって食事を共にする。また教会での儀礼を行う単位ともなる。以下では、「ペトレスクのファミリア」を具体例とし、どのような場面でファミリアが表出するのかを、様々な事情と合わせて描き出していこう。

### (b) 儀礼や祝祭日におけるファミリエ

**ポメニーレ**

F村の教会では毎週土曜日と日曜日に礼拝を行っている。土曜日の参拝者は100人に及ばないが、日曜日には200人を越える人々が集まる。ほとんどが高齢者で、皆めかしこんでいる。男性はスーツやジャケットを着て中折れ帽を被り、女性はワンピースに上等なスカーフを被る。若者の姿を見かけることもあるが、彼らは普段着のままで、ジーンズやジャージ姿ということもある。

夏は干し草仕事、冬は家畜の世話があるため、ヨアンとエリザヴェタの夫妻が一緒に教会の礼拝に訪れることはない。月に3回は妻、月に1度はヨアンという順番で日曜礼拝に参加する。礼拝への参加には、信徒としての義務を果たすという満足を得る他に、祖先の供養や家族のため

の祈願を行う目的もある[38]。礼拝は10時過ぎに始まるが、彼らはその30分以上前に教会に着くように家を出る。建物を入ってすぐの場所は狭いホールになっており、ロウソクを立てる燭台とキリストのイコンが配置されている。その脇ではロウソクが売られている。参拝者はここで購入したロウソクに火を付けて燭台に立てた後、イコンに向かう。そこで十字を切り、イコンの表面にキスをする。毎回、こうした手順を踏んでから、内部へと歩を進める。

　まずヨアンたちはロウソクを10本ほど購入し、いったん建物の外に出る。教会の周囲は墓地となっており、細い通路の脇に墓が並んでいる。墓標の前にはロウソクを立てるための容器があり、彼らはまずそこに火の付いたロウソクを捧げるのである。彼らがロウソクを捧げる墓は2つある。一つはヨアンの両親や祖先が眠る墓で、もう一つは妻の父親やその祖先の墓である。キョウダイの中で最後に結婚したヨアンは父親のゴスポダリエを継承したが、妻が一人娘だったので彼女の先祖の墓をも管理しているのである。

　そうしてから教会内に入ると、奥のイコノスタシスの前に参拝者の列ができているのが目に入る。彼らは小さな紙切れと少額の紙幣を手にしており、順番に司祭あるいは助祭にそれらを手渡す。礼拝の前には、司祭が幾人もの名を読み上げて祈りを捧げる。これを「ポメニーレ」（pomenire）といい、参拝者が手にした紙にはその対象となる人々の名が記されている。教会に出かける前、エリザヴェタもこうした紙に名前を書く。彼女が教会に行く時は持参し、ヨアンが行く時は彼に預けておく。

　紙は2枚あり、一枚には「死者」（morţii）、もう一枚には「生者」（vii）と上部に大きく書き出している。その下に幾人かの名前を書き連

---

38　他に高齢者にとっては重要な楽しみ、息抜きの機会ともなっている。彼らの多くは、ゴスポダリエや自宅で日常的に多くの時間を過ごす。晴れ着姿で教会まで出かけ、そこで友人と語らい、中心街の商店で買い物をし、またバーでビールを飲んだりすることは彼らの重要な楽しみともなっている。

ねるのである。エリザヴェタにそこに書かれた人物について尋ねてみた。死者には、ヨアンの両親、彼女の父と未婚のまま生家に残っていたオバ、さらに4人の祖父母の名を書いていると言う。彼女は自分が知っている親族（*neam*）を書いていると言うが、生家に残ったオバを除き、両親のキョウダイの名は誰一人として記していない。一方、生者の方に書くのは彼女のファミリアである。自分たち夫婦と、すべての子どもと配偶者、孫の名をそこに記し、さらに彼女の母親を加える。また、次女の夫の母親の名が付け加えられている時もあったが、聞くと「今、具合が悪いらしいから一緒に祈ってもらう」のだと返ってきた[39]。しかし、それは特別な場合のみで、ポメニーレの対象はヨアンとエリザヴェタの夫婦、すべての子どもの核家族という「ペトレスクのファミリア」が基本で、エリザヴェタが主体となることからそこに彼女の母親が付け加えられるのである。

### パラスタス

次に死者の法要である「パラスタス」（*parastas*）について述べる。パラスタスは、故人の死後3か月・1年・3年・7年を区切りとして行う。教会で捧げ物を奉納して、儀礼を執り行った後、「ポマナ」（*pomană*）と呼ばれる施物を配る。社会主義時代までは、儀礼を行った後に親族・儀礼親族・隣人、さらに貧しい人々を家に呼んで食事を振る舞ったというが、現在ではそうしたことまでする人はいない。パラスタスを行う人々は、あらかじめ施物を用意してイコノスタシス前に置かれたテーブルに並べておく。「カペツェル」（*capețel*）という結び目模様で十字架を模ったパンと、麦やクルミを甘く煮てチョコレートなどで装飾を施した「コリヴァ」（*colivă*）を必ず作り、他にワインや炭酸飲料といった飲み物、果物、菓子を準備する。

パラスタスの儀礼は、通常の日曜礼拝と司祭の説教を終えた後に続け

---

39 病気の場合は、名前の横にその旨を書き加えておく。他に「車を運転する」だとか「旅行に出る」などと書くこともある。そうすると司祭が祈りを捧げる際に、そのことについて一言触れるのである。

て行われる。司祭が「ではパラスタスを始めよう」などと宣言すると、参拝者に一人2本ずつロウソクが配られる[40]。パラスタスを行う人々が準備し配って回るが、準備した本数が少ない時は一部に配るだけで済ませることもある[41]。儀礼の最後には、パラスタスを行っている人々がコリヴァを盛りつけた皿を頭上に掲げて上下させる。コリヴァにはロウソクを立て、火を付けておく。ここに参拝者も近寄って、前の人の肩に手をかけて連なっていく。

　これが終わると参拝者はぞろぞろと建物の外に出て行く。ドアから門までの通路脇にテーブルを配置してあり、そこで参拝者に施物が配られる。菓子や果物は一人分ずつ透明のビニル袋に入れた状態で手渡される。菓子は市販のクッキーやチョコレート菓子、果物はミカンやバナナが多かった。コリヴァは紙コップに取り分け、同様に紙コップあるいはガラスのコップに入れたワインや炭酸飲料はその場で飲んで入れ物を返す。パラスタスはこのような流れで執り行われる。次に、エリザヴェタが行ったパラスタスについて記述していこう。

　エリザヴェタは亡き父親のためのパラスタスを毎年行っている。彼女は幼少期に父親を亡くしており、その命日前後にパラスタスを行ってきた。筆者が調査を行っていた 2008 年では、4 月 19 日の土曜日がその日となった。日曜日でなく土曜日に行うのは、参拝者が少ないので出費を抑えることができるからである。パラスタスに必要なカペツェルは現在では都市のパン屋に頼んで作ってもらうこともでき、実際にそうする村民もいる。しかし、エリザヴェタは自宅のかまどを使って前日に自分で焼いている。パン作りに必要な酵母と小麦粉は、次女夫婦がブラショヴ

---

40　ロウソクは教会で購入するのが通例になっているが、パラスタスで大量に必要な場合はハイパーマーケットで安価なものを購入する人も増えている。

41　礼拝の際に個人的に施しを行う人もいる。参拝者の間を回って特定の人にロウソクと少額の紙幣、時にはパンなどを手渡す老婆の姿を何度か見かけた。差し出された参拝者は丁寧にそれを受け取ってゆっくりと十字を切る。どのような人に渡しているのかを隣にいたヨアンに尋ねると、「困っている人」(*om necājit*) との返答が返ってきた。経済的に貧しい人、子どもなどの助けを得ることができていない人、病気の人などがそこに含まれるという。

のハイパーマーケットで購入する。この年の場合、酵母は500gのパックが2つ、1kgの小麦粉が6つあった。酵母は村の商店には置いていないし、小麦粉はハイパーマーケットの方が割安なのである。エリザヴェタも普段は村の商店で小麦粉を購入するのだが、大量に必要な時に限っては酵母と一緒に次女にハイパーマーケットで買ってきてもらっている。

**写真8-1：カペツェルに聖句を押しつける**

カペツェルは円い生地の上に、結び目で模った十字架を載せたパンである。十字架は細長く伸ばした3本の生地を三つ編みにして組み合わせる。十字架の四隅に扇形の生地を載せると、全体的に円盤状のシルエットになる。十字架の交差した部分に置いた円く薄い生地と扇形の生地には木製の型押しで聖句を押しつける。エリザヴェタは、カペツェルと一緒にポマナとするパンも焼く。そのために大量の小麦粉と酵母を準備するのである。パンには多量のジャガイモを混ぜ込む。茹でたジャガイモの皮を剥き、マッシャーで押しつぶし、小麦粉と水を加えて捏ねる。焼き上がったパンの表面は黒く焦げるが、角材で叩いて剥ぎ落としてきれ

241

いにする。剥ぎ落とした焦げはニワトリに与える。焼き上がったパンを
試食させてもらうと、表面はカリカリしているのに中はもちもちとして
いた。香りも良く非常に美味しかった。パンを焼く作業はエリザヴェタ
だけでなく、次女の夫も手伝った。作業を終えた後には、彼は余ったパ
ン生地を貰って帰った。

　パンが焼き上がるまでの時間にエリザヴェタはコリヴァを作り始めて
いた。鉄製の鍋で麦と細かく潰したクルミに砂糖を加えてじっくりと弱
火で煮詰めていく。ただそれだけの作業であるが、材料や火加減、時間
によって大きく味が変わる。教会での礼拝に参加してパラスタスが行わ
れれば、コリヴァを施物として受け取って持ち帰る。そうすると人々は
誰それのものは美味しかった、他の誰の作ったコリヴァはダメだったな
どと感想を言い合ったりする。エリザヴェタは料理の名人として知られ
ており、彼女の作ったコリヴァやパンは人気がある。パラスタスの当日
にも、「タンティ・エリザヴェタ[42] が作ったの？」「ちょうだい」と言っ
て集まってくる女性たちがいた。

　飲み物とコリヴァ以外の施物は、ビニル袋に一まとめにして渡す。前
日の夜に、次女と三女が彼らのゴスポダリエを訪れて袋詰めを手伝った。
袋自体は、隣県の都市に住む長女が送ってきたものだという。ジャガイ
モを加えて焼いたパンを小さく切り分け、オレンジと一緒に袋詰めした。
オレンジも次女夫婦がハイパーマーケットで購入したものである。昼間
に次女の息子と筆者とで彼らのゴスポダリエまで運んだが、100 個のオ
レンジが入った段ボール箱はかなりの重量があった。次女と三女はパン
一切れとオレンジを一つずつ袋に入れて口を結んだが、傷んでいるオレ
ンジは入れないようにしていた。彼らは 80 人分の袋を作り、2 つの大き
なカゴに分けて入れ、次女の夫の自動車のトランクに詰め込んだ。翌朝、

---

42　「タンティ」（tanti）は「おばさん」という意味である。村落社会では年配の女性
　　の名の前に付け、呼びかける時や、本人がいない時に言い表す際にも用いる。男
　　性の場合には「ネネ」（nene）という言葉があるが、Ｆ村の日常生活で用いる場面
　　に出会うことはなかった。

彼が教会まで運ぶのである。パンやコリヴァには余りが出て、次女と三女とで分けて持って帰ることになった。

こうした作業をしている間にエリザヴェタは、ロウソクの端をナイフで削って芯を出していた。長さ20cm、直径7mmほどの黄色いロウソクは、新品の鉛筆のようで、どちらの端からも火を付けるための芯が出ていなかった。村の商店から50本3.8レイ（200円程度）で購入したとのことだが、芯の出ていないものの方が安いのだという。ロウソクはこの50本に加え、使いかけの袋に30本以上が残っていた。施物が80人分であるから、ロウソクは参拝者に1本ずつ渡すつもりである。

礼拝は10時前後に始まるが、9時頃に次女の夫が自動車で施物を運んだ。教会のある村の中心地までは、自動車で行けば10分ほどである。彼は施物を運んだだけで、すぐに家に戻ってきた。

彼も正教徒で重要なポストを守り、復活祭前の土曜の夜に行う告解には出かけるものの、決して熱心な信者とは言えない。日曜や祝祭日に行われる礼拝には一切出席しないし、食事の前後に神に祈りを捧げたり、十字を切ったりすることもない。村の高齢者と接していると、彼らの信心深さに驚かされることがある。食事の前後に部屋の壁に掲げたイコンに向かって祈りの言葉を唱え、十字を切るのはもちろんのこと、農作業に際して神への信仰を示すこともあったのである。あるゴスポダルは納屋の屋根を修理せねばならなかったが、そこに登って重い板を扱うのは70歳を超えた身体には辛いものであった。作業を始める前、彼らはゆっくりと十字を切ると「神様[43]、この仕事を無事に終わらせることができるようにお助けください」とつぶやいた。そして、仕事をやり遂げると、「神様のおかげで仕事を終えることができました」と再び十字を切るのである。これに対し、社会主義時代に教育を受けた世代からは、信仰に対してもっと冷めた態度をとっているように感じられること

---

43 「神」を示すルーマニア語は「ドゥムネゼウ」（*Dumnezeu*）であるが、多くの場合はキリスト（*Hristos*）を指しているようである。

があった。特に次女の夫は大学まで行った人物で、尚更そうした傾向が強い。

　筆者は次女の核家族と共に教会へ出かけたが、自動車で出発したのは11時半を回ってからだった。通常の礼拝には出席せず、パラスタスにのみ参加するつもりなのである。全身というわけではないものの、彼らは黒を基調とした服装をしていた。教会の門から建物までの通路の脇には机が5脚、間隔をとって並べられていた。この日はエリザヴェタを含めて5組のパラスタスが行われるということである。筆者が参列した日曜礼拝では、パラスタスが行われる場合でも一組か二組程度だったのと比べると、明らかに多かった。

　建物の中に入ると、エリザヴェタと三女はすでに到着していた。三女は4歳の息子を連れてきていた。彼女は教会の入り口付近に立っていて、後から訪れる人にロウソクを手渡していた。エリザヴェタと同様に礼拝から参加しており、パラスタスが始まる前に参列者にロウソクを配って回ったのだという。

　日曜日ほど多くはないものの、教会内には100人を越える参拝者の姿があった。日曜礼拝では余り見かけない40〜50代の人の姿も多く見られた。そのほとんどがパラスタスを行う人々であるようだった。通常の礼拝では、イコノスタシス前の円形の部分に男性、入り口側の方形の部分に女性という具合に分かれて陣取るのだが、そうした区別もなされないままに老若男女が入り乱れて立っていた。しかし、パラスタスを行う人々は親族で集まって立っているようだった。

　10〜20代の若者の中にはジーンズやジャージといったカジュアルな服装の人もいたが、ほとんどの人は黒い服を身につけていた。日曜礼拝では、女性のスカーフは明るい色のものが多いし、緑、グレー、茶などの服が目立つのだが、黒い服を身につけている高齢者が目に付いた。ここで出会ったエリザヴェタも、上から黒いスカーフ、黒いセーターの上に黒いキルティングのベスト、黒いスカート、黒い革靴と全身を黒で統一していた。日曜礼拝は「晴れ着」を着るのだが、土曜礼拝は打って変

わって「喪服」を着るという印象が強い。パラスタスは故人のための法要であり、それを執り行う親族も黒い服を身につける。また、土曜日に行われるパラスタスが多いということを参拝者も分かっており、黒中心のコーディネートをするように気をつけているのだと思われる。

　イコノスタシスの正面には大きなテーブルが配置され、その上にコリヴァやカペツェルなどの施物が並べられていた。この日にパラスタスを行う人々のすべての施物がそこにまとめられていた。司祭の声が中断すると、人をかき分けるようにして幾人かが祭壇へと向かっていった。エリザヴェタもそれに続き、自分で作ったコリヴァを取って戻ってきた。コリヴァの回りには多くの参拝者が集まり、皿の底や縁に手を添えていた。三女に促され、筆者もエリザヴェタのコリヴァを載せた皿の縁に手を添えた。すぐに三女が筆者の肩に手を置き、反対の手は幼い息子と繋いでいた。エリザヴェタの皿を支えているのは、彼女と筆者の他、次女と息子で、次女の夫は彼の息子の肩に手を載せていた。そしてその肩には近くにいた参拝者が手を載せるという具合に、すべての参拝者が連なっていった。

　司祭が歌い始めると、それに合わせてコリヴァを上下に揺すり始めた。それが１分ほど続いた。コリヴァの皿からは液体が垂れてきて手がべたついた。司祭の歌と共にパラスタスの儀礼は終わり、エリザヴェタたちはすぐにテーブルから施物を取ってきた。こうした施物を参拝者に配らねばならないため、パラスタスを行った人々は急ぎ足で教会の外へ向かった。門までの通路脇に置かれた机は、パラスタスを行う組ごとに割り当てられている。エリザヴェタたちの机は門のすぐ外に置かれていた。彼らはテーブルに白いレースのクロスを敷き、コリヴァの皿、炭酸飲料のペットボトル２本、ワインの入ったペットボトル１本を置いた。炭酸飲料はハイパーマーケットで次女たちが購入したもの、ワインは少し前に次女の所を訪れた長男が持ってきたものの一部である。彼自身が造ったもので、ミネラルウォーターの空きボトルに詰められていた。その時に、パラスタスを行う時に１本を使えばよいという話になったのである。

袋詰めにしたパンとオレンジは、机の側の地面にそのまま置いていた。

**写真 8-2：コリヴァを取り分ける**

　次女はコリヴァを取り分け、彼女の夫はワインを、息子は炭酸飲料を注いだ。コリヴァには灰色、飲み物には白と、使い捨てのプラスチックのコップの色を分けていた。ほどなく参拝者が出てきて、エリザヴェタと娘たちは施物の袋やコリヴァを手渡し、次女の夫と息子は飲み物を振る舞い始めた。門から出てくる参拝者に次々と施物を渡していたが、一度に多くの人が出てくるので渡しきれない人もいたし、断ってそのまま行ってしまう人もいた。参拝者の中に隣人や親族の姿を見かけると、彼らは呼び止めてからパンやコリヴァを渡し、ワインや炭酸飲料を振る舞った。また、ある老人には次女が「あなたたちはより貧しいから」と冗談めいた口調で言ってコリヴァを多めに渡し、何度もワインを勧めた。やがてパンとオレンジがなくなり、コリヴァもなくなった。そうしてワインと炭酸飲料もなくなると、エリザヴェタが「これで終わり」と言って片付けを始めた。

第8章　ゴスポダリエからファミリエへ

写真8-3：ポマナを振る舞う

　ここまでエリザヴェタが亡き父親のために行うパラスタスの様子を描いてきた。彼女はこうした儀礼を毎年のように行うが、彼女一人の出費や労力だけで成り立っているわけではない。コリヴァやパンを作るための材料・オレンジ・ロウソクはエリザヴェタの出費であるが、夫のヨアンの了解を得た上で行われていることでもある。また、次女の核家族や三女は施物の準備をし、当日の儀礼にも参加している。特に次女夫婦は代わりに買い物をしているし、炭酸飲料や使い捨てのコップは彼らの出費である。長女は施物を入れるビニル袋を、長男はワインを提供している。

　このようにエリザヴェタは彼女のファミリアの助けを得てパラスタスを行っているが、この活動は先に挙げたペトレスクのファミリアの範囲を浮かび上がらせるものではない。これは、ヨアンとエリザヴェタの夫婦、彼らのすべての子どもたちの核家族を包括するカテゴリーであったはずだが、子どもたちの配偶者の関与が見られないのである。唯一、次女の夫がかなり深く関与しているが、近隣に住む彼らの日常的なやりと

247

りの延長線上にあるものと考えることもできるだろう。また、彼が果たした役割を務めることのできる者が他にいないという事情もあるだろう。いずれにせよ、彼の手伝いは厚意の内に入るものと言える。

これに対し、エリザヴェタの子どもたちが何らかの手伝いをするのは半ば義務であり、期待されていることでもある。それは親を手伝うという親族間の道徳に基づいてもいるが、ファミリアの範囲にも重なっている。ここでは、ファミリアを親夫婦とそのすべての子どもの核家族の集まりとして定義した。つまり、このパラスタスの対象はエリザヴェタの父親で、その夫婦を起点とするファミリアに含まれる人々が関与しているのである。エリザヴェタの母親がそこに関わってこないのは、彼女が隣のコムーナで再婚したためである。エリザヴェタの夫に関しては、家畜の世話のためにゴスポダリエを離れることができなかったという理由が挙げられる。いずれにせよ、エリザヴェタのパラスタスにおいて表出するのは、ペトレスクのファミリアより前の世代のファミリアなのである。

祖父母を起点とするファミリアは、彼らが亡くなると子どもを起点としたファミリアへと分裂する。しかし、彼らの死後の法要においては、かつてのファミリアが再び表出するのである。

**祝祭日の食事**

多くの社会においてそうであるように、ルーマニアにおいても祝祭日は親族が集まる重要な機会である。それはF村においても同様で、クリスマスや復活祭、聖母就寝祭（*Adormirea Maicii Domnului*）[44] といった祝祭日には、多くの親族が集まる。この時には都市で暮らす子どもたちも配偶者や子どもを連れて、両親の家に帰ってくる。そうした子どもたちは泊まりがけで訪れることもあるが、日帰りする場合もある。それでも、彼らは必ず昼食を共にするのである。

村落で暮らす親の所には、彼らの子どもと配偶者、孫が集まる。両親

---

44　聖母マリアの死を記念した祝日である。死後、マリアは天に引き上げられたとされており、「被昇天祭」あるいは「就寝祭」という言葉が用いられる（新免 2000:38）。

を起点とするファミリアが、祝祭日の昼食の共食単位となっているのである。これはペトレスクのファミリアも同様で、祝祭日には県都ブラショヴで暮らす長男、隣県の都市で暮らす長女も配偶者と子どもを連れて村に戻ってくる。その他、子どもの誕生日会にもファミリアが集まるのだが、長男の息子の誕生会の場合でも集まりは村でもたれるのである。ただし、彼の誕生日は小学校の学期中であるため、その前後の週末に誕生会が行われる。

　こうした機会にペトレスクのファミリアが集まって昼食を共にするが、彼らは両親のゴスポダリエではなく次女の家を共食の場としている。その理由を長男や長女に尋ねると、両親の家屋は狭いので、そうする場所がないのだと言う。また、「あそこには家畜がいるから」という言葉が付け加えられることもある。どうやら彼らにとっては、この家畜がいることの方が問題であるようだ。ヨアンとエリザヴェタのゴスポダリエにはウシとヒツジがいる。彼らの居住空間は家畜を飼養するための場所として構成されているため、特に冬は家畜の臭いや汚れが至る所に充満している。そのような場所よりも、近代的に改装された次女の家の方が居心地がよいということのようである。そこは清潔であるし、大きなベッドがあるし、シャワーや衛星放送といった設備も整っている。長女や次女は挨拶や贈り物のために親のゴスポダリエを訪れはするが、長くは留まらない。村に滞在する時、彼らは次女の家で過ごすのである。また、長女は次女の手袋工場の共同出資者であるし、長男は息子を小学校の休暇時期に次女に預けているので、こうした祝祭日以外にも次女の家を訪れる機会がある。そうした場合でも、用事がなければ親のゴスポダリエに立ち寄らないまま帰ってしまうこともある。

　筆者が調査を行った 2007 年から 2008 年の間に、ペトレスクのファミリアの成員が集まった機会は、6 度あった。1 月 6 日の主の洗礼祭[45]、復

---

45　主の洗礼祭、ルーマニア語で「ボボテアザ」(*bobotează*) は、洗礼者ヨハネがイエス・キリストに洗礼を施したことを記念する祝日である。

活祭、8月15日の聖母就寝祭、12月25日のクリスマス、さらに孫2人の誕生日である。夏場の聖母就寝祭ではテラスで食事をするが、その他の祝日では屋内にテーブルを移動する。年齢や性別に基づいた席の配置は存在しないが、男性が「中庭」で網焼き料理をし、女性が台所でチョルバやサラダ、その他の料理を作るという分担が見られる。ホテルのレストランに調理師として勤めている長男が腕を振るうことも何度かあった。普段、次女の家の食事ではアルコールを飲むことはないのだが、この時ばかりは多量に消費する。ビールやワインが多く、その中には次女の家を訪れるキョウダイたちが持ってきたものも含まれる。彼らはその他にも、あらかじめ作っておいた料理や購入した果物や菓子を持ってくる。

　食事は、まずチョルバ、次に網焼き料理などのメインの肉料理とサラダ、そしてデザートの甘味という順で進められる。甘味は、長男が材料を持ち込んで次女の台所で作ることが多い。チョコレートや生クリームを使って毎回異なるケーキを作る。ティラミスを作ったこともあった。このような食事が基本であるが、祝祭日の内容に合わせて食事内容が変わったり、特別なやりとりをしたりすることもある。

　例えばクリスマスでは、豚肉を使った料理が多く並べられる。伝統的な農村生活においては、クリスマス前に飼養していたブタを屠畜してスラニナやソーセージの他、耳や鼻などを煮てから固めて「ピフティエ」(piftie) を作る。これらを多く食べるため、冬は「ブタの季節」とも呼ばれる。また、クリスマスにはそれまでのポストが明け、動物性の食物を取ることができるようになる。豚肉はクリスマスのご馳走でもある。また、この時にはウシの内臓を使ったチョルバ・デ・ブルタを食べる。小さく切った内臓以外に具はなく、牛乳と酢で長時間煮込む。このチョルバ・デ・ブルタを好む人は多い。次女の家での食事ではチョルバを食べない人もいるのだが、この時ばかりは皆が口にする。それまで三女の夫がチョルバを食べる所を見たことがなかったのだが、彼は2杯おかわりをしていた。次女の夫や息子もおかわりをしていたし、筆者も勧められておかわりした。チョルバやスパなど汁物のおかわりを勧められ

たのはこの時だけである。

　復活祭では子ヒツジの肉がご馳走で、代表的なのが「ドゥロブ・デ・ミエイ」（*drob de miei*）である。方形の焼き型に内臓を包む網脂を敷き、ミンチにした子ヒツジの内臓をゆで卵と一緒に詰める。はみ出た網脂をその上に被せてグリルでじっくりと焼く。イースターエッグもまた、復活祭に欠かせない。これはゆで卵になっており、染料と一緒に茹でて赤・緑・黄・青など様々な色を付ける。この食べ方にはルールがある。二人一組となって互いに卵を手で包み込むようにして持つ。その際、片方は小指側から、もう一方は親指側から卵がはみ出るようにする。互いに卵を握った手を胸の前に出し、前者が「キリストが復活した」（*Hristos a inviat !*）と言い、後者が「本当に復活した」（*Advarat a inviat !*）と応える[46]。続けて前者が腕を振り下ろして、卵と卵をぶつけるのである。その後は、卵の向きを逆にして握り直し、役割を変えてもう一度同じように卵をぶつける。

　これらの機会には、ヨアンとエリザヴェタ、長女と夫、次女と夫、その息子、長男と妻、その息子、三女と夫、その息子からなるペトレスクのファミリアが集まるのだが、何らかの都合で誰かが欠けることもあった。例えば、長男の息子の誕生日には長女夫妻の姿がなかった。仕事の都合でどうしても来ることができなかったのだが、彼らはあらかじめプレゼントを送ってきていた。また、主の洗礼祭では、三女の夫の姿がなかった。ヨアンが彼の所在を尋ねると、三女が「家にいる」と答えた。ヨアンは困惑した様子でその理由を尋ねたが、その答えはどこからも返ってこなかった。後から聞いた所によると、三女たちが祝祭日の度にペトレスクのファミリアの所に行くことを巡って、同居する義母と口論があったのだという。夫は義母の側につき、三女だけが息子を連れてやって来たのである。

---

46　復活祭当日から数日間は、道端で出会った住民同士の挨拶もこれと同じ文句をやりとりするようになる。

ファミリアは親とそのすべての子どもの核家族からなるが、既に言及したように、子ども夫婦はそれぞれの親のファミリアにも重複して含まれることになる。祝祭日にファミリアが集まって昼食を共にすることは大事だが、その両方に同時に参加することはできない。2つのファミリアの間で板挟みになることもあり、主の洗礼祭における三女と夫に生じたのもこの問題である。一方、長男や長女はこうした問題を抱えていない。彼らの妻や夫はすでに両親を亡くしているからである。

　三女が自分の親との食事を優先するのは、彼女が末子という立場にあるからでもある。4人キョウダイの一番下である彼女は、すぐ上の兄とも8歳離れている。F村では、末子が生家に残って親の財産を相続し、老後の世話をすることを理念とすることは繰り返し述べてきた。彼女の結婚はこの地域の女性としては遅く、25歳を過ぎてからだった。夫は3人兄弟の長男だったが、弟たちは先に結婚して生家を出ていた。結婚後の居住先の選択は難しい問題であったが、彼女は夫の生家で義母と暮らすことを選んだ。彼女の両親は今でも納得しておらず、自分たちが働くことができなくなる頃には彼女が自分たちの元に戻って来ることを期待している。それは姉や兄も同様で、親の老後の世話をするのは彼女の役目だと話したりもする。「親の元に残った最後の子ども」という点では三女の夫も同じなのだが、向こうは長子、こちらは末子という理由を持ち出して、三女の選択や行動を非難したりもする。このように三女はファミリアの中で難しい立場に置かれており、祝祭日の食事に積極的に参加しようとする。

　同じような問題は次女夫婦にもある。次女の夫もM谷の出身で、彼の生家は次女の両親のゴスポダリエよりも近い場所にある。彼は3人兄弟の長男で、生家には次男夫婦が残り、彼らの娘、年老いた彼の母親、未婚のオバと同じ敷地で暮らしている。祝祭日にペトレスクのファミリアは彼の家に集まるから、彼の母親のファミリアの集まりに参加することはできない。それを埋め合わせるために、その翌日や翌週に彼は妻を伴って生家で食事している。このような立場を彼は快く思っていないよ

252

うで、妻が生家での食事に行くことを渋ったりすると激しい口論に発展
することもあった。

　また、無意識的に次女は自身のファミリアを優先してしまうのだが、
彼は常にそれをたしなめる。ある時、彼らとの食卓でイトコについての
話題が出た。筆者が自身のイトコの人数を問われ、8人と答えると、次
女は「それは多い」と驚いて、「自分の息子には2人だけだ」と自分の
甥2人の名を挙げた。それを聞いていた次女の夫は、「いやさらに2人い
る」と自分の姪2人の名を挙げたのである。こうしたことを彼は不満に
思っているはずだが、それを強く主張することはない。それについて彼
は「ここは義父の土地だったからだ」と話したことがある。現在、彼ら
が暮らしている土地は次女の父親ヨアンが所有していたもので、彼らが
結婚する時に分与された。そのことが彼ら夫婦の2つのファミリアへの
関わり方にも影響を及ぼしているというのである。

　祝祭日の昼食への参加にはこうした問題が存在する。さらには、それ
が次女の家で行われていることに対する不満もある。自分の親のファミ
リアの集まりに参加できないことは次女の夫の不満であるが、次女自
身も別の不満を感じている。ファミリアの集まりのための場所を提供し、
食事の準備をして後片付けをし、費用のほとんどを賄うのは彼ら夫婦で
ある。他のキョウダイもプレゼントを持ってきたりするものの、それだ
けでは不十分と考えている。時には吐き捨てるように、または冗談めか
したりしながら、そうした不満を筆者に述べることもあった。それがエ
スカレートして、親のゴスポダリエの干し草仕事をキョウダイたちが手
伝わないことまで持ち出すこともあった。

　ヨアンとエリザヴェタもまた、自分たちの家ではなく次女の家で集ま
りがもたれることを不満に感じている。都市に出て行った長女と長男が
F村に戻ってきても、次女の家に留まることが多く、自分たちの所まで
ほとんどやってこないことは既に述べた。彼らはこのことを強く非難す
る。祝祭日はファミリアが集まる数少ない機会であり、親はホストとし
て子どもや孫を迎えることを楽しみにしている。そうした役割を果たせ

ない状況は、彼らにとって大きな不満となっている。

　クリスマスの前日、以下のようなやりとりがあった。クリスマスの時期には、子どもたちが家々を回って「コリンダ」(colindă)と呼ばれるキャロルを歌う習慣がある。訪問を受けた家では子どもたちに菓子を与えたが、現在では金銭を与えるようになっている[47]。次女の家で冬期休業を過ごしていた長男の息子が「コリンダをする」と言って、次女の核家族と共にヨアンの家を訪れた。彼は早口でコリンダを歌いきって紙幣を受け取り、明日は次女の家に来て一緒に食べるのかと尋ねた。孫の問いかけにヨアンは「ヌー」(Nu)と短く否定してかぶりを振った。孫はその理由を尋ね、何度も来るように促したが、彼は押し黙ったままだった。結局、妻のエリザヴェタに説得され、クリスマスの昼食に彼は姿を見せた。だが、こうした集まりの場を彼が楽しんでいるようには見えなかった。酒を振る舞われ、料理にも手を付けるが、彼の口数は少なく

写真 8-4：コリンダを歌う子どもたち

---

47　現在では、子どもたちがより多くの金銭を求めて観光客の泊まっているペンションにコリンダを歌いに行くことが増え、民家を訪れる子どもは減っているという。

表情も冴えない。食事を終えた後には、皆でゆっくりと酒を楽しんだり、TVを見たり、ゲームに興じたりするのだが、彼はそれには加わらずにすぐに帰ってしまった。これはこの日に限ったことではなく、集まりの度に見られるものでもあった。

こうした状況を埋め合わせるかのように、復活祭やクリスマスの翌日や翌々日などに彼らのゴスポダリエで昼食のためにファミリアが集まっている。しかし、そこにすべての子どもの核家族が揃うわけでなく、長女夫婦と長男夫婦が参加することはないのである。

## 代父母制度

ファミリアが祝祭日の昼食の共食単位となるのは古くからの慣習である。しかし、近年ではこれ以外の機会にファミリアの関係が表出することがある。その一つが代父母という儀礼親族に関わる選択や行動である。

ルーマニア正教会における代父（*naș*）と代母（*nașă*）は、洗礼式で名付け親として儀礼的な役割を果たすだけでなく、代子（*fin*）の生涯に渡る霊的親、経済的な支援者として制度化されている。この儀礼親族関係は、代父母を務める一組の夫婦と代子一人に留まらず、ファミリエとファミリエの関係として世代を越えて受け継ぐものとされる。代父母が年を取ると、ゴスポダリエに残った子ども夫婦が役目を引き継ぎ、代子は夫婦どちらかの代父母に自分たちの子どもの代父母にもなってもらったのである。

しかし、社会主義時代に村落社会の経済構造が変化するにつれて、裕福な農民ではなく、役人や勤め先の上司、共産党員などが新しく代父母を務めるケースが増えた（Kligman 1988, Kideckel 1993）。農業集団化の行われなかったF村では、土地所有に基づいた富者層がある程度は維持されたため、継続して名付け親を務めるファミリエが多かった。そうではあるものの、特に近年、親の世代の関係を維持することが難しくなっている。これは代父母と代子双方の事情による。

従来、代子が結婚する際、その証人となり、スポンサーとなるのは新郎あるいは新婦の代父母の役目であった。しかし、この時に代父母関

係が解消される場合が増えている。結婚を決めた男女はそれぞれの代父母を訪れ、結婚式でどれだけの額のギフトを貰うことができるか尋ねる。そして、その額が彼らの希望に満たなければ新しい別の代父母を探すことになる。この時、代父母が高齢のゴスポダルで多額の現金を期待できないような場合でも、まず彼らに依頼せねばならない。代父母の了承を得ないままに、新しい代父母を探すことは非常に礼を失した行為とされている。

　現在のF村で、結婚式で代父母が求められるギフトは5,000レイ（26万円程度）以上にも上る。これだけの負担を背負うことは難しく、代父母の側でもその役目を辞退することが増えている。夫婦の片方が亡くなったり、高齢になると、子ども夫婦の誰かに役目を引き継がせるが、それを受ける子どもも減っている。また、将来の出費を考えて、代子に産まれた子どもの洗礼親を引き受けないこともある。

　こうした事情から、代子がより多くの金銭を求めて、結婚式のスポンサーとして新たに裕福な代父母を探したとしても、村内でそれを得ることは難しくなっている。法的には、役場で届出を出すだけで結婚は成立する。それだけで済ませて、教会での婚礼を行わなければ代父母は必要ないのだが、正教徒としてそれは良くないこととされる。また産まれてくる子どもに洗礼を施す人物も必要である。それゆえ、どうにかして代父母を得ねばならない。そのため、結婚式の費用の一部を実の親が負担するようになっている。

　このような状況にある現在のF村では、ファミリア内の年長者に頼み込んで代父母を務めてもらうケースが増えている。教会の規定によって、実の両親に子の代父母を務めてもらうことはできないので、その役割を担うのは兄夫婦か姉夫婦になる。ここまで例として取り上げてきたヨアンとエリザヴェタの次女夫婦もまた、こうした経緯から2つの核家族の名付け親を務めている。ただし、それはペトレスクのファミリア内のことではなく、次女の夫の母親のファミリアにおいてのことである。

　次女の夫アウレルは3人兄弟の長男である。彼らに洗礼を施した代父

母は隣のコムーナで暮らす裕福なゴスポダルであった。1987 年に行われた彼らの結婚式では彼らがスポンサーとなり、その後に生まれたアウレルの息子にも洗礼を施した。その後、代父が亡くなり、息子夫婦が役目を引き継いだ。それから数年を経て、アウレルの弟、さらに次弟が結婚することとなった。しかし、代父母を引き継いだ息子夫婦は、出費の多さを理由に、アウレルの弟たちの結婚式のスポンサーを断ったのである。彼らは新しい代父母を探したが、結局は相応しい人物を見つけることができなかった。そうした事情から、アウレル夫婦が引き受けることとなったのである。その経済的負担を考えれば望ましいことではなかったが、自分たちが引き受けるしかなかったのだと、アウレルは話した。

こうした事情で代父母を引き受けたため、彼らが贈るギフトは少額で、結婚式の費用についても母親が多くの負担をすることとなった。しかし、アウレル夫婦の役目はこれで終わりではなく、弟夫婦の間にそれぞれ生まれた娘に洗礼を施し、その成長に応じた儀礼のスポンサーとなり、贈り物をせねばならない。現金の他、衣服やアクセサリーを贈るのである。こうした出費も小さなものではなく、それを巡ってアウレルと妻との間で激しい口論が生じることもあった。

ある時、アウレルの末弟の娘のための儀礼を教会で行い、その後にレストランで食事をすることとなった。戻ってきた次女は、母親のエリザヴェタにその時の様子を尋ねられ、まくし立てるように不満を述べた。その儀礼には彼ら夫婦の他に、アウレルの母親、弟夫婦が出席したが、儀礼の支払いをしたのが自分たちだけであったことが彼女の不満の一つであった。エリザヴェタはそれを黙って聞き、それが代父母の責務なのだと諭したが、彼女の怒りは収まりそうになかった。

彼女の不満は、自分たちの息子ではなく、夫の姪たちに金銭を使っていることにあった。姪たちに多くの金銭を使うことを批判する際、彼女が持ち出すのが大学生の息子の存在である。自分たちには息子がいるのに、他の子どもたちに多くの金銭を費やすのはフェアではないと言うのである。大学生の息子には同級生の恋人がおり、何年後かには結婚する

ことになるかもしれない。代父母に多くの資金援助を期待することはできないから、彼の結婚式のために貯蓄をしておきたいと考えているのである。

要するに、姪たちの儀礼に対するアウレル夫妻の出費は代父母という役目のためなのだが、この次女はファミリアの文脈でその行為を捉えているのである。老親夫婦とすべての子ども夫婦および孫の間にみられるファミリアの関係は、親のゴスポダリエへの労働力の提供、畜産物の授受、儀礼を実施する単位となるが、経済単位としては独立しており、何らかの財を共有しているわけではない。ファミリア内の財や労力のやりとりは、親兄弟の間の義務として説明されるため、不均衡なものになったからといって一方的に拒んだりすることはできない。

従来の代父母関係は、裕福な者と貧しい者との間に結ばれるパトロンークライアント関係の性格を持っていた。豊かな富と見返りに高められる威信を背景に、代父母は代子の経済的庇護者になったのである。代父母を務める夫婦の経済的余裕を考慮せずに、代父母関係がファミリア内に持ち込まれたことで、新たな問題が生じてもいるのである。

(c) ファミリエの表出

第6章第3節では、現在のF村で多く見られる高齢者のゴスポダリエがかつてのような自立した経営体ではなくなっていることを明らかにした。高齢者のゴスポダリエは、老夫婦だけでは経営が成り立たなくなっており、外部の労働力を得ることでようやく仕事をこなすことができる状況にある。ゴスポダリエの仕事を誰がどのように処理するかと、そこで生産された畜産物がどのように消費されるかに注目すると、ここでもファミリアが重要な役割を果たしていることが分かる[48]。

ゴスポダリエの労力動員の方法としては、互酬的な労働交換、賃労働の他、「手伝い」に分類される労働扶助があった。この労働扶助においては、対価となる金銭や労働を提供する必要はなく、相手の「好意」に

---

48　こうした現象については、拙稿（2012b）でまとめて考察した。

第 8 章　ゴスポダリエからファミリエへ

よって労働力を得ることができた。この労働扶助の中心となるのが、ゴスポダリエを経営する老夫婦の子どもとその配偶者、そして孫である。要するに、ゴスポダリエを経営する親夫婦のファミリアが大きく関与しているのである。また、畜産物もゴスポダリエ内でのみ消費するのではなく、子どもたちの核家族へ定期的に分け与えていた。長いサイクルで見れば、労働力と畜産物が交換されていることになるが、それらは別々のやりとりとして行われていると考えられている。ゴスポダリエの仕事をまったく手伝わない子どもに対しても、畜産物が与えられているからである。実際に労働力を提供するかどうか、畜産物を与えるかどうかはそれぞれの「好意」によるが、すべての子どもの核家族は親のゴスポダリエ経営への協力が義務づけられるし、そこで造られた畜産物を子どもの核家族に提供することを親は当然と考えている。

　しかし、こうした経営のあり方は近年になって生じたものである。かつては、親はもちろんのこと、独立した子どももまたゴスポダリエを経営したからである。互いの労働力のやりとりは互酬的労働交換に基づいたもので、親族や隣人、友人との間で行われる労働交換と同列に語ることができるものであった。しかし、現在では家畜飼養を柱とするゴスポダリエを持つ世帯が少なくなり、それを継承する意志を持つ子どももいない。世代を越えて維持されるゴスポダリエの連続性は途絶え、やがては消えゆくものかもしれない。しかし、現存する高齢者のゴスポダリエは、すでに家畜飼養を放棄した子どもとの関係、要するにファミリアという文脈の中で経営されているのである。

　F村のファミリアは定期的に再編されていくものであるが、儀礼を行う単位であり、祝祭日の共食単位でもある。こうした側面は現在も変わらないものであるが、先に挙げたようにゴスポダリエ経営という面でこのつながりにある人々が重要な役割を果たすようになっているし、名付け親の選択における最終的な依頼先となる可能性も生じている。かつての農村社会は、ゴスポダリエを第一義的な単位とし、ゴスポダリエ同士がファミリア・親族・隣人・友人・儀礼親族といった社会関係で結びつ

259

いていた。ゴスポダリエが独立した農牧経営体としての機能を弱めている現在においては、ファミリアがより重要な意味を持っているのである。ファミリアのつながりは道徳的な義務と権利を背景としており、それが故に核家族間、個々人の間で不満を生み出すことも多い。しかし、そのことで相手を直接的に責めたり、それを理由に関係を取りやめたりすることはできず、定期的なやりとりによって関係を維持していくのである。

## 第2節　相続と扶養をめぐる問題

　ここまでに明らかにしたように、F村において家畜飼養の経営体、それを前提とした財産セットとしてのゴスポダリエの継承は途絶する傾向にある。ゴスポダリエを経営するためには、家屋や菜園の他、家畜を収める畜舎、ウシやヒツジがいればその飼料を得るための牧草地、農具を収めるための納屋が欠かせない。また、干し草の保管場所として畜舎や家屋に広い屋根裏を設ける必要がある。

　どの子どもも老親の経営するゴスポダリエの継承、すなわちその家畜飼養を引き継ぐつもりがないことは、財産相続と老親の扶養にも大きな影響を及ぼしている。ここでは、現在のF村の財産相続において、どのような論理が展開されているのか、そしてどのようにそれが実践されているのか、またその結果、老親の扶養にどのような問題が生じているのかを明らかにする。

### 1.　ゴスポダリエの途絶と相続慣行

#### （a）均分主義を主張する人々

　まず、調査地における相続慣行の特徴についてまとめ直しておこう。F村を含めたトランシルヴァニア地方においては、女子を含めたすべての子どもを対象とした均分相続が理念とされてきた。これは1840年に制定されたオーストリア＝ハンガリー帝国の相続法に由来すると村民たちも説明する。しかし、実際はこれと異なり、特定の子どもに財産のほ

とんどを継承させるのが普通で、他の兄弟姉妹には土地の一部を分与する場合があるに過ぎなかった。すべての子どもに等しく財産、特に土地を分与することはまずなかったのである。

　理念と異なる財産相続を正当化したのが、「もう分けられない大きさの土地」という認識であった。家畜飼養を行うゴスポダリエでは、そこに含まれる資源を有機的に循環させることで合理的な経営を行ってきた。ゴスポダリエは自立的な経営のために必要な土地を維持し、それを立ち行かなくさせるような財産分与を避けてきたのである。しかし、1960年代以降に都市に通勤して金銭収入を得ることができるようになったことで、従来なら「もう分けられなかった」はずの土地をさらに分割できるようになった。賃金収入を元に食料を購入するようになると、ゴスポダリエで生産する畜産物が少なくても済むようになったからである。飼養する家畜の数が減れば、必要な牧草地も少なくなる。そうして土地を末子以外に分けることが可能になった。

　そして現在では、子どもの誰一人として老親の経営するゴスポダリエの継承を望まなくなった。都市での賃金労働や観光業によって生計を立て、家畜飼養を併存させようとはしないのである。ウシやヒツジを飼養しなければ、広大な牧草地は必要ない。このような状況下で、親の土地をすべての子どもの間で等しく分けるべきという考えが若い世代によって強く主張されるようになっている。

　Ｆ村での住み込み調査では、筆者が一方的に情報を集めるだけでなく、日本の習慣や生活について色々な質問をされる機会も多かった。中には激しい議論を引き起こすものもあり、財産の相続様式はその一つだった。長男がすべての家産を継承するというかつての家制度について話をすると、「それは正しくない」とこちらが驚くほど強い口調で非難の声を上げる人々がいたのである。調査当初、深い議論を行うには筆者のルーマニア語が不十分だったこともあり、その後、一人の子どもが財産のすべてを独占するという表現だけが独り歩きしてしまった。それを伝え聞いた住民から話を持ち出され、より詳しい説明や訂正を加えることもあっ

たが、彼らは一様に「正しくない」だとか「公平ではない」だとか、あるいは「モラルを欠いている」などと言うのだった。特に感情をむき出しにして非難するのは女性が多かった。

　彼らは特定の子どもによる単独相続を非難したが、実際には「伝統期」から社会主義期にかけて頻繁に見られたことでもある。「もう分けられない」という表現で正当化しながら、特定の子どもがすべての土地を相続したり、他のキョウダイに分与する場合でも大きな格差を付けたりしてきたのである。子どもの誰もが親のゴスポダリエを引き継ぐ意思を持たなくなった現在でも、この「もう分けられない」大きさの土地という考え方は生きている。例えば、家屋と中庭しかなく、ゴスポダリエとしても牧草地を必要としないブタを飼養するのが精一杯というような狭い敷地であれば、「もう分けられない」として末子がそのすべてを継承するものと考えるのである。しかし、他のキョウダイは末子が相続する土地と等価値の分与財、多くの場合は現金を要求することになる。

　「もう分けられない」土地しかなければ、言い換えると、土地を分与するとそこに残る人々が生活できなくなるような状況であれば、末子以外のキョウダイは土地ではなくそれに代わる金銭を受け取るのだが、分ける余地があるのならば自身の取り分を主張する。そして、土地を受け取らない場合でも、等価の金銭を要求するという具合に、財産相続における均分主義が主張される。自立的な農牧業の維持という経済的な事情によって妨げられてきた均分主義の実施が、近年になって可能になっていると捉えることができよう。しかし、オーストリア＝ハンガリー帝国領時代の相続法やそれを引き継いだ現行の法律を引き合いに出して、住民たちが均分主義を主張するのは、土地に新たな魅力が付け加わっているからでもある。

　Ｆ村で出会った人の多くが、親の財産はすべての子どもに与えることが正しいと考えている。しかし、与える側にあたる高齢者の場合、受け取る側の若年層ほど厳密な均分にこだわった発言をすることはない。彼らの多くは、どのような形であれ財産を与えることで義務は果たされる

第 8 章　ゴスポダリエからファミリエへ

と考えるようで、それが土地ではなく金銭や家畜、家具であっても問題
としない。それに対して若年層は、土地にこだわる傾向が強い。そのこ
だわりは、先祖代々の土地への愛着とか農牧業への執着ではなく、経済
的な実利による。

　現在、F村を含めたブラン地域では、多くの「都会人」が別荘を建て
るための土地を探しており、その値段は飛躍的に上昇している。それほ
ど大きくない土地であっても、売却することによって一度に多額の金銭
を得ることができるのである。土地の均分相続を主張する人の中には、
そこで暮らすつもりはなく、売却して金銭に換えることを考えている人
もいる。

　観光地化の進むブラン地域では、家畜飼養を行うつもりのない若年層
にとっての土地は、生産財としてではなく、投資対象としての価値を持
つようになっている。その価値が高いことから、住民の間で土地を巡っ
た争いが生じることもある。例えば、かつて結婚する際に金銭を分与財
として受け取った人が、さらなる取り分として土地を得ることを主張し
たりする。また、何十年も前に都市に移り住んだ人やその子孫が土地の
相続権を主張することもある。多くの場合は金銭の支払いによって解決
するが、数年に渡って裁判で争われている土地もある。そうした土地は
裁判の決着が付くまで利用することができず、牧草も刈られないままで
放置されているのである。

　このように土地に対して相続権を主張する人々が存在するのは、社会
主義時代に財産分与に関する登記書類を作っていなかったためでもある。
ルーマニアの農業集団化政策は、1962 年に 10% の個人所有地を残して終
了した。農業の機械化が困難で、生産効率の向上の見込めなかったブラ
ン地域は、この残された 10% に含まれる。森林や山の放牧地といった共
有地は国有化されたが、個人が所有する土地は彼らの手にそのまま残さ
れたのである。そのため、社会主義時代にも子どもの結婚や親の死去に
際して、土地の相続が従来の慣習に従って行われてきた。

　しかし、そこでの問題は土地の移譲に際して登記書類が作られなかっ

263

た点にある。そうした作業に携わるのは公証人であるが、当時は都市に数人いるのみで、村民がアクセスするのは難しい状況にあった。そのため、社会主義時代の財産相続を示す書類はなく、土地の所有者自体も現在の居住者の親や祖父母のままというケースも多い。現在の村民たちが、近年になって土地を計量して登記書類を作り直している最中なのである。だが、所有権が曖昧になっている土地も多く、それに対する権利を巡って争いが生じてもいる。

#### (b) 使用権を維持するゴスポダル

親が所有する土地に対して、子どもたちは等しく相続する権利を持つ。親と一緒に暮らす末子を除いて、結婚して生家を離れる際に財産は分与されてきた。子どもの結婚式において、親は多額の金銭を渡すが、これを単なる贈り物とするか、分与財とするかは、親の経済状況やその額によって異なるようである。また、その後の状況によって、与えた金銭の意味が変わることもある。

現在のF村に家畜飼養を引き継ごうと考える若者はほとんどいないが、1990年代にはゴスポダリエを保持して自分たちで畜産物を生産することがまだ重要な意味を持った。自分たちがゴスポダリエ経営し、それを末子に継がせることを考えて、先に結婚した子どもに分与できる土地がなければ、代わりに金銭を渡したのである。しかし、その末子にゴスポダリエを継ぐ意志がなければ、親が死去、あるいは家畜飼養を続けられなくなった後には、ゴスポダリエが分割可能な単なる土地としてとらえ直されることになる。

その例を一つ挙げてみよう。ラツ・ミハイと妻アンドレヤはゴスポダリエを経営する老夫婦である。彼らには2人の息子と2人の娘がいる。最初に結婚したのは次女で、1980年代末のことであった。彼女にはゴスポダリエから離れた牧草地を分与した。彼女はそこに家を立て、現在もそこで暮らしている。民主革命後に長女が結婚し、離れた丘の土地を与えた。長女は都市で暮らしていたことから、その土地をすぐに売り払ってしまった。次に結婚したのは長男だったが、彼に与えることのできる

土地はなく、多額の金銭を与えた。都市で働いていた彼は、結婚式は村で行ったものの、現在もアパート暮らしを続けている。末弟が結婚したのは2000年代に入ってからのことで、彼にゴスポダリエを継ぐ意志はなかった。彼は大学を出てすぐに結婚し、そのまま大学のあった都市で就職した。

　このような末弟の行動を受け、ミハイは自分たちのゴスポダリエを土地の分与を受けていない長男と末弟に等しく分けることを考えるようになった。しかし、その計画を聞いた長女がさらなる土地の分与を求めたのである。自分が相続した土地は丘にあって価値が低く、売っても大した金銭にならなかった。均等な相続には足りないというのが彼女の言い分であった。次女も含めて議論が繰り返され、長女には車道に近い土地の小片を与え、残りの土地を長男と末弟とで等分することになった。長男と末弟は、それぞれ平地から斜面の尾根までの細長い土地を相続する運びとなったのである。

　筆者が調査を行っていた時、ミハイは近いうちに行政書士の所に行って財産分与の書類を作るつもりだと話していた。彼は、「死ぬまでは自分たちがこの土地を使う」「自分たちが生きている間は、この土地を売らせるようなことはしない」と非常に強い口調で宣言するように話したのが印象的だった。要するに、土地の所有権は3人の子どもに分与するが、彼らが死ぬまで使用権は保持するということである。

　このミハイに限らず、近年では、自分たちの土地利用権を法的に保障しておこうとするゴスポダルが増えている。そうした人々が話すのは数年前に起こった事件である。その概要は以下の通りである。ゴスポダリエを経営する老夫婦が、都市に住む子どもに土地を相続させた。しかし、親がまだそこで暮らし家畜を飼養していたにも関わらず、子どもが土地を売ってしまった。その結果、新たな土地所有者がやって来て、親夫婦は土地を手放して村を出て行かざるを得なくなったという。

　この一件は、高齢のゴスポダルたちに大きな衝撃を与えたようで、筆者の調査時においてもその子どもを非難する声をあちらこちらで聞いた。

高齢のゴスポダルたちは自分たちが同じ状況に陥らないように、土地を子どもに譲渡する場合でも「生存中の使用権」を明記するようになっているのである。

　現在のF村において、子どもたちは農牧業の経営体、財産セットとしてのゴスポダリエを継承する意思を持たなくなっているが、土地の相続を望んでいないわけではない。むしろ、自分たちキョウダイの中にゴスポダリエ経営を望む者がいないことから、土地の均分相続を強く主張するようになっている。ただし、親がゴスポダリエで家畜飼養を続ける限りは、実際に土地を分割することはまずない。ゴスポダリエの農地を複数の子どもに分与するかどうかの判断は、「もう分けられない」土地の大きさに達しているかどうかによっていた。金銭収入の可能性が高まったり、マーケットで必要なものを必要な時に手に入れることができるようになったりすることで、現在のF村ではゴスポダリエの必要性が低下している。

　次世代の住まいが家屋と「中庭」のみで構成されることを考えれば、家畜飼養のための農地を含んだ敷地を複数に分割できるようになる。家畜飼養を行う親のゴスポダリエが、賃金収入によって生活する複数の子どもたちの世帯へと移り変わっていくということである。その背景にあるのは、ライフスタイルの変化に従って、「もう分けられなかった」はずの敷地が「さらに分けることのできる」大きさとして認識され直しているという現象である。ただし、均分主義が持ち出されるのは、家畜飼養を行うためのゴスポダリエの継承が途絶することを想定するからなので、親がゴスポダリエ経営を続ける限りは土地の分割は行われない。早い段階から財産相続の書類を作ることもあるが、そこには自分たちの使用権を明示しておくのである。

　現在のゴスポダリエはその後継者を欠いている。地域の伝統的な生業を行う場であり、生活のリズムを生み出す周期的な仕事であり、自らの評価とも結びついたゴスポダリエが自分たちの代で失われてしまうことは、高齢者にとって大きな失望でもある。しかし、ゴスポダリエの後継

者不在が、財産を相続する子ども、老後の扶養を行うべき子どもを欠いていることを意味するわけではない。彼らの子どもたちは、親が家畜に草を食ませ、干し草を作った土地を、ただ自分たちが住まう場所として相続する。言い換えると、有機的なつながりを持って経営するゴスポダリエ、つまり生産財としての土地ではなく、居住のための土地、あるいはペンションを経営したり売却したりするつもりなら投資財としての土地として、子どもたちはそれを相続するのである。

## 2. ゴスポダリエの継承財の行方

### (a) 姓を残すこと

**後継者の選択**

　ここまで、ゴスポダリエが後継者を失い、それを構成する土地が複数の子どもによって均等に相続されつつある状況について述べてきた。高齢の親たちも子どもがゴスポダリエを継ぐ意思がないことを認めるようになったが、それでも子どもが自分たちと同じ敷地で暮らし、老後の世話をしてくれることを今も強く期待している。ここで興味深いのは、財産相続の均分化が進む中でも、こうした子どもが単数形で語られることである。それでは、どのような子どもにそうした期待が寄せられるのだろうか。

　F村では、親と共に、少なくとも同じ敷地内で暮らす子どもに対して、「家に残る」(*a rămâne acasă*) と表現する。また、ゴスポダリエを継承することのなくなった現在でも、「後継者」(*urmaş*) の言葉を使うことも多い。「マリアが家に残る」「ヨアンが自分たちの後継者だ」といった具合にである。そして無条件にそうした役割を担う者として期待されるのが、末子である。その居住先や相続した財産の分量や割合に関わらず、「マリアは一番下の子どもだ。だから親の世話をしなければならない」といった説明が頻繁になされる。

　末子を後継者とするのは社会通念として当然のように語られるのだが、実際には末子だけが生家に残ったわけではない。「伝統期」から社会主

義期にかけても、10代で結婚する女性に比べて、兵役のある男性の初婚年齢は高かった。結婚した時の年齢が25歳を超えていたと話す男性も少なくなかったのである。ルーマニアにおいては結婚した子どもは順に生家を出ていく。そうすると、結果的に生家に残るのは「最後に結婚する子ども」ということになる。結婚年齢の差を考えれば、末子が娘でも、末弟とそれほど年齢が変わらなければ、後に残るのが末弟であってもおかしくはない。

　一方、親たちはどの子どもが残るべき、あるいはどの子どもに残って欲しいという考えを持っている。通常、それは末子なのであるが、それが息子か娘かによって事情が異なることもある。そこで最も大きいのが姓の問題である。F村を含めたブラン地域では、結婚した夫婦は夫の姓を名乗るのが通例である。それは妻の両親と同じ敷地内で暮らす、あるいは妻の両親が所有していた土地で暮らすという選択がなされても同様である。夫やその両親との間で合意がなされた場合にのみ、夫が姓を変えるのだという。しかし、実際にはこうした事例はほとんど見られない。筆者が集約的に調査を行ったM谷においても、妻の姓を名乗る夫婦は一組しかなかった。そのケースにしても、妻の両親に頼まれてではなく、夫が元の姓を嫌っているという個人的な理由に過ぎなかった。

　「（自分たちの）姓を残す」（*a rămâne numele de familie*）ことは、村民にとって重要な問題である。その重要性を確認してみると、誰もが「そうだ」と力強く頷いて即答する。例えば、あるゴスポダルは自分たちが暮らす家屋の横に立つ別の家屋を娘に与えるつもりでいる。彼はその家屋を指して、「そこは自分たちのものではなくなる。娘の夫の姓であるラドイのものになる」と話した。つまり、娘夫婦と同じ敷地内で暮らす場合、やがて自分たち夫婦が死ねば、娘の夫の姓のみが残るわけである。そして、住人の姓が変わってしまえば自分たちとは異なる人々によって所有されることになると認識してもいる。だからこそ、姓を残すことが大事なのであろう。

　そうであるならば、息子、特に末弟を優先的に生家に残そうとするの

ではないだろうか。しかし、こうした質問を様々な人に尋ねてみたものの、それを肯定するような答えを得ることはできなかった。それぞれの事情についても、「自分の息子がここに残る。だから自分たちの姓も残る」、逆に「自分たちの息子は都市に出て行った。ここは違う人、娘の夫のものとなる」といった説明をするにすぎなかったのである。

　親にとって自分たちの姓を残すのは重要で、そのためには息子を後継者にせねばならない。しかし、村民の受け答えからすると、そのために息子を優先的に「家に残したり」、娘を「後継者」から排除したりすることはないようなのである。実際にどの子どもが残るか、自分たちの姓を残すことができるかどうかは、それぞれの結婚事情の結果でしかない。

　逆に、息子ではなく娘が「家に残る」ことを望む人々もいる。これには、家事や料理など家のことをするのは女性と考えられており、実際にもそうなっていることが関係している。息子が家に残った場合、老親の世話をするのは彼の妻ということになる。それよりも実の娘に世話をして貰った方が良いと考え、娘が家に残ることを望む人もいる。

**場所と姓の組み合わせ**

　結果的にであれ、自分たちの姓が残ることは老親にとって望ましいことであるが、姓が残る場所についての言動にも、筆者は度々違和感を覚えた。日本のイエであれば、先祖代々の土地や家屋が象徴的な意味を持ち、その継承を重視する。その感覚からすれば、ゴスポダリエのある場所や家屋自体に意味があって、そこに姓を残すべきではないかと考えたのである。

　結婚において夫の姓が優先され、子どもたちもそれを名乗ることは、リニージあるいはクランと似た特徴を持つ「ネアム」(*neam*) のメンバーシップを思い起こさせる。ネアムは、父親からすべての息子という父系のラインを通じて、その成員の範囲を決定する。その始祖となる人物が存在し、その名を冠して「〜のネアム」と称する。成員たちが何らかの目的をもって集団を形成することはないが、ネアムは成員のアイデンティティに深く関わっている。それぞれのネアムには、「ポレクラ」

(*poreclă*) というあだ名と共に「良い」「悪い」という評価が付きまとう。成員は、自身とは直接関係ないような、祖先に由来する悪いあだ名をもって認識されることもある。現在でも、結婚相手を決めるときにネアムの評判が持ち出される。

　人々はネアムから様々な感情を引き起こされるが、その根底にあるのは祖先とのつながりである。そうであるなら、先祖に由来するような特定の場所が、その子孫、特に同じ姓を持つネアムの人間によって所有され続けることが重視されるのではないかと、当初の筆者は考えたのである。

　しかし、一般的なゴスポダルやゴスポディナと話していると、そうした意識は希薄のように感じられた。例えば、筆者が間借りしていたゴスポダリエを経営するヨアンにしても、父親から継承した土地から住まいを移している。さらに詳しく話を聞くと、彼の父親も同様に居住地を移していた。その経緯を表したのが図8-4である。上部の地図はM谷の略図で、①②③の番号を付けた部分は独立した（していた）敷地である。下部の系図はヨアンを中心とした系図で、ここでの説明に必要な部分だけを記している。

　ヨアンが属するネアムは、土地を購入して移り住んできた彼の高祖父にまで遡ることができる。彼が管理する墓にはこの高祖父から続く男系子孫が眠っており、日本的な言い方をすれば、ヨアンはこのネアムの「本家筋」に当たる。ネアムの始祖が移り住んできたのは、およそ19世紀の中頃のことで、その場所が現在の①の敷地にあたる。ここはM谷の範囲には含まれないが、同じ丘の側面に位置している。この土地はそれほど大きいものではなく、特定の一人の子どもにのみ継承されてきた。しかし、ヨアンの父親の代に、居住地を②へと移したのである。②はヨアンの母親が彼女の父親から分与された土地で、元は牧草地であった。①の敷地は平地が少なく、斜面もかなり急だった。そこで、ヨアンの父親は親の死後、②の敷地に新たに家屋を建てて、ゴスポダリエを形成したのである。①の土地は放牧地、採草地として利用するようになった。

第 8 章 ゴスポダリエからファミリエへ

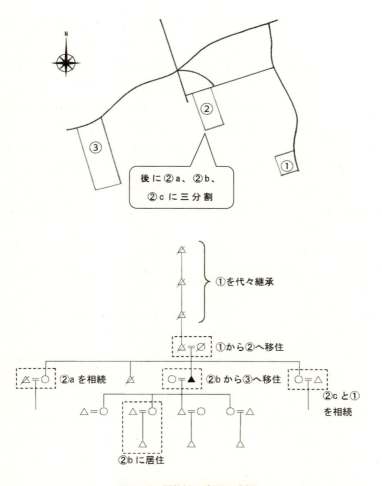

図 8-4：居住地の変遷の事例

　ヨアンの父親は 1950 年代初頭に亡くなったが、4 人の子どもがいた。ヨアンは長男で、姉と妹が一人ずついた。弟もいたが、生まれてすぐに亡くなったという。兵役に行ったヨアンよりも姉妹の方が先に結婚し、彼が生家に残ることとなった。ただし、父親のゴスポダリエは相当の大

271

きさがあり、分割されていた。ここでは便宜上、南西から北東に向かって②a、②b、②cとし、②aは次女、②bはヨアン、②cは長女が相続した。次女は、牧草地となっていた①の土地も相続した。長女に②c、次女に②aの順で敷地を分け、親の住居を含む②bにヨアンが残った。③の敷地はヨアンの妻が継承したゴスポダリエで、彼女の未婚の叔母が暮らしていた。ヨアンの母が亡くなった後、ヨアン夫妻はここへ移り住んだ。そちらの方が広い敷地で、より多くの家畜を飼養することができたからである。そして、現在も彼らはここで暮らし、家畜飼養を続けている。②bの土地は、そのままヨアンの次女に与えることとなった。そして③の土地は、彼らの死後は次女以外の3人の子どもの間で分割相続されることになっている。

　このような相続をヨアンの属するネアムという文脈でみれば、2度に渡って、土地と姓とが切り離されている。妻方の土地に移り住んだ後も元の土地は所有しているのだが、ヨアンの父親、そしてヨアンもその土地を娘に相続させたからである。それによって、①の土地はヨアンの妹の夫の姓、②bはヨアンの次女の夫の姓を名乗る人々によって所有されるに至った。一方、ヨアンの姓という視点で見れば、その場所を①から②、②bを経て、③へと移ったことになる。また、居住地を移すことによって、それまでゴスポダリエであった敷地を放牧地や採草地へと転換して利用してもいる。ゴスポダリエはひとまとまりとなった敷地内の財産セットをも指すが、ゴスポダルと共にゴスポダリエが場所を移したと理解できる。

　この事例から言えば、特定の場所と姓とが一組となって世代から世代へと継承されるとは限らないのではないか、という疑問が生じる。特に①の土地は、彼らのネアムの始祖が初めて住んだ土地である。彼らの場合、そのポレクラが始祖の洗礼名に由来することからして、その場所に特別な意味が込められているのではないかと思われた。だが、それを示すような言動は彼らの間に見られなかった。ヨアンやその姉妹、彼らの子どもは、①の土地が自分たちの祖先が移り住んできた場所であること

を認識しているのだが、ヨアンの妹が相続して今は別の姓のものになったと淡々と話すのである。それを残念がる様子はないし、現状を生み出す選択をした人を責めるようなこともない。移住の歴史を語る際、ヨアンは「元々はあそこ（①の土地）がペトレスクだった。次にそっち（②の土地）がペトレスクになった。そして今はここ（③の土地）がペトレスクだ」「別の場所に自分がいたら、そこがペトレスクだった」とにこやかに話すのだった。ヨアン夫妻が暮らしている③の敷地は、彼らの死後、3人の子どもで分割して相続することになる。その中には長男が含まれている。それについて彼らは、「ここに息子が住めば、ペトレスクの姓が残る。でも、ブラショヴに住み続けるなら残らない。終わりだ」などと言うのである。

　姓を残すことは重要なことであるが、どうやら祖先に由来する特定の場所や、自分たちのゴスポダリエの敷地に必ず残さねばならないというより、もっと広い範囲のどこかに残れば良いと考えているようなのである。ただし、その範囲というのは自分たちがよく知っている生活圏であり、ここではM谷とその周辺を指しているのだと思われる。その範囲内であれば、生家以外の場所に移り住んでもさほど問題とはならず、自分たちの「姓が残っている」と認識する。しかし、土地を売って都市で暮らすような選択をすれば「姓が残らない」。そうした行為は、近隣住民の批判の対象となることもあるし、そうした選択をする子どもの親はその状況を悲しむのである。

### （b）分割できない財産

#### 教会内の世襲財

　経済構造の変化に伴って、F村の財産相続は均分化へ進んでいる。立地や日当たりを考慮せず、面積だけで考えれば土地を均等に分けることはさほど難しいことではない。しかし、財産の中には複数に分けることができないものも含まれる。その例として挙げられるのが、聖人を描いた教会内の壁画、「ストラナ」（*stranǎ*）と呼ばれる教会内の座席、教会周辺に配置された墓なのである。F村を含めたブラン地域の墓は家族墓

で、ストラナや壁画も夫婦によって所有・管理され、次の世代へと引き継がれていく。

　ストラナは所有者が教会の礼拝に参加した際に着席する場所であり、壁画は教会を修復したりする際の献金の証である。これらは老夫婦が亡くなるまで利用・管理し、やがて彼らの「後継者」が引き継ぐ。従来であれば、親のゴスポダリエを引き継いだ子ども夫婦がストラナや壁画も一緒に継承した。

　では、財産分与において均分主義が強く表れるようになった状況において、こうしたものがどのように次世代に相続されていくのだろうか。しかし、今回の筆者の調査では、それに対する明確な答えを掴むことはできなかった。ストラナや壁画の数は限られており、すべての夫婦が持つわけではないからである。F村の教会の場合、ストラナは男女合わせて150席ほど、修復者名の示されている聖人の壁画は100体に満たないから、3,000人近い人口を考えれば、これらを所有する夫婦は少数派ということになる[49]。

　ストラナや壁画を持つのは古くからこの地域で暮らしているネアムに属する人々が多いが、実際にはゴスポダリエの後継者が男女一対のストラナと壁画を代々所有してきたわけではない。筆者が間借りしていたゴスポダリエの夫婦、ヨアンとエリザヴェタの場合を考えてみよう。彼らはどちらも古くからこの地域で暮らしているとされるネアムの人間であ

---

49　礼拝の間、自分のストラナを持たない人々は立っていなければならない。しかし、礼拝が始まってもストラナの所有者が現れなければ、そこに座ることができる。大抵の場合、礼拝に訪れるのは女性の方が多い。そのため、女性用のストラナが全部埋まっていても、男性用のストラナは空いていることもある。礼拝が進むと、立ち続けるのに疲れたのか、男性用のストラナに腰掛ける女性も出てくる。彼女たちは境目にある男性用のストラナに静かに座る。しかし、ある日の礼拝ではそうしたストラナも埋まり、空席はイコノスタシスに近い奥のストラナを残すのみとなっていた。すると、3人の老婆が周囲の様子を窺うようにして身をかがめ、小走りでそこに着席した。司祭も含め、皆がその様子を目で追っていたが、誰も何も言わなかった。礼拝が終わった後、筆者は数人の老人と教会近くのバーに行ってビールを飲んだ。そこで彼らは、彼女たちの様子を「悪いばあさんたちだ」などと楽しそうに話していた。

第8章　ゴスポダリエからファミリエへ

る。既に述べたように、ヨアンは始祖から彼に至るまで、父親から末弟のラインに従って親の後を継いできた人物である。しかし、彼はストラナも壁画も所有していなかった。その経緯は分からないものの、彼の祖先が所有していたストラナは、彼の祖父の代で、婚出した兄が相続したのだという。その後、ストラナはその息子夫婦へと受け継がれたが、その次の世代にあたる人々（ヨアンの第二イトコにあたる）は土地を売って都市に移住してしまった。現在も教会には彼らの名前を印字したプレートを付けたストラナが残されたままになっている。一方、壁画については、彼も分からないと話した。

　現在、ヨアン夫婦は一体の聖人の壁画を管理している。この壁画は妻のエリザヴェタが父親から受け継いだものである。聖人の足下には「修復者」（restauratori）として彼らの名前が記されている。名の記し方は統一されており、修復者の言葉に続いて姓、夫の洗礼名、妻という言葉、妻の洗礼名の順である。彼らの場合、「修復者　ペトレスク　ヨアンと妻エリザヴェタ」となる。妻の個人名がなく、「～と妻」とのみ記されているものもある。このように、壁画には夫の姓名を優先する特徴がある。そのため、その管理を娘に委ねれば、そこにはその夫の姓が記されることになる。実際、ヨアン夫婦が管理する壁画にしても、エリザヴェタの父の姓からヨアンの姓へと変わっている。

　日曜礼拝に行った際、ヨアンは自分が座るべきストラナを持たないが、妻のエリザヴェタにはそれがある。しかし、それは親から継承したものではなく、彼女が購入したものである。通常、後継者のいなくなったストラナは教会に返却される。そしてその席を他の人が購入することもできる。相続するだけでなく、エリザヴェタのように自分で購入することでストラナを所有するケースも多い。

### 墓の継承

　ストラナや壁画と異なり、どの敷地で暮らす人々も墓を所有している。ただし、新しい敷地に家を建てた夫婦には受け継ぐべき墓がない。この地域の墓は、一世代一夫婦の埋葬を原則として親の生家に残った子ども

275

が継承する。未婚のまま死んだ人を除いて、キョウダイが同じ墓に埋葬されることはないのである。そのため、生家を出た子どもは、教会から墓を購入せねばならない。

ゴスポダリエと同様に教会の敷地は周囲を壁で取り囲まれている。聖堂の正面や門までの小道の脇などは「良い場所」とされ、昔から村に住んでいる人々の墓が並んでいる。一方、聖堂の裏や敷地の端に行くほど墓は少なくなる。このような場所に新しい墓が建てられる[50]。

一つの墓への埋葬は一世代一夫婦を基本とする。これは日本におけるイエの墓と似た特徴である。しかし、日本と異なり、F村では姓の異なる者を同じ墓に入れることに抵抗がない。娘を家に残した場合、その敷地を占める人々の姓が替わり、壁画やストラナに付記された姓も替わる場合があるように、墓もまたその姓が替わるのである。碑銘にはその変化が明確に表れている。

F村の教会墓地には何世代の前からの祖先が葬られているが、墓石（*stelă*）は同じものではなく、幾度か立て直されている。墓石の下部には建てた者の名と建てた年が刻まれており、その由来を知ることができる。古い墓石でも金銭収入の増えた1970年代に建てられており、近年には大理石を使った墓にさらに建て直されている。墓の形も様々で、個性的な墓石が増えている。

大きさや材質に違いはあるものの、墓石は碑銘を刻む土台に十字架を組み合わせた形が基本である。そして、土台となる部分には大理石のプレートを取り付ける。埋葬した故人の名は、まずこのプレートに刻む。例えば、上方に「ヨネスクの家族がここに眠る」（*aici odihneşte Familia*

---

50 ただし、新しい墓を購入するのは、墓を持たない夫婦だけではない。F村では死者は棺桶に入れて土葬にする。その後7年経ったら、洗骨して壺に入れて再埋葬する。そのため、個人を埋葬して7年経たないうちに新しい死者が出てもそこに埋葬できない。その場合、共有の墓地に埋葬する。しかし、その墓は2つしかなく、すでに利用されていることも少なくない。そうなると、新しく墓を購入して死者を埋葬せざるを得なくなる。そして7年後に本来の墓に再埋葬する。その後、不要になった墓は教会に寄進するのである。

*Ionescu*)、その下に故人の洗礼名、生年と没年を順に刻む。基本的に同じプレートに刻むのは、夫婦と未婚のままで死んだ子どもという核家族である。次世代の夫婦が高齢になると、新しいプレートの準備を始める。両親の碑銘を刻んだ古いプレートを取り外し、彼らの名のみを墓石に刻む。墓石にはそこに埋葬された先祖代々の洗礼名が多数刻まれている。ただし、この部分の上に大理石のプレートを取り付けるので、それらの碑銘を読み取ることができない墓も多い。

　大理石のプレートや墓石の碑文には、そこに眠る家族の姓が必ず刻まれている。先に述べたように、埋葬者たちの姓が同一である場合、碑文の上部に「～の家族」という形で姓を刻み、その下に故人の洗礼名を列挙していく。一方、姓の異なる故人が埋葬されている場合、「～の家族」という部分がなくなり、各埋葬者が洗礼名だけでなく姓と合わせて刻まれる。その例を挙げてみよう。近年に建て直されたある墓には、プレートがなく、墓石に6人の埋葬者の姓名が刻まれていた。その内容からすると3組の夫婦のようであるが、その姓はすべて異なっていた。すなわち、これらの人々は2世代に渡って娘が後継者となり、その度に姓が替わったことになる。

　このように、「家に残った」子どもの性別によって、墓石に刻まれる碑銘も変わる。このような変化は、今日の財産分与の方法において考慮されるものなのだろうか。また、ゴスポダリエが農牧経営体としてでなく、単なる土地として複数の子どもに分割相続される状況において、墓はどのように継承されるのだろうか。

　写真8-5は、ペトレスク・ヨアンの祖先を埋葬した墓である。調査当時は大理石のプレートが取り外されており、墓石に刻んだ銘を確認することができた。この碑文は、異なる姓の故人が埋葬されていない場合の分かりやすい事例となっている。

　最上部の①の部分には「ペトレスクのファミリアがここに眠る」の一文が並び、その下の②の部分に故人の名が刻まれている。ヨアンの父、生後まもなく亡くなった彼の弟、ヨアンの母の名を刻んだ後には、祖父、

**写真 8-5：ヨアンの先祖代々の墓**

曾祖父、そしてネアムの始祖である高祖父と時代を遡っている。彼らの妻もここに埋葬されているはずなのだが、その名はどこにも刻まれていなかった。ここでのファミリアは、本章第1節で示した意味、すなわち老夫婦とすべての子ども夫婦および孫という範囲ではなく、父系リニージにあたるネアムを指して使われている。

③の部分には、墓を建てたヨアンの父親の姓名を「～のファミリアによって建てられた」という文面で刻んでいる。墓を建て直したのは1970年代初頭のことである。この時、すでにヨアンの父は亡くなっていたのだが、ヨアンの母が夫の名で建てたのである。

近年のF村では墓石が新しいものに建て直されている。この計画を立て、出費するのは高齢者たちである。若年層は、家屋の改築の他、自動

車、家電、衣類などに金銭を使うのだが、高齢者の金銭の使い道はこの墓なのである。大理石を使った立派な墓に建て直した人々に話を聞くと、「歳をとると自分が死んだ後のことを考える。だから教会に寄進するし、こうやって墓も新しくきれいにしているんだ」と理由を語った。

近年の大理石の墓と比べると、ヨアンの先祖代々の墓石は粗末なもののように見える。しかし、彼らが金銭をかけた墓は別にある。ヨアンは父のゴスポダリエの後継者であったが、彼の妻は一人娘であり、彼女もまた後継者の立場にあった。彼らは2つの先祖代々の墓を管理してきたのである。写真8-6はエリザヴェタの祖先を埋葬した墓で、2005年に金銭を投じて建て直した。碑銘の下部には、彼ら夫婦によって建てられたことが刻まれている。

ここでの問題は、彼ら夫婦は2つある墓の内、なぜ妻の墓の方を新し

写真8-6：エリザヴェタの先祖代々の墓

279

くしたのかである。その答えはシンプルで、彼ら夫婦がこの墓に埋葬されることを考えているからである。しかし、彼らは夫であるヨアンの姓を名乗っているのだから、そちらの墓に埋葬されるのが自然なのではないか。だが、彼らは、現在自分たちが住んでいるのが元々はエリザヴェタの父親の土地だからだと、その理由を話した。それでは、ヨアンの先祖が埋葬されている墓がどうなるのかと聞くと、それは次女に継承させるつもりだと言う。ここで思い返して欲しいのが、先に図8-4で示した彼らの居住地の変遷である。現在、ヨアン夫婦が暮らしているのは妻エリザヴェタの親の土地であり、ヨアンの父親が暮らしていた土地には彼の次女夫婦が暮らしている。どうやら現在の居住地を基準にして、エリザヴェタの先祖代々の墓にはヨアン夫妻が、ヨアンの先祖代々の墓には次女夫婦が入ると考えているということである。

　だが、そうなると、それぞれの墓に埋葬される人々の姓が替わってしまう。姓の連続という観点からすれば、彼らが先祖代々の墓に入ることでそれを示すことができるはずである。この点について尋ねてみても、ヨアンもエリザヴェタも「そうだ」と頷くばかりで、それが是非を問う選択とは考えていないようだった。

　ただし、ヨアンの父親も同様に妻方の土地に移住した過去がある。それでも彼が先祖代々の墓に入ったのは、彼ら夫婦が墓を一つしか管理していなかったからであろう。ヨアンとエリザヴェタの夫婦のように管理する墓が2つある場合の選択として、居住地との関係が持ち出されるのだと思われる。

　日本を含めた東アジアにおいて、墓は祖先から続く出自を示す上で重要な役割を果たしてきた。しかし、この事例からすると、トランシルヴァニア地方のF村においては、系譜ではなく住んでいた場所によって故人の埋葬される墓が決定されている。墓は特定の場所と結びついており、そこを相続した子どもによって継承されていくものなのである。ただし、生家にどの子どもを残すかという問題と同様に、姓の連続性を第一のものとして重視しているわけではない。

## 3. 養老をめぐる問題

田中は、親が子を、または成人した子が親を扶養する場合を整理して、①「世代順送り」モデル、②「互酬」モデル、③「孝」モデルの3つを挙げている（田中 2004）。世代順送りモデルでは、親は子が幼い間、それを扶養するが、直接の見返りを特に期待しない。成人した子は自ら親となって、次の世代の子を扶養する。互酬モデルでは親が幼い子を扶養するが、その見返りとして、子に老後の扶養を期待する。最後の孝タイプでは、親は子が幼い間扶養し、財産や地位を与える。その見返りとして子に扶養や奉仕、特別の敬意などを要求する（田中 2004:160）。

調査地となったF村の扶養と相続は、3つめの孝モデルに近いものと考えることができよう。このタイプでは財産相続や地位の継承が扶養、特に老親扶養の重要な要素となるからである。ただし、「孝」においては「生んでくれた恩」が何より重いとされるが（田中 2004:161）、ルーマニアのF村においては、こうした道徳的な感情よりも、実際の財産移譲の有無を持ち出すことが多い。親のどちらが所有する財産をどの子どもが相続したかによって、老親を扶養する義務があるかどうかが語られるのである。夫婦はそれぞれが親から相続した土地を別個に所有するものとされる。夫婦の共有財産として登記されていたとしても、元々誰の所有物であったのかが重要な問題となるのである。

筆者が間借りしていたペトレスクのファミリアにおいても、相続と扶養の問題が度々議論されていた。2人が結婚した時、夫ヨアンの2人の姉妹はすでに婚出していたし、妻エリザヴェタは一人娘だったので、どちらもがゴスポダリエの継承者であった。繰り返しになるが、彼らの選択について簡単にまとめておこう。結婚した彼らは、ヨアンの敷地で彼の母親と共に生活を始めた。その後、母親が亡くなると、彼らは妻が相続する敷地に住まいを移すこととなった。エリザヴェタは小さい頃に父を亡くし、母は再婚して隣のコムーナに移り住んでいた。生家には彼女の未婚のオバが残っており、彼女と共同でゴスポダリエを経営することとなった。

彼らが後に移り住んだのは、その土地の方が広い平地と高い斜面を持っていたからである。より広大な牧草地を持っており、そこではより多くの家畜を飼養することができたのである。こうした好条件にも関わらず、結婚当初からそこで生活しなかったのは、ヨアンに母親を扶養する義務があったからである。一方、エリザヴェタが継承した土地は、亡き父親のものであり、オバを扶養する義務はなかった。ヨアンの母親とエリザヴェタのオバの年齢はほとんど変わらなかったが、オバの方が5年ほど長生きした。結局、彼らはオバの老後の世話をしたが、それは親族としての道徳的な義務に基づいていて、相続の見返りとしての扶養ではなかったのである。

　それから数十年の歳月を経て、現在は次の世代へと土地を継承する時期となっている。先にも取り上げたとおり、彼らには1男3女の4人の子どもがいるが、その誰もがゴスポダリエの継承を望んでいない。子どもの中で最初に結婚したのは次女で、誰も住んでいなかったヨアンの敷地が彼女に与えられた。村外で暮らす残りの3人の子どもへの土地の分与は未だなされていないが、ヨアン夫婦は自分たちの死後に3人に等しく土地を与えるつもりだという。

　現在、ヨアンとエリザヴェタの2人は家畜飼養で得られた畜産物と年金収入を中心に生計を立てている。しかし、2人の内のどちらかが欠けてしまえば、現在の生活を続けることはできないと本人たちも、その子どもたちも考えている。そのため、彼らの老後の扶養がファミリア内の話題となることも多かった。ヨアンたち夫婦は隣のコムーナで暮らす三女が戻ってきて同じ敷地内で暮らしてくれることを望んでいるが、子どもたちが議論するのは片親となったときに、どのように世話をするかであった。ヨアンが残った場合、彼は次女の家に移り住み、彼女たちが世話をするつもりだという。現在、次女夫婦が暮らす敷地は、ヨアンから相続したからである。しかし、エリザヴェタが残った場合、3人の子どもの間で責任のなすりつけ合いが生じると次女夫妻が話したことがある。エリザヴェタ自身もそうした状況を心配しているようで、この話題にな

ると口をつぐんでしまうのだった。ヨアンは、土地を分与する際に書類に世話をする義務があることを明記すると言うのだが、結局のところは彼らの「孝」に期待するよりない。こうした話の最後には、「結局は自分たちが世話することになるだろう」と次女は苦笑いするのである。

こうした問題は彼らに限ったことではなく、多くの老人にとっての懸念材料でもある。子がゴスポダリエを継承していた時代には、ほとんど問題とならなかったものである。特定の子どもがキョウダイよりも多くの財産を相続し、その見返りに老親の世話をし、死後の供養を行う。相続する財産に差を付けることによって、結果的に子どもが負うべき義務にも差が付いたからである。しかし、現在ではゴスポダリエをただの土地として複数の子どもに均等に分与することによって、確実に自分たちを扶養してくれる者を失いかねないという状況が生まれているのである。

このように財産相続が均分化に向かう一方で、根強く残っているのが、親の元に残って老後の世話をするのは末子という認識である。末子を含めた複数のキョウダイで財産を均分相続する場合でも、末子が親の面倒を見て当然と語られたりする。しかし、末子にしてみれば、自分が特別多くの財産を相続するわけでもないのにどうして、と不公平に感じることになるだろう。末子が担う養老の義務は、ゴスポダリエの継承という形で他のキョウダイよりも多くの財産を得ることの見返りとして成り立っていたものに過ぎないのである。

その量やキョウダイ関係によって状況が変わることもあるが、財産、特に土地を相続することで、子どもたちは親の老後の世話をする義務を負う。このルールを利用して、子どものいない夫婦は、近親者に土地を相続させる代わりに自分たちを扶養させることもできる。その結果、かつて分割された土地が再び一つに統合されていく場合もある。次にそうした例を取り上げてみよう。

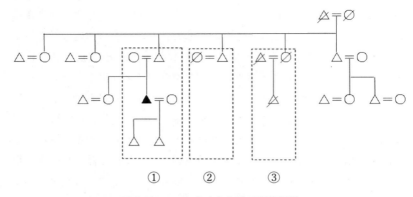

**図 8-5：ツツレを中心とする親族関係**

　ポペスク・ツツレは 30 代後半の男性獣医師で、親夫婦と共にゴスポダリエ経営も行っている。ただし、保持するのはウシのみで、乳を工場に出荷して現金収入を得ている。彼は父親と暮らす敷地の後継者であるが、隣、さらにその隣のオジとオバの敷地の相続人でもある。

　図 8-5 はツツレを中心とした系図である。破線で囲ってあるのが同じ敷地内で暮らしている人々である。①②③の敷地は隣り合っており、1950 年代にツツレの祖父が購入した元々は一つの敷地である。社会主義時代には土地の売買は禁じられることとなるが、この時にはそれがまだ可能だったという。ルーマニア全土で農業集団化が進められる中、元の所有者が土地を手放し、都市に移り住んだのである。彼の土地購入は子どもに与えることが目的で、結局、6 人兄弟の内の 3 人に分与された。ツツレの父親であるイオン、次男のギョルゲ、三女のアナである。この次男や三女も配偶者を得たが、次男夫婦に子どもはできず、三女夫婦の息子は早世してしまった。彼らは生前のうちに甥であるツツレに土地を相続させ、自分たちの老後の世話をさせることにしたのである。三女夫婦はすでに亡くなり、妻を失った次男は一人で暮らしている。ツツレと彼の妻は、隣の敷地で暮らすオジの元を頻繁に訪れ、掃除や洗濯、食事などの世話をしている。都市に行く時は彼に必要なものも一緒に購入し

第8章　ゴスポダリエからファミリエへ

てくるし、自分たちのゴスポダリエでつくった牛乳やチーズを定期的に
運んでいる。これは亡くなった三女夫婦にも同様に行っていたことであ
るという。

　また、ツツレがオジやオバの土地を相続することによって、すでに裏
庭や斜面に明らかな変化が生じている。祖父の購入した土地を三分割す
る際、敷地は川岸から尾根に至るまでの平地と斜面を含むように細長
く分けられた。平地には住居や畜舎が建ち並び、菜園や採草地を配置し、
斜面は採草地あるいは家畜の放牧地として利用する牧草地、薪を作るた
めの林を持つ。この組み合わせによって、ゴスポダリエを自立的に経営
することができるので、このように短冊状に敷地を分割するのが一般的
だったのである。

　しかし、現在では家屋が立つ裏の平地から斜面にかけての柵が取り払
われている。広い一つの牧草地となっており、ツツレがウシを飼養す
るための放牧地、採草地となっている。三女夫妻は既になくなり、次男も
自身のゴスポダリエを経営してはいない。そのため、彼がオジとオバの
牧草地を使用できるようになったのである。牧草地が広がることによっ
て干し草の収穫量が増し、柵を取り払うことで草刈りや運搬をスムーズ
に行うことができる。

　成人した子どものなかったオジ夫婦、オバ夫婦はツツレを財産の後継
者、老後の扶養者として選んだのだが、他の親族や姻戚を候補として考
えることもできたはずである。しかし、彼を選んだのは、ゴスポダリエ
を経営する上での利便性や距離の近さ、互いに友好的な関係を築いてい
たからでもあるが、所有者の近しい親族を選ぶことが通例でもあったか
らだという。②の敷地はツツレのオジが、③の敷地はツツレのオバが所
有する財産であったから、姻戚にその土地を相続させるという選択は優
先度の高いものではなかったのである。

　本章では、現在の農村で生活する人々の社会関係に注目した。民主革
命直後の混乱期を過ぎると、経済条件の変化、若年層の価値意識の変化

285

によって、ゴスポダリエの経営体としての独立性が弱められている。若年層がゴスポダリエに依らない「近代的」な生活を志向するようになったことで、高齢者の経営するゴスポダリエは、家畜飼養を引き継ぐ子どもを欠くようになったのである。現在、高齢者のゴスポダリエは、ファミリアのつながりの中で経営されるようになっている。老夫婦のすべての子どもと配偶者およびすべての孫は、世帯を別にしていても、金銭の授受なしに、ゴスポダリエの仕事を手伝う義務を負う。

　その一方で、世帯を別にする子どもの核家族は、ゴスポダリエの畜産物の分与に与る権利を有する。実際に労働に参加するかどうかは個人の意思に任されているが、親子間の義務と捉えられており、参加しなければ非難の対象となる。親夫婦が死んでしまえば、ゴスポダリエの土地は単なる固定資産として子どもの間で均等に分割相続される。子どもたちは自分の取り分を強固に主張し、徹底的に均分にこだわるのである。

　財産相続や養老といった家族の問題は、従来は経営体としてのゴスポダリエの継続性の中で対処されるものであった。特定の子どもがゴスポダリエを継承し、老親の世話をするという直系家族が重要な機能を果たしたのである。しかし、「ゴスポダリエの後継者」がいなくなったことによって、財産相続や養老は、両親とすべての子どもという合同家族の問題へと変化した。この合同家族はファミリアという言葉で表現されるが、それは世帯を別にする親子、キョウダイのネットワークを意味している。

# 第9章　結論

　結論となる本章では、まず、トランシルヴァニアの農村において伝統的な牧畜業がどのように行われてきたのかを時系列的に捉え直し、現在の村民にとってそれがどのような意味を持つかを論じる。次に、伝統的な牧畜が衰退する中で、農村家族にどのような変化が生じているのか、そこにどのような特徴が見られるのかを総括する。最後に、トランシルヴァニアの牧畜民の生活を、伝統・社会主義・現在という歴史的位相の枠組みから、いかに理解できるのかを論じて、本書を締めくくる。

## 第1節　現代農村における伝統的牧畜

　ルーマニアは、近隣の旧社会主義諸国と比べて高い農業就業率を持つが、自家消費型の零細農家の多さ、農業の近代化の遅れといった問題を抱えているというのが一般的な認識である。また農業人口が多いのは、雇用先が不足しているからであり、外国資本の投入による雇用先の拡大と共に農業の重要性が低下している。だが、ルーマニア、特に農村部の住民にとって、農業労働や農産物、土地は経済的な価値しか持たないのだろうか。グローバル化に伴う産業化や商業化を背景にした賃金収入を得ることのできる雇用先や、ハイパーマーケットの商品に容易に取って代わられるものなのだろうか。また、彼らが従事してきた自給自足型の伝統農業は、本当に非合理的な遅れた農業なのだろうか。本書はこうした問いを出発点とし、トランシルヴァニア地方の一山村における伝統的生業形態の持続と変化について詳細に描写してきた。

　ルーマニアを含む旧社会主義諸国において、農業集団化政策は農村の生業形態を根本的に作りかえた。すなわち、生産手段である土地を集団化して大きな圃場を作り、労働力を社会主義的な生産組織として再編し、農業機械や化学肥料を用いた近代的な農業生産を行ったのである。だが、

287

本書の舞台となったブラン地域のような山地では、資源が乏しく機械化も困難な故に農業集団化が見送られた。そのため、社会主義時代においても生産様式の変化は限定的なものに留まった。基本的には伝統的な農牧業の形態、Ｆ村においては地域レベルでのヒツジ移牧と自給自足的なゴスポダリエ経営がそのまま維持されることとなった。それでも、畜産物の出荷の義務化と社会主義的産業化の進展と共に、都市部に働きに出る村民が増え、ゴスポダリエの兼業化と規模の縮小が進行した。より具体的に言うと以下のような状況が見られた。

　社会主義時代のＦ村においては、「伝統的」なゴスポダリエの生産手段と労働力とがそのまま残され、牧畜の経営体としての自律性が保たれた。また、ゴスポダリエと山の放牧地との間でヒツジの群れを季節的に移動させる移牧様式、それに関わるゴスポダルとスタプンとの委託関係・牧畜に関わる技術・生産施設といった、伝統的生業の形態と文化に社会主義的な政治経済構造が直接影響を及ぼすことはなかったのである。本研究が明らかにしたのは、このような社会主義時代の山村の特殊性である。

　しかし、ゴスポダリエの土地と家畜は国家に登録され、それに応じた畜産物の出荷を義務づけられた。これによって、成員の自活を前提とするというゴスポダリエのサブシステンス的な特徴が脅かされることとなった。つまり、牧畜の経営体としての自立が困難になったのである。それでも、産業化に伴う賃金収入機会の増加を背景に、ゴスポダリエは兼業化することでそれに対応した。Ｆ村での表現に従えば、家畜飼養だけでは生存できないところを賃金収入で補う「小さなゴスポダリエ」として持続したのである。また、賃金労働の方に重点を置いて、当初から「小さなゴスポダリエ」を想定して村内に新居を構える子どもも増えていた。これにより、ゴスポダリエの資源の細分化、敷地面積の縮小が引き起こされた。

　ただし、賃金収入機会の増加は、牧畜離れという状況を生み出しはしなかった。社会主義期の配給制度だけでは十分な食料を確保することが

第9章　結論

できなかったし、農村部には食肉の配給がなかったからである。人々はゴスポダリエを維持することで、自家消費するための畜産物を生産し、生活の安定を図ったのである。その結果、規模を縮小しながらも、伝統的な生業システムが社会主義期を通して維持された。

このようにして、社会主義時代を通じて従来の生産様式が維持されたのだが、現在のF村において伝統的なゴスポダリエは減少の一途を辿っている。1989年の民主革命後に生じた高い失業率、インフレーション、物不足の中でゴスポダリエはその必要性を増したのだが、2000年代以降に顕著になったグローバル化の影響がゴスポダリエの衰退を引き起こしているのである。

1990年代のF村では、村民の多くが勤めていた工場が閉鎖され、物価も急上昇し、賃金収入とゴスポダリエを組み合わせた生活が成り立たなくなった。人々はゴスポダリエ経営に専念することでこの状況に対処した。国家への畜産物の供出がなくなったことで、ゴスポダリエはサブシステンスとしての側面を取り戻し、人々の生活を支えたのである。そうした生活にF村の住民がすぐに移行できたのは、社会主義時代を通じて伝統的な生業システム、すなわちヒツジの季節移牧とゴスポダリエ経営とが維持されていたからである。

2000年代に外国資本が直接投入されると、社会主義時代と同様に賃金収入の機会が増加した。市場経済が浸透した状況において、ゴスポダリエを維持する必要はなくなった。金銭さえあれば、都市郊外のハイパーマーケットで必要なものを購入できるからである。

若年層の多くが自給自足的な伝統的牧畜に関与しなくなる一方で、高齢者は伝統的なゴスポダリエ経営に従事し続けている。第4章から第6章にかけて、このようなF村の牧畜とゴスポダリエの現状について詳細に描写した。

家屋や土地などの資源の状況、家畜と家禽の飼養の実態について見てみると、現在のF村で見られるゴスポダリエは伝統的な循環経済の論理によって維持され、そこに文化的な価値が見いだされている。ゴスポ

ダリエの敷地には、家屋・畜舎・家畜・牧草地・林地などの資源を含み、それらを住人の手で有機的に循環させることで独立して経営できる仕組みを有しているのである。例えば、牧草地・肥料・家畜の関係において見られたのは以下のような循環である。ゴスポダリエで飼養する家畜が草を食み、家畜の出す糞尿を元に厩肥を作る。厩肥を牧草地に撒き、牧草の生育を促進させる。そうして育った牧草を青草あるいは干し草という形で家畜が消費する。この循環に必要な労働力は、家畜から得られる畜産物を消費する住人によって担われる。

　資源を循環させることによって、ゴスポダリエは独立的に経営することができるため、住人は金銭投資を可能な限り避ける傾向にある。また住人は、経営の合理化や金銭収入を目的としたモノカルチャー的な経営ではなく、多様な資源構成によって独立生計を保つことを優先する。

　このようなゴスポダリエ経営は、伝統的なヒツジ移牧を利用することによってより安定する。ゴスポダリエのヒツジは、一年を通して敷地内に留めることはなく、山の放牧地との間を季節的に移動させる。夏の間、ヒツジを追い出すことによって、ゴスポダリエでは敷地内の牧草地を干し草のための採草地として利用することができる。採草地では、冬季の飼料となる干し草を作る。ゴスポダリエの家畜飼養は移牧と組み合わせることにより、より多くの干し草を得ることができ、結果的により多くの家畜を保持することができる。

　また、移牧に際し、中小規模のゴスポダリエでは、スタプンと呼ばれる大規模飼養者にヒツジを委託する。こうしたヒツジは、移牧の期間中にスタプンの雄ヒツジによって種付けされ、冬には妊娠した状態でゴスポダリエに戻ってくる。したがって、ゴスポダリエで種オスは必要なく、雌のみを保持すればよい。そして、彼らはより多くの乳と子ヒツジを獲ることができる。

　このように、ゴスポダリエは資源を循環させることによって独立的に経営することが可能で、移牧と組み合わせることによって、それをより安定させることもできるのである。さらに、個々の経営状況が住民の評

第9章　結論

価を左右し、牧草地の状態がその重要な指標となっている。ただし、そこに多くの金銭収入を得る手立てはなく、労働の辛さや汚れを嫌うこともあって、若年層に敬遠されるようにもなっている。それにも関わらず、グローバル化の中で、伝統的な方法で生産されたゴスポダリエの畜産物は、「有機的」という新たな価値を見いだされてもいる。

　したがって、Ｆ村における伝統的なゴスポダリエと移牧は、困窮の故にやむなく行われる非合理的で遅れた農業なのではない。そこには、自給自足を行う上で非常に合理的でシステマティックな仕組みと文化的な価値が存在するのである。Ｆ村の住民にとって、利潤を追求しない自給自足的な経営には、様々な肯定的な面が存在するのである。

## 第2節　ルーマニア農村家族の変容

　文化的な価値を持つ一方で、現在のＦ村において「伝統的」なゴスポダリエは衰退傾向にある。30代後半から40代の村民は、近代的な生活を志向してゴスポダリエを放棄し、都市での賃金労働や、ペンション経営などの観光業に携わる人々が増えている。高齢者が経営するゴスポダリエの多くが後を継ぐ意志のある子どもを欠いているのである。それに伴い、土地相続と老親扶養の形態に変化が生じている。まず、その過程を整理し、比較家族史的な視点からルーマニアのゴスポダリエの特徴について検討してみよう。

　従来、牧畜経営体としてのゴスポダリエは一世代一夫婦を基本とする直系家族によって経営、維持されるものであった。子どもたちは年齢順に結婚して生家を出ていくが、末子は親のゴスポダリエを世襲財としてそのまま継承し、その代わりに親の老後の世話をする義務を負った。こうしたモデルは、社会主義時代、その崩壊期のＦ村においても広く見られたものであった。社会主義期のＦ村においては、賃金労働に従事するだけでなく、ゴスポダリエを経営することで、より生活が安定した。土地と家畜という生産財が相続財としても重要な価値を持ったのである。

291

それが、家族としてのゴスポダリエの継続性を保障した。

　しかし、2000年代以降、F村を含めたブラン地域では産業化、観光地化が進み、若年層の牧畜離れが顕著である。自活のために牧畜業に従事する必要がなくなったことによって、ゴスポダリエは相続財としての魅力を減じ、後継者を失っている。その結果、高齢者のみによって経営されるゴスポダリエは労働力不足に陥っている。もはや牧畜経営体としての独立性を保つことができず、外部からの労働力に頼らざるを得ない場面が増えている。その中で重要なのがすべての独立した子ども世帯で、彼らは親の牧畜業を手伝う代わりに畜産物の分与に与る権利を持つという関係が生じている。実際に労働に参加するかどうかは個人の意思に任されているが、親子間の義務と捉えられており、参加しなければ非難の対象となる。

　親夫婦とすべての子ども世帯とのつながりは、ファミリアという言葉で表現される。老親の保持するゴスポダリエの維持管理に留まらず、宗教儀礼や祝祭の実施、そして老親扶養において、ファミリアの果たす役割が大きくなっている。また、後継者を失ったゴスポダリエに対しては、すべての子どもが等しく相続権を主張するようになった。

　財産相続や養老といった家族の問題は、従来はゴスポダリエに居住する直系家族によって対処されるものであった。しかし、ゴスポダリエの後継者がいなくなったことによって、財産相続や養老の担い手は、両親とすべての子どもというファミリア、すなわち合同家族型のネットワークへと移行しつつある。

　直系家族を基盤とするゴスポダリエは、社会主義時代にトランシルヴァニア地方の農村部で調査を行った人類学者によって、第二次大戦以前からの「伝統」としてモデル化された。筆者が調査を行ったF村においても、ゴスポダリエは数世代に渡って直系家族によって維持されてきたものである。だが、この直系家族という特徴は、比較家族史研究におけるヨーロッパ家族の類型化と合致しないことは、序論で述べたとおりである。

第9章　結論

　特定の資産を持った牧畜経営体が直系家族によって維持されるという構造的特質は、日本のイエを想起させる。筆者自身もそうした可能性を考慮し、本書でもそれに関わるいくつかの項目について検討した。

　F村には、父系のラインを通じて成員を決定するネアムという親族カテゴリーが存在する。集団を形成することはないが、誰がどのネアムに属するかを隣人は熟知しており、本人の評判や結婚相手の選択において重要な意味を持つ。また、居住先に関わらず結婚した夫婦は夫の姓を名乗るのが通例であるため、ネアムの成員は姓と始祖に由来するあだ名を共有する。

　このようなネアムの存在を考慮すると、特定のゴスポダリエが「本家」として存在し、その周囲に「分家」が存在するのではないかと、筆者はまず仮定したのである。そうであれば、ゴスポダリエの存在する特定の場所、家、墓などが「家産」として、同じ姓を維持できる男児に優先的に継承されるのではないだろうか。しかし、本書で検討した事例において、そのような仮説を証明することはできなかった。ゴスポダリエの老夫婦は姓が残ることを重視しながらも、自らの敷地と墓に祖先からの姓を残す選択をしなかったのである。また、彼らの祖先にしても、意図的に居住場所を変えるという選択をしていた。

　この事例からすると、場所や墓といった特定のシンボルと特定の姓とを一致させることができるかどうかは、子どもが結婚する順序、子どもの居住場所の選択の結果に過ぎないことになる。連続性を絶対視せず、実利的な選択がなされていたのである。つまりは、「伝統的」ゴスポダリエにおける直系家族は単に慣習として存在したのであって、日本のように制度として確立されたものではなかったのではないだろうか。

　本書の序論において、トランシルヴァニアの「伝統的」ゴスポダリエが20世紀以降に発展した可能性について言及した。この可能性と合わせて検討すべきなのが財産相続の問題である。トランシルヴァニアにおいては、オーストリア＝ハンガリー帝国支配下にあった19世紀半ばに均分相続法が定められた。筆者の調査においても、多くの村民が財産の

均分相続を正当なこととして主張した。

　しかし、ゴスポダリエは、こうした均分主義と相反して一子への継承を行ってきた。牧畜経営体としての独立性を維持するためには、その資源を複数の子どもに分け与えることはできなかったからである。理念と異なる慣行を認めるために、「もう分けられない土地」という説明が持ち出された。親やその後継者となる末子には、ゴスポダリエ経営で生計を立てるために必要な大きさの土地が保障され、それを脅かしてまで他の兄弟に土地を分与することは避けられたのである。そして、ゴスポダリエの後継者を欠く現在になって、財産の均分相続が徹底され始めている。

　こうした経緯を踏まえると、ゴスポダリエの発展によって、均分主義という本来の財産の相続様式が弱められていたと解釈することもできよう。ただし、これは限られた事例から考え得る仮説にすぎない。こうした問題を明らかにするためには、より多くの民族誌的データの積み重ねと歴史資料の検討が必要となろう。さらに、相続の実践と系譜のイデオロギーとを混同せずに分析を進めることも重要である。今後のF村の家族がどう変化するか、観察を続けたい。


## 第3節　未集団化山村におけるポスト社会主義的状況

　本書では、ポスト社会主義という概念を単なる時代区分としてではなく、伝統・社会主義・現在の3つの歴史的位相が混在するフィールドの同時代的状況を理解するための枠組みとした。そして、F村のような農業集団化を経験しなかった村落において、この3つの歴史的位相がどのように表れるのかをここまで具体的に明らかにしてきた。

　社会主義というシステムは、政治や経済の領域に留まるものではなく、農村の生活空間や生活様式をも作り替えたものと思われていた。社会主義体制の崩壊から20年以上を経た現在も、社会主義が生み出した「制度」や「習慣」は完全に消え去ることなく住民の生活の中に根付い

第 9 章　結論

ている。筆者も、予備調査を行った村落でそれを目の当たりにしている。まっすぐに延びた道路、打ち捨てられたかつての集団農場の建物、地平線が見えるほど広大な圃場、各世帯がそこに短冊状に土地を保有する状況などに社会主義の残滓は明白であった。

　しかし、本書で扱ったＦ村とブラン地域からは異なる印象を受けた。同じ外観、間取りのコンクリート造りの家屋、その中に置かれた同じ規格の家具や調度品に見られる画一性、すなわち物質文化の一面には「社会主義」という歴史的位相が確かに現れていたが、生業形態となると話は違った。短冊状に敷地を区切ったゴスポダリエと丘の遙か遠くに望む山の放牧地の間で、ヒツジの群れを行き来させる移牧、牧畜に関わる技術や生業スケジュールなど、社会主義化以前から続く「伝統」という歴史的位相が、近代的な家屋や観光という「現在」の中により強く現れていたのである。

　こうした状況を生んだ最大の要因は、Ｆ村を含めたブラン地域において農業集団化が実施されなかったことである。畜産物の所有や流通は国家の管理下に置かれたが、それを生産する過程、牧畜に関わる技術やスケジュールは従来のものが維持され、それが現在も続いているのである。社会主義政権によって支配された時期をＦ村の住民たちは「チャウシェスクの時代」と表現し、国家に畜産物を供給せねばならなかったことに対する不満、1980年代の物不足、チャウシェスクの独裁体制への批判と結びつけて語る。この時代、村を取り囲む経済条件の変化と共に住民の生活も変化した。しかし、「伝統的」な移牧とゴスポダリエ経営が維持されたことによって、チャウシェスクの時代が変化をもたらしたと語る村人はいないのである。

　むしろ、村の生活を大きく変えた要因として彼らが語るのは、近年の観光地化である。貨幣経済が浸透し、人々の消費欲が増大する中で、牧畜の経営体であるゴスポダリエの継承は途絶する傾向にある。移牧やゴスポダリエは「伝統」という言葉で表現されるが、その慣習は数百年間ずっと変わっていないものとして説明される。「チャウシェスクの時代」

295

は、その政治体制に不満はあったものの、伝統的な生活が維持されていた時代だとノスタルジックに語られることも多い。

　すなわち、F村の住民たちにとって、伝統・社会主義・現在という歴史的位相は、時代順に並んでいるものではなく、社会主義を飛ばして、伝統と現在の対比が認識されているのである。先に示したように、社会主義的な状況下で、ヒツジの季節移牧とゴスポダリエ、直系家族は維持されていた。社会主義の制約と限界が伝統を持続させたとも言えるだろう。F村にとっての現在すなわちポスト社会主義は、社会主義の退場とともに伝統が失われ、グローバルな貨幣経済が浸透するなかで観光地化が進み、「都会人」が来訪する時代なのである。

　F村を含めたブラン地域の住民にとっての伝統の中心に、季節移牧とゴスポダリエ経営がある。しかし、そうした「ルーラルな生活」に直接的に携わる人は減少し、高齢者がそれを維持するのみという状況が生まれている。家畜飼養を放棄し、「近代的」な生活を志向する人々には、伝統的な生活は「利がなく」「汚れ」を伴うものでもある。その一方で、その畜産物には「有機的」として高い価値を置くのである。また、ブラン地域を訪れる都市住民は、避暑や美しい自然だけでなく、家畜飼養に関わる牧歌的な風景を求めてもいる。近代的な生活を営む住民が経営するペンションに客が訪れるのも、そこが伝統的な世界として認識されているからでもある。

　社会主義政権が崩壊し、EU加盟を経た現在、ルーマニア農村は伝統的で牧歌的な世界としてのみ存在しているわけではない。そうしたイメージを担う農牧の従事者は高齢化し、その後継者もほとんどいない。しかし、伝統的で牧歌的な要素がエコロジーの象徴あるいは観光の対象となり、ゴスポダリエは新たな存在意義を獲得している。

　しかし、現在のゴスポダル、ゴスポディナである60代以上の村民が家畜飼養を放棄してしまえば、後継者を欠くゴスポダリエは単なる土地として分割され、消え去ってしまう。ヒツジ飼養からより利率の良いウシ飼養へと切り替えてゴスポダリエ経営を行う人々も存在し、彼らのゴ

第9章　結論

スポダリエは残りうるが、彼らの行う牧畜は山の放牧地と谷間のゴスポ
ダリエを行き来する伝統的な移牧とは異なる。地域内で観光地化が進展
していることと合わせ、環境の維持に気を配りながら伝統的な牧畜が観
光の目玉として維持されているケース（池永 2002）もあるが、同じこ
とがブラン地域で可能かどうかは分からない。また、そうした形で伝統
的生業が維持されたとしても、それを村民たちが伝統と見なすとも言い
切れない。今後の動向を注視していきたい。

# あとがき

　本書は、平成 24 年度に東北大学大学院文学研究科に提出した博士論文『ポスト社会主義ルーマニアの牧畜と家族－トランシルヴァニア山村の民族誌』の一部を紙幅の都合から割愛し、残りに加筆修正を加えたものである。

　調査の立案から準備、実施、さらに本書の執筆に際して多くの方々にご助力いただいた。まず調査地となった F 村と M 谷では、多くのことを学ばせていただいた。様々な場所に出入りし、時には不躾な質問を繰り返した私に対し、多くの人が寛大に接してくださった。すべての方々の名前を挙げることはできないが、特に滞在先となった 3 つの家族には感謝してもしきれない。彼らと繰り返した様々な議論は、村の生活についての理解を深めただけでなく、自分自身を省みる機会となった。中でも、私を「息子」として扱ってくれ、最も多くの時間を共にしたヨアンには特別の感謝を捧げたい。彼の死に本書の完成を間に合わせられなかったことが残念でならない。

　本書のもとになった博士論文の構想、執筆にさいしても多くの方々にお世話になった。東北大学大学院文学研究科の沼崎一郎先生には、人類学の理論と方法論についてご教授いただいたことに加え、原稿を丁寧に添削していただいた。川口幸大先生には、論理上の矛盾や民族誌的記述の意義について、より普遍的な視野から鋭い指摘を繰り返しいただいた。論文審査のおりには、東北大学大学院文学研究科の長谷川公一先生、国立文化財機構東京国立博物館の佐々木史郎先生に貴重なご指摘とご助言をいただいた。

　研究室の先輩でもある中京大学の渋谷努先生、横浜国立大学の松本尚之先生、大分大学の久保田亮先生をはじめ、先輩後輩の皆様方には研究会だけでなく、常日頃から多くのアドバイスをいただいた。東北大学東北アジア研究センターの瀬川昌久先生、高倉浩樹先生、同大学院国際文

化研究科の吉田栄人先生、同大学院教育学研究科の李仁子先生、国立民族学博物館の新免光比呂先生には、調査の立案から準備、研究成果の発表に至るまで、様々な場面でご助言いただいた。研究室の後輩である中野惟文君と後藤龍之助君には本書の草稿を丁寧にチェックしていただいた。

　東北大学大学院文学研究科名誉教授の嶋陸奥彦先生には、基礎から応用に至るまで人類学の手ほどきをしていただいた。修士課程、博士課程と先生の辛抱強いご指導によって培われた部分があったからこそ、調査を遂行し博士論文を完成させることができた。

　ルーマニアでの長期の調査は、ルーマニア政府観光局大阪事務所の小西一光さん、VISIT ROMANIA のダン・ニカさん、コリナ・コンスタンティンさん、十和田市立新渡戸記念館館長の新渡戸常憲先生、ロディカ・ポップ博士と夫のミハイさんをはじめ、多くの方々の大きな協力があって可能となった。

　また、私の良き理解者であり、物心両面で支え続けてくれた両親に深く感謝したい。

　本書の刊行までには、多くの公的機関からも支援をいただいた。2006年からのブカレスト大学への留学と本調査は、公益信託澁澤民族学振興基金（大学院生等に対する研究活動助成）と財団法人東北開発記念財団（海外派遣助成金交付）のご支援を得て実現した。その後の追加調査を含めた本研究にはJSPS科研費25884007, 17K03311から、本書の刊行に際しては東北大学出版会による若手研究者出版助成からそれぞれ助成をいただいた。また、東北大学出版会の小林直之氏には何度も丁寧に校正していただいた。深く感謝したい。

# 引用文献

足立　明
　　1988　「シンハラ農民の労働交換体系」『国立民族学博物館研究報告』13（3）：517-
　　　　581。

Beck, Sam
　　1976　"The Emergence of the Peasant-Worker in a Transylvanian Mountain Community."
　　　　*Dialectical Anthropology*, 1（2）: 365-375.
　　1979　*Transylvania: The Politic Economy of a Frontier*. Ph.D. Dissertation, Department of
　　　　Anthropology, University of Massachusetts-Amherst.

Berdahl, Daphne
　　2000　"Introduction: An Anthropology of Postsocialism." In D. Berdahl, M. Bunzl and M.
　　　　Lampland eds., *Altering States: Ethnographies of Transition in Eastern Europe and Former
　　　　Soviet Union*, pp.1-13. Ann Arbor: University of Michigan Press.

Brezinski, Host and Paul Petrescu
　　1986　"The Second Economy in Romania: A Dynamic Sector." *Working Paper of the
　　　　Economic Department*, n.s. 6. University of Paderborn, Germany.

Burawoy, M. and K. Verdery
　　1999　"Introduction." In M. Burawoy and K. Verdery eds., *Uncertain Transition:
　　　　Ethnographies of Change in the Postsocialist World*, pp.1-17. Lanjam: Rowman & Litterfield
　　　　Publishers.

Campbell, J. K.
　　1964　*Honour, Family and Patronage: A Study of Institutions and Moral Values in a Greek
　　　　Mountain Community*. New York & Oxford: Oxford University Press.

Cole, John W.
　　1976a　"Fieldwork in Romania." *Dialectical Anthropology*, 1（3）: 239-249.
　　1976b　"Familial Dynamics in a Romanian Worker Village." *Dialectical Anthropology*, 1
　　　　（3）: 251-265.
　　1985　"Problems of Socialism in Eastern Europe." Dialectical Anthropology, 9（2）: 233-
　　　　256.

Fel, Edit and Tamas Hofer
　　1969　*Proper Peasants: Social Relations in a Hungarian Village*. New Brunswick: Aldine
　　　　Transaction.

Gavazzi, Milovan

1982 "The Extended Family in Southeastern Europe" *Journal of Family History*, 7 (1) : 89-102.

グロスミス、C.J.

1994 「マケドニアのアルバニア人ザドルガ」越村勲編訳『バルカンの大家族ザドルガ』（叢書東欧⑥）pp.105-125、東京：彩流社。

羽場久美子

2016 『ヨーロッパの分断と統合－拡大 EU のナショナリズムと境界線　包摂か排除か』東京：中央公論社。

Hajnal, John

1965 "European Marriage Patterns in Perspective." In D. V. Glass and D. E. C. Eversley eds., *Population in History: Essays in Historical Demography*, pp.101-143, London: Edward Arnold.

Halbwachs, Maurice

1992 *On Collective Memory*. Chicago: The University of Chicago Press.

Halpern, Joel M.

1965 "Peasant Culture and Urbanization in Yugoslavia." *Human Organization*, 24: 162-174.

1967 *A Serbian Village*. New York: Harper & Row.

Hann, Chris M.

1993 "Introduction: Social Anthropology and Socialism." In C. Hann ed., *Socialism: Ideals, Ideologies, and Local Practice*, pp.1-26. London: Routledge.

家田　修

2008 「スラブ・ユーラシア学とは何か」家田修編『開かれた地域研究へ—中域圏と地球化（講座スラブ・ユーラシア学　第1巻）』pp.11-23、東京：講談社。

池永正人

2002 『チロルのアルム農業と山岳観光の共生』東京：風間書房。

Kideckel, David A.

1976 "The Social Organization of Production on a Romanian Cooperative Farm." *Dialectical Anthropology*, 1 (2) : 267-276.

1993 *The Solitude of Collectivism: Romanian Villagers to the Revolution and Beyond*. Ithaca, NY: Cornell University Press.

Kligman, Gail

1983 "Poetry as Politics in Transylvanian Village." *Anthropological Quarterly*, 56 (2) : 83-89.

引用文献

　1988　*The Wedding of the Dead: Ritual, Poetics, and Popular Culture in Transylvania.* Berkley: University of California Press.

小林浩二・佐々木リディア

　2007　「ルーマニア―農業と農村の変化」加賀美雅弘・木村汎編『東ヨーロッパ・ロシア』（朝倉世界地理講座10）、pp.179-191、東京：朝倉書店。

小長谷有紀

　1991　「モンゴルにおけるウマ、ウシ、ヒツジの搾乳儀礼」『国立民族学博物館研究報告』、16（3）：589-632。

葛野浩昭

　1989　「トナカイの耳印と遊・放牧社会の歴史―フィンランド、ウツヨキ地域のトナカイ放牧組合を例に」『民族学研究』54（2）：113-136。

Laslett, Peter

　1977　"Characteristics of the Western Family Considered over Time." *Journal of Family History*, 2: 89-116.

ラスレット、ピーター

　1992　『ヨーロッパの伝統的家族と世帯』酒田利夫・奥田伸子訳、東京：リブロポート。

Maday, B. C. and M. Hollos

　1983　*New Hungarian Peasants: An East Central European Experience with Collectivization.* New York: Columbia University Press.

マーカス、ジョージ E.、マイケル M. J. フィッシャー

　1989　『文化批判としての人類学―人間科学における実験的試み』永渕康之訳、東京：紀伊國屋書店。

松井　健

　2001　『遊牧という文化―移動の生活戦略』（歴史文化ライブラリー109）東京：吉川弘文館。

みやこうせい

　1988　『羊と樅の木の歌―ルーマニア農牧民の生活誌』東京：朝日新聞。

　1990　『ルーマニアの小さな村から―素顔の生活誌』東京：日本放送出版協会。

　2003　『ルーマニア―人・酒・歌』東京：東京書籍。

ミンツ、シドニー、W.

　1988　『甘さと権力―砂糖が語る近代史』川北稔・和田光弘訳、東京：平凡社。

ミッテラウアー、ミヒャエル

　1994　『歴史人類学の家族研究―ヨーロッパ比較家族史の課題と方法』若尾祐司ほか訳、東京：新曜社。

森　明子

　1999　『土地を読みかえる家族―オーストリア・ケルンテンの歴史民族誌』、東京：新曜社。

　2004　「ヨーロッパ人類学の可能性」森明子編『ヨーロッパ人類学―近代再編の現場から』pp.1-26、東京：新曜社。

森　和紀

　2005　「革命後のルーマニアから―第2回：羊の過放牧と水質汚染」『地理』50（6）：90-99。

モズリー、フィリップ　E.

　1994　「クロアチア、ヴァルジッチ家のザドルガ（1943年）」越村勲編訳『バルカンの大家族ザドルガ』（叢書東欧6）、pp.59-104、東京：彩流社。

中根千枝

　1970　『家族の構造』東京：東京大学出版会。

沼野充義・沼野恭子

　2006　『ロシア（世界の食文化19）』、東京：農村漁村文化協会。

Ohta, Itaru

　1982　"Man-Animal Interaction Complex in Goat Herding of the Pastoral Turkana." *African Study Monographs, Supplementary Issue*, 1:13-41.

Parman, Susan

　1998　"Introduction: Europe in the Anthropological Imagination." In Susan Parman ed., *Europe in the Anthropological Imagination*, pp.1-16. New Jersey: Prentice Hall.

Praoveanu, Ioan

　1998　*Aşezările Brănene: Satul, Gospodăria, Locuinţa*. Braşov: Transilvania Expres.

Randall, Steven G.

　1976　"The Family Estate in an Upland Carpathian Village." *Dialectical Anthropology*, 1（2）：277-285.

サーリンズ、マーシャル

　1984　『石器時代の経済学』山内昶訳、東京：法政大学出版局。

Sampson, Steven

　1976　"Feldioara: The City Comes to the Peasant." *Dialectical Anthropology*, 1（2）：321-348.

　1984　*National Integration through Socialist Planning: An Anthropological Study of Romanian New Town*. New York: Columbia University Press.

佐々木史郎

　1998　「ポストソ連時代におけるシベリア先住民の狩猟」『民族学研究』63（1）：3-18。

引用文献

2008 「あとがき」高倉浩樹・佐々木史郎編『ポスト社会主義人類学の射程（国立
民族学博物館調査報告 78）』pp.535-539、大阪：国立民族学博物館。

Shikano, Kazuhiro

1984 "On the Stability of the Goat Herd in the Pastoral Samburu." *African Study Monographs, Supplementary Issue*, 3:59-69.

白坂 蕃

2005 「革命後のルーマニアから（第3回）：南カルパチア山地における羊の伝統的
移牧」『地理』50（7）：84-99。

Shirasaka, Shigeru

2007 "The Transhumance of Sheep in the Southern Carpathian Mountains, Romania." *Geographical Review of Japan*, 80（5）:94-115.

新免光比呂

1997 「農村の宗教対立を通してみた転換期のルーマニア社会」『国立民族学博物
館研究報告』24（1）：1-42。

1998 「木の家はあたたかい」佐藤浩司編『住まいに生きる』pp.155-170、東京：
学芸出版社。

2000 『祈りと祝祭の国—ルーマニアの宗教文化』、京都：淡交社。

Silverman, Carol

1983 "The Politics of Folklore in Bulgaria." *Anthropological Quarterly*, 56（2）: 55-61.

Stahl, Paul Henri

1979 "The Rumanian Farm Household and the Village Community." In Bernardo Berdichewsky ed., *Anthropology and Social Change in Rural Areas*, pp.235-244. The Hague, Paris, New York: Mouton Publishers.

杉本 敦

2009 「現代ルーマニア農村事情—山村のゴスポダリエの変容を中心に」『東北人
類学論壇』8：54-70。

2012a 「EU の東方拡大とルーマニアの出稼ぎ労働者」石川真作、渋谷努、山本須
美子編『周縁から照射する EU 社会—移民・マイノリティとシチズンシップの
人類学』pp.174-176、京都：世界思想社。

2012b 「現代ルーマニア農村における家族のつながり—家畜飼育の現場から」高谷
紀夫・沼崎一郎編『つながりの文化人類学』pp.135-169、宮城：東北大学出版会。

2016 「ルーマニアの斎戒と農業のリズム」『Vesta』102：40-43。

高倉浩樹

2000 『社会主義の民族誌—シベリア・トナカイ飼育の風景』東京：東京都立大学
出版会。

2008 「序―ポスト社会主義人類学の射程と役割」高倉浩樹・佐々木史郎編『ポスト社会主義人類学の射程』（国立民族学博物館調査報告 78）pp.1-28、大阪：国立民族学博物館。

2012 『極北の牧畜民サハ―進化とミクロ適応をめぐるシベリア民族誌』京都：昭和堂。

田中真砂子

2004 「扶養と相続・継承―人類学的視点から」奥山恭子・田中真砂子・義江明子編『扶養と相続（新装版）』pp.158-164、東京：早稲田大学出版。

田中信世

2007 「EU 新規加盟国の農業と農業政策―ルーマニア、ブルガリアの現状と課題」『季刊国際貿易と投資』67：43-62。

谷　泰

1976 「牧畜文化考―牧夫 - 牧畜家畜関係行動とそのメタファ」『人文学報』42：1-58。

2010 『牧夫の誕生―羊・山羊の家畜化の開始とその展開』東京：岩波書店。

Tani, Yutaka

1982 "Implications of the Shepherd's Social and Communication Interventions in the Flock: From the Field Observation among the Shepherds in Roumania". In Yutaka Tani ed., *Preliminary Report of Comparative Studies on the Agrico-Pastoral Peoples in Southwestern Eurasia II 1980*, pp.1-18. Kyoto: Research Institute for the Humanistic Studies, Kyoto University.

Tani, Yutaka, Shigeru Kobayashi and Masaichi Nomura

1980 "Man-Sheep Relationship in the Flock Management Technics among North Carpathian Sheperds: Mainly in the Village Arden, Bistriţa, Rumania." In Yutaka Tani ed., *Preliminary Report of Comparative Studies on the Agrico-Pastoral Peoples in Southwestern Eurasia 1978*, pp.67-86. Kyoto: Research Institute for the Humanistic Studies, Kyoto University.

鳥越皓之

1985 『家と村の社会学（増補版）』、京都：世界思想社。

利光（＝小長谷）有紀

1989 「草原に生きる女たち」『季刊民族学』50：6-25。

漆原和子

2005 「南カルパチア山脈における羊の移牧による土地荒廃」『法政大学文学部紀要』52：33-46。

漆原和子、ピーター・ペトロフ

2008 「ブルガリアにおける EU 加盟後の羊の移牧の変貌」『法政大学文学部紀要』57：57-67。

Urushibara-Yoshino, K., K. Mori

2007 "Dragdation of Geoecological and Hydrological Conditions due to Grazing in South Carpathian Mountains under the Influence of Changing Social Structure in Romania." *Geographical Review of Japan*, 80 (5)：76-93.

Verdery, Katherine

1991 "Theorizing Socialism: A Prologue to the "Transition"." *American Ethnologist*, 18 (3)：419-439.

1993 "Ethnic Relations, Economies of Shortage, and the Transition in Eastern Europe." In C. Hann ed., *Socialism: Ideals, Ideologies, and Local Practice*, pp.172-186. London: Routledge.

1996 *What was Socialism? And What comes Next?*. Princeton, NJ: Princeton University Press.

Voicu, Bogdan

2005 *Penuria Pseud-modernă a postcommunismului românesc (Schimbarea Socială și Acțiunile Indivizilor Volumul 1)*. Iași: Expert Projects.

2007 "Inducere: Pe Drumul către Șase Sate," In Mălina Voicu and Bogdan Voicu eds., *Satul Românesc pe Drumul către Europa*, pp.15-30, București: Polirom.

ヴチニッチ、ウェイン

1994 「東ヘルツェゴヴィナ、ビレチャ・ルディネ地方のザドルガ」越村勲編訳『バルカンの大家族ザドルガ』（叢書東欧 6）、pp.9-58、東京：彩流社。

渡辺和之

2009 『羊飼いの民族誌―ネパール移牧社会の資源利用と社会関係』東京：明石書店。

Wolf, Eric R.

1982 *Europe and the People without History*. Berkley: University of California Press.

ワースレイ、ピーター

1981 『千年王国と未開社会―メラネシアのカーゴ・カルト運動』吉田正紀訳、東京：紀伊國屋書店。

吉井昌彦

2007 「経済の状況―移行ショックから経済成長へ」六鹿茂夫編『ルーマニアを知るための 60 章』pp.240-243、東京：明石書店。

**【著者略歴】**

杉本　敦（すぎもと・あつし）

1976 年大阪府生まれ。東北大学大学院文学研究科博士課程修了。博士（文学）。東北大学大学院助教を経て、国立民族学博物館外来研究員、東北学院大学非常勤講師。

**【主な著書】**

『つながりの文化人類学』（共著、東北大学出版会、2012 年）
「現代ルーマニア農村事情」（『東北人類学論壇』8 号、2009 年）など。

---

## 旧東欧世界の民族誌
### 欧州統合時代に生きるトランシルヴァニア牧畜民

An Ethnography of Transylvanian Sheep Herders
in Postsocialism and Beyond

©Atsushi Sugimoto, 2018

---

2018 年 11 月 20 日　　初版第 1 刷発行

著　者／杉　本　　　敦
発行者／久　道　　　茂
発行所／東北大学出版会
　　　　〒 980-8577　仙台市青葉区片平 2-1-1
　　　　TEL：022-214-2777　FAX：022-214-2778
　　　　http://www.tups.jp　E-mail:info@tups.jp

印　　刷／カガワ印刷株式会社
　　　　〒 980-0821　仙台市青葉区春日町 1-11
　　　　TEL：022-262-5551

---

ISBN978-4-86163-298-3
定価はカバーに表示してあります。
乱丁、落丁はおとりかえします。

**JCOPY** ＜出版者著作権管理機構 委託出版物＞

本書の無断複製は著作権法上での例外を除き禁じられています。複製される場合は、そのつど事前に、出版者著作権管理機構（電話 03-3513-6969、FAX 03-3513-6979、e-mail: info@jcopy.or.jp）の許諾を得てください。